Kommerzielle Datenverarbeitung

Eine Schriftenreihe herausgegeben von
Prof. Dr.-Ing. Arno Schulz

Datenerfassung in der kommerziellen Datenverarbeitung

von

Heinz Dürr

W DE G

Walter de Gruyter & Co · Berlin · New York 1973

Satz: Walter de Gruyter & Co., Berlin – Druck: Color-Druck, Berlin
Printed in Germany.

ISBN 3 11 003511 1

Vorwort

Mit meinem 1970 erschienenen Band: „Strukturanalyse der maschinellen betrieblichen Informationsbearbeitung" hat diese Schriftenreihe begonnen, systemtheoretische Ansätze der kommerziellen Datenverarbeitung darzustellen. Dort wurde ein Drei-Phasen-Zyklus in der zeitlichen Struktur des betrieblichen Informationsflusses postuliert und informationstheoretisch belegt, der als Datensammeln, Datenaufbereiten und Datenverarbeiten gekennzeichnet werden kann. Die vorliegende Arbeit knüpft an diese Untersuchungen an, indem sie die mit der *Datenerfassung* zusammenhängenden Probleme geschlossen darstellt.

Da die eigentliche Problematik der kommerziellen Datenverarbeitung noch immer auf der Seite der Datenerfassung liegt, die zeitlich und kostenmäßig zum Engpaß vieler datenverarbeitender Systeme geworden ist und deshalb vor allem den Anwender tangiert, dürften die in diesem Zusammenhang behandelten Fragen und Probleme von besonderem Interesse sein. Dem Verfasser ist es dabei gelungen, sowohl die betriebswirtschaftlichen Aspekte dieses Problemkomplexes aufzuzeigen als auch eine geschlossene Darstellung aller für den Anwender der Datenverarbeitung relevanter Gesichtspunkte zu geben.

Linz/Donau, Februar 1972 Arno Schulz

Inhaltsverzeichnis

1 Die Bedeutung der Datenerfassung

1.1 Die Datenerfassung als Problem der Datenverarbeitung

Lange Zeit wurde die Notwendigkeit, systemgerechte Lösungen für die Datenerfassung als Voraussetzung für die Datenverarbeitung zu finden, nicht erkannt oder in ihrer Bedeutung gewürdigt. Die faszinierende Herausforderung, die scheinbar grenzenlosen Möglichkeiten des neuen Hilfsmittels „Datenverarbeitungsanlage" auszuloten und immer neue Anwendungsmöglichkeiten zu finden, ist wohl ein Grund für die Unterschätzung des Problems Datenerfassung. Nicht zuletzt darauf ist es zurückzuführen, daß heute verschiedene Schätzungen davon sprechen, daß zwischen 40 und 70% aller installierten Datenverarbeitungsanlagen unwirtschaftlich eingesetzt sind [203, S. 443].

Die meisten der aus dieser Situation resultierenden Enttäuschungen erklären sich wohl dadurch, daß man noch nicht zu einer ganzheitlichen Betrachtungsweise von betrieblicher Organisation unter Einsatz des organisatorischen Hilfsmittels „Datenverarbeitungsanlage" vorgedrungen war. *Günter Schneider* formuliert diesen Mangel folgendermaßen: „Es muß leider festgestellt werden, daß die elektronische Datenverarbeitung bis heute in der Praxis mehr ein Fortschritt der Technik als ein Fortschritt der Organisation war" [282, S. 109].

Bei ganzheitlicher Betrachtung des Problemes Datenerfassung können zwei Teilprobleme herausgearbeitet werden: das technische Teilproblem, die Daten der Datenverarbeitungsanlage zuzuführen, und unter organisatorischen Aspekten das Teilproblem, die Erfassungsstellen in den Arbeitsfluß einzubauen.

Das technische Problem der Erfassung formuliert der Nachrichtentechniker *Kazmierczak* wie folgt: „Die Eingangsinformationen nachrichtenverarbeitender Systeme werden gelegentlich ... in maschinell verwertbarer Form angeliefert. Oft ... liegen die Informationen ... in irgendwelchen Schriftzeichen vor, die primär für das menschliche Sehsystem und weniger für die maschinelle Verwertung geeignet sind. Um solche Informationen nachrichtenverarbeitenden Systemen zuzuführen, werden diese ... durch Menschen abgelesen und dann in eine maschinell auswertbare Form gebracht. Die Einschaltung des Menschen zwischen schriftlicher Information und nachrichtenverarbeitendem System ist zeitraubend und verursacht Fehler. Meist muß die eingetastete Information durch einen zweiten Menschen überprüft werden. Dieser Umweg bildet einen Engpaß in der Anwendung nachrichtenverarbeitender Systeme" [70, S. 754].

Diesen Flaschenhals hat *Mross* schon 1956 als „neuralgischen Knoten" bezeichnet und damit den organisatorischen Aspekt hervorgehoben [106, S. 44]. In einem recht temperamentvollen Aufsatz mit dem provozierenden Titel „Der arbeitsorganisatorische Unsinn der Zentralisierung der Ein- und Ausgabeeinheiten bei automatischen Anlagen" untersucht *R. Rosenkranz* die Bedingungen der Verknüpfung von Arbeitsabläufen und Datenverarbeitungsanlagen und verlangt zusammenfassend eine bessere Anpassung der Maschinen an die entsprechend gestaltete Organisation. Er forderte im einzelnen:

- die Trennung der Ein- und Ausgabeeinheiten von der Bearbeitungseinheit und die Verlagerung der Ein- und Ausgabeeinheiten an die entsprechenden Arbeitsplätze im Arbeitsfluß
- die Bevorzugung der Direkteingabe vor der indirekten Eingabe und die elektrische Übermittlung von Daten zwischen Ein- und Ausgabeeinheiten und Bearbeitungseinheit
- die Erstellung etwa erforderlicher Datenträger unmittelbar gleichzeitig mit der Ersteingabe [271, S. 634].

Allgemeiner formuliert *A. Diemer* in seiner 1960 abgeschlossenen Arbeit das Erfassungsproblem wie folgt: „die eigentliche Problematik der betriebswirtschaftlichen Datenverarbeitung (liegt) in der unmittelbaren Erfassung, Weiterleitung (Kommunikation) und Ordnung (Zusammenfassung) großer und in ihrer qualitativen Beschaffenheit außerordentlich differenzierter Datenmengen sowie der zeitlich richtigen Bereitstellung der verschiedenen Größen und Ergebnisse für die Dispositionen der Unternehmensleitung und nicht in der Schwierigkeit und in dem Umfang der durchzuführenden Rechnungen begründet" [24, S. 7].

Um diese Zeit – etwa 1960 – werden in der Literatur nur wenige konkrete und bereits gangbare Lösungen für die Datenerfassung gewiesen. Für die Anwendung im Produktionsbereich sieht *Müller* die Lösung in der „mechanisierten Uraufschreibung" und entwirft folgendes Bild: „Die Produktionsanlagen liefern mittels Analog-Digital-Umsetzer der Betriebsleitung automatisch Steuer- und Regelwerte und Produktionsergebnisse als digitale Werte („Zahlen")" [108, S. 20]. Hinter dieser Vorstellung steht die Notwendigkeit, die Produktionsanlagen mit entsprechenden Meß- und Meldegeräten auszurüsten und die erfaßten Meßwerte über Leitungen zu einer Zentrale zu leiten.

Ein anderer Weg zur rationellen Datenerfassung zeichnet sich mit der Synchrontechnik ab. In einer Untersuchung über die Möglichkeiten der Lochkartenerstellung sieht *Hartmann* in einem 1961 erschienenen Buch die offensichtlichen Vorteile der synchronen Gewinnung von Lochkarten durch Kopplung von Büromaschinen und Kartenlocher. Kennzeichnend für die damalige Situation ist *Hartmanns* Formulierung, „daß die Ausrüstung eines Betriebes mit Kombinationen aus Büromaschinen und Kartenlocher hohe Kapitalinvestitionen erfordert. Damit sind der Synchrontechnik weniger vom organisatorischen als vom Kostenstandpunkt Grenzen gesetzt“ [50, S. 25].

Die beiden angedeuteten Wege der Datenerfassung konnten um 1960 noch nicht allgemein eingeschlagen werden, weil die dazu erforderlichen Einrichtungen noch nicht verfügbar, technisch nicht ausgereift und/oder noch nicht wirtschaftlich einsetzbar waren. So ist es verständlich, wenn *Hartmann* bewußt von „automatisierter“ Datenverarbeitung spricht, da er die Automation als höchste Stufe der Automatisierung ansieht. Er schreibt ausdrücklich: „Von einer „Automation“ auf dem Gebiet der Verwaltungsarbeit wird man erst dann sprechen können, wenn es gelingt, auch die Gewinnung der Ausgangsdaten und ihre Zuführung zu den Rechenanlagen zu automatisieren, denn hier ist heute selbst bei den umfassenden elektronischen Datenverarbeitungssystemen noch umfangreiche menschliche Routinearbeit erforderlich“ [50, S. 20/21].

Obwohl das Problem der Datenerfassung, wie die zitierten Beispiele zeigen, recht klar erkannt und formuliert war, ist in der großen Zahl der in den Jahren bis 1965 erschienenen Buchveröffentlichungen über die Datenverarbeitung noch keine einheitliche Vorstellung über die Schwierigkeiten der Datenerfassung erkennbar. Der überwiegende Teil der Arbeiten klammert diese Frage aus und beschränkt sich auf die Darstellung der verschiedenen Datenträgerformen und der technischen Möglichkeiten der Dateneingabe.

Wie die Literaturstudie von *Urban* zeigt, wird etwa ab 1963 die Datenerfassung als Schwerpunktproblem der Datenverarbeitung in der Zeitschriftenliteratur aufgegriffen und unter technischen wie organisatorischen Aspekten diskutiert [353]. Die erscheinenden Messeberichte spiegeln die Bemühungen der Anlagen- und Büromaschinenhersteller, technische und wirtschaftliche Lösungen für die Datenerfassung anzubieten.

Im November 1966 stellt die Fachgemeinschaft Büromaschinen und Datentechnik des Vereins Deutscher Maschinenbau-Anstalten (VDMA) eine Fachtagung in Verbindung mit ihrer Mitgliederversammlung unter das Thema „Datenerfassung“. Die Zeitschrift „Rechentechnik/Datenverarbeitung“ gibt als erste deutschsprachige Zeitschrift ihre Juli-Ausgabe 1967 unter dem Generalthema „Datenerfassung“ heraus, und im Jahre 1969 werden die ersten Hochschulschriften zum Thema abgeschlossen [349], [341]. Die erste Buchveröffentlichung, die sich ausschließlich mit dem Problem Datenerfassung befaßt, wird schließlich 1970 von *Mrachacz* und *Bauer* herausgebracht [105].

Dieser gedrängte Überblick über den literarischen Niederschlag der Beschäftigung mit dem Problem Datenerfassung konnte zeigen, daß zwischen den ersten kommerziellen Anwendungen von Datenverarbeitungsanlagen und der breiteren Auseinandersetzung mit der Frage, wie die zu verarbeitenden Daten in die Datenverarbeitungsanlage hineingelangen, rund zwanzig Jahre liegen. Es kann nur vermutet werden, daß viele der hochgespannten Erwartungen, die in das neue Werkzeug Datenverarbeitungsanlage gesetzt waren, auch deshalb nicht erfüllt wurden, weil die Fragen der Datenerfassung im weitesten Sinne nicht mit der notwendigen Konsequenz aufgegriffen wurden.

1.2 Die Datenerfassung als Kostenfaktor der Datenverarbeitung

Mit der gesamten Kostenseite der Datenverarbeitung haben sich bisher nur sehr wenige Veröffentlichungen beschäftigt. Eine gründliche Untersuchung der Kostenstruktur der kommerziellen Datenverarbeitung oder speziell der Datenerfassung und daraus abgeleitete Richtwerte von allgemeiner Gültigkeit ist ebenfalls noch nicht bekannt geworden. Deshalb soll hier der Versuch unternommen werden, deduktiv die Größenordnung der Kosten für die Datenerfassung abzuschätzen.

Bei einer im Jahre 1964 in der Schweiz angestellten Untersuchung wurde bekannt, daß die Gesamtkosten der Datenverarbeitung das 2- bis 2,53-fache der monatlichen Maschinenmiete betragen [304, S. 685]. Für kleinere Anlagen mit Monatsmieten von ca. 20.000,– DM gilt dabei der größere Wert von 2,53, für Großanlagen mit Mietwert von etwa 60.000,– DM der kleinere Wert. Diese Relation hat sich bis zum heutigen Tage zumindest in der Größenordnung gehalten, wie die Bemerkung von *Leue* beweist, daß „die im Maschinenangebot eines Herstellers genannten Kosten nur 40% des Aufwandes darstellen, der dem Unternehmer beim Computereinsatz erwächst“ [236, S. 14]. Dabei sollte aber beachtet werden, daß sich innerhalb des Anlagenwertes fortlaufend das Wertverhältnis Zentraleinheit zu Peripherie verschiebt: nach der Diebold-Statistik gilt Ende 1970 die Relation 40 : 60, die sich bis Ende 1975 auf 30 : 70 verschieben wird.

Eine im Jahre 1968 veröffentlichte Untersuchung in den Vereinigten Staaten gibt die folgende grobe Gliederung für die Gesamtkosten der Datenverarbeitung an:

- 38% der Gesamtkosten entfallen auf Anlagenmiete
- 29% der Gesamtkosten werden für Problemanalysen und Programmierung aufgewendet, und auf
- 33% der Gesamtkosten beläuft sich der Aufwand für den Betrieb der Anlagen [185, S. 88].

Berücksichtigt man den Umstand, daß in dem global angegebenen Anteil für die Anlagenmiete auch die Mieten für die Erfassungsperipherie enthalten ist, dann haben wir mit diesen wenigen Angaben wenigstens eine Vorstellung von den Grenzen, innerhalb derer sich die Kosten für die Datenerfassung bewegen müssen.

Daran können jetzt die vereinzelt anzutreffenden Bemerkungen über die Kosten der Datenerfassung geprüft werden.

In einem Aufsatz schreibt *Werner Schulze*, der Anteil der Kosten der Datenerfassung an den Kosten der Datenverarbeitung betrage „bei einer mit Magnetbändern ausgerüsteten, mittelgroßen elektronischen Datenverarbeitungsanlage im Rahmen einer lochkartenorientierten Organisation 35 bis 40%" [288, S. 4]. In etwa bestätigt wird diese Angabe von *Bereska*, der für die „vor und hinter der elektronischen Datenverarbeitungsanlage liegenden manuellen Arbeiten . . . auch in einer gut angelegten elektronischen Datenverarbeitung einen Kostenanteil von ca. 30% der Gesamtkosten" nennt [6, S. 107].

Wenn es auch noch verständlich erscheinen mag, daß keine Kostenuntersuchung über die Datenerfassung veröffentlicht wurde, so überrascht weit mehr, daß es ebenfalls nur wenige Kostenuntersuchungen über die verschiedenen Techniken der Gewinnung von maschinenlesbaren Datenträgern gibt. *Streller* und *Georgi* stellten in einem Beitrag die Kosten der Erfassung auf Lochkarten und Lochstreifen gegenüber [292]. Die Erfassung auf Magnetband wurde in Aufsätzen von *Milde* und von *Köhler* und *Seifert* in den Kostenvergleich einbezogen [251], [228]. Die Kostenuntersuchungen von *Kliem* [226] und von *Gilgen* [205] spannen den Rahmen des Vergleiches insofern etwas weiter, als sie auch die Kosten für das Einlesen der Datenträger in die Untersuchung einbeziehen.

Die kritische Stellungnahme, die *Friedrich Böhm* [178] zu der Untersuchung von *Kliem* abgibt, weist mit Recht auf die Problematik dieser Vergleiche hin: Allgemeine Gültigkeit besitzen die aus derartigen Vergleichen abgeleiteten Richtzahlen deshalb nicht, weil ihnen stets bestimmte Organisationsformen zugrunde liegen, die jedoch betriebstypisch sind und nicht allgemein als zweckmäßigste Lösung gelten dürfen. Da diese Schwierigkeit praktisch nicht zu eliminieren ist, beschränkt sich wohl auch *Roschmann* in einer Darstellung der Kosten der Datenerfassung auf Angaben über Geräte- und Datenträgerkosten [130].

Abschließend sei das Augenmerk noch auf Kosten gelenkt, die nicht unmittelbar zu den Kosten der Datenerfassung zählen, jedoch ursächlich auf die Bedingungen der Datenerfassung zurückzuführen sind. Angesprochen sei hiermit der später noch ausführlicher zu behandelnde Komplex der Erfassungsfehler.

Es ist bekannt, daß in die Verarbeitungsprogramme viele Kontrollen eingebaut werden, die nur zur Ausschaltung falsch erfaßter Daten dienen. Wenn man der Bemerkung von *P. Mertens* glauben darf, daß ihm kaufmännisch-administrative Programme bekannt sind, in denen fast die Hälfte der Instruktionen der Existenz- und Plausibilitätsprüfung dient, dann wird ein unmittelbarer Zusammenhang zwischen der Qualität der Erfassung und der Programmlaufzeit und damit den Bearbeitungskosten des Programmes auf der Anlage sichtbar [247, Fußnote S. 43].

Jedoch garantieren auch die ins Programm eingebauten Prüfungen noch nicht zwangsläufig den störungsfreien Ablauf des Programmes. In einer Analyse hat

P. Bürkler beobachtet, daß eine 1401-Anlage rd. 5% Stillstände zum Beheben von Instruktions-, Loch-, Bedienungsfehlern und wegen unexakter Vorbereitung der Arbeit hinnehmen mußte. Er schreibt als Fazit: „durch zweckmäßige Instruktionen zu Händen der Datenerfassungsstellen – wie Filialen, Locherinnen usw. – konnte hier eine weitere Verbesserung erreicht werden" [181, S. 291/292].

1.3 Die Datenerfassung als Zeitfaktor der Datenverarbeitung

Die Bedeutung des Problemes Datenerfassung sollte schließlich auch noch gemessen werden an seiner Eigenschaft als Zeitfaktor, der die Datenverarbeitung als Vorgang in der Zeit beeinflußt.

Schon ziemlich früh demonstrieren Fachautoren das zeitliche Mißverhältnis zwischen dem Gesamtvorgang Datenverarbeitung und dem Anteil der Datenerfassung als Teilvorgang der Datenverarbeitung. So schreibt z. B. *Chapin:* „für das Herstellen des Grundbelegs, dessen Übertragung zu einem zentralen Büro und für das Herstellen der Eingabeinformation vergeht gewöhnlich eine Zeit von 5 bis 10 Tagen, während die Verarbeitung durch die Rechenanlage kaum mehr als 5 Minuten benötigt" [17, S. 77]; eine ähnliche Relation nennt *Vollberg* [354, S. 108/109].

Andere Autoren haben sich etwas näher mit dem zeitlichen Ablauf des Vorganges Datenverarbeitung insgesamt beschäftigt und die Zeitanteile für die Teilvorgänge Datenerfassung, Datenübertragung und maschinelle Datenverarbeitung im engeren Sinne angegeben. *Heinrich* nennt folgende Prozentsätze [213, S. 1369]:

Datenerfassung	64%
Datenübertragung	32%
Datenverarbeitung i.e.S.	4%
Datenverarbeitung	100%

Obwohl *Heinrich* einschränkend darauf verweist, daß es sich bei diesen Werten um Annahmen handelt, stellt er zugleich fest, diese Werte entsprächen für eine Reihe von betrieblichen Arbeiten der Wirklichkeit. *Zeilinger* nennt aus seiner Erfahrung folgende Prozentsätze: Datenerfassung Zeitanteil 50%; Datenübermittlung 40% und Datenverarbeitung 10% [309, S. 217].

Eine Nachprüfung dieser Angaben erscheint nicht unbedingt erforderlich; hier kam es nur darauf an, mehr qualitativ als quantitativ das zeitliche Mißverhältnis zu belegen, das zwischen der eigentlichen Zeit der Datenverarbeitung innerhalb einer Datenverarbeitungsanlage und der Zeit besteht, die zur Zuführung der Daten zur Datenverarbeitungsanlage erforderlich ist. Dieses Mißverhältnis kann offenbar auch mit ausgefeilten Arbeitsabläufen nicht merklich beeinflußt werden, denn nur so ist die Bemerkung von *Borghauve* zu verstehen: „Durch den Einsatz leistungsstarker EDV-Anlagen sind bei den Sparkassen die Datenverarbeitungszeiten zwar immer kürzer geworden, für die Datenerfassung und den Datentransport benötigt man heute jedoch noch etwa 90% der Gesamtbearbeitungszeit" [314, S. 2].

Nach diesen Darlegungen ist der Schluß gestattet, daß die Beschäftigung mit der Datenerfassung auch im Interesse einer zeitlichen Verkürzung des Gesamtvorganges Datenverarbeitung geboten ist. Es liegt auf der Hand, daß die Datenverarbeitungsanlage als Werkzeug zur Steuerung betrieblicher Abläufe umso wirkungsvoller ist, je kürzer der Zeitraum ist, der zwischen Entstehung eines Datums und Verarbeitung dieses Datums in der Datenverarbeitungsanlage vergeht.

2 Determinanten der Datenerfassung

2.1 Die Aufgaben der Datenverarbeitung

Von großem Einfluß auf die Datenerfassung ist unbestreitbar die Art der zu erfassenden Daten. Diese wiederum ist bestimmt durch die Natur der Aufgabe, die mit einer Datenverarbeitungsanlage bearbeitet wird. Als Datenverarbeitungsanlagen seien hier die programmgesteuerten digitalen Rechenanlagen im Sinne der Definition von DIN 44 300 verstanden [328, Nr. 99]. Als instrumentale Hilfsmittel der Informationsverarbeitung verarbeiten Datenverarbeitungsanlagen eindeutig festliegende, diskontinuierliche Daten nach einem vorgegebenen Programm. Entsprechend DIN 44 300 ist das Programm die zur Lösung einer Aufgabe erforderliche Anweisung, die in einer beliebigen Sprache abgefaßt wird [328, Nr. 39 und Nr. 37].

Mit der betriebswirtschaftlichen Bedeutung von Information und von Informations- und Kommunikationsprozeß hat sich in den letzten Jahren eine ganze Reihe von Autoren beschäftigt, von denen hier stellvertretend *Kramer* [346], *Pietzsch* [120], *Niederberger* [112], *Grochla* [44], *Schweiker* [151] und *Berthel* [8] genannt sein sollen. Wie *Pietzsch* herausarbeitet, konzentrieren sich in der industriellen Unternehmung alle Tätigkeiten auf die beiden Objekte Material und Information [120, S. 9–11]. Der starke Produktivitätsunterschied zwischen Materialhandhabung und Informationshandhabung wird darauf zurückgeführt, daß die Bemühungen um die Rationalisierung der Materialhandhabung bereits seit rund 80 Jahren im Gange sind, die Rationalisierung der Informationshandhabung dagegen erst seit knapp zwanzig Jahren betrieben wird.

Nachdruck erhielten die Bemühungen um die Erarbeitung einer Verfahrenslehre der Informationshandhabung einerseits durch die Entwicklung des Hilfsmittels „Datenverarbeitungsanlage" mit gewissen Eigengesetzlichkeiten, andererseits durch die steigenden Anforderungen an das betriebliche Informationswesen. In einer Veröffentlichung des Arbeitskreises *Pietzsch* werden für das Steigen der Ansprüche folgende Gründe genannt:

1. der hohe und ständig größer werdende Grad der Komplexität des betrieblichen Geschehens,
2. der strukturelle Wandel in den Grundlagen innerbetrieblicher und marktbezogener Leistungen,
3. die Notwendigkeit, eine Betriebspolitik festzulegen, Betriebsziele zu setzen und das Betriebsganze mittel- und langfristig zielgerecht zu lenken [168, S. 722/723].

Die Datenverarbeitungsanlagen erwiesen sich als ein vorzügliches Hilfsmittel, um dem wachsenden Bedürfnis nach Information nachzukommen und zugleich mit der hochschießenden Flut von Informationen fertig zu werden, die auf die Unternehmen einströmen. Trotz der Begeisterung über die unerhörte Leistungsfähigkeit wurde aber die Qualifikation der Datenverarbeitungsanlagen als maschinelle Hilfsmittel richtig eingeschätzt. *Kaufmann* vergleicht das Werkzeug Datenverarbeitungsanlage mit den bekannten Werkzeugen der Materialbearbeitung und schreibt „daß in beiden Arten von Werkzeugen der Werkzeugcharakter ohne auch nur geringste Einschränkung bestehen bleibt; sie sind tot und arbeiten nur nach genau festgelegtem Auftrag“ [68, S. 20].

Springholz untersuchte die Formen geistiger Arbeit in der Verwaltung von Industrieunternehmen und prüfte sie auf die Möglichkeiten der Substitution durch Datenverarbeitungsanlagen [351]. Eine entsprechende Analyse für den Produktionsbereich ist bisher noch nicht bekanntgeworden; der Anteil der automatisierbaren, d. h. von Maschinen selbsttätig ausführbaren Tätigkeiten in der kaufmännischen und technischen Verwaltung eines Unternehmens wird auf 30 bis 60% geschätzt. Nach Ansicht von *Hofmann* haben „teilweise bis zu 75% aller im Büro anfallenden Arbeiten routinemäßigen Charakter“ [218, S. 125].

Danach muß ein breiter Fächer von Aufgaben im *Verwaltungsbereich* der Unternehmen für die Übertragung auf Datenverarbeitungsanlagen geeignet sein. Es wird noch zu zeigen sein, welche Anwendungsmöglichkeiten für Datenverarbeitungsanlagen außerdem im *Produktionsbereich* bestehen.

Für die Vermittlung eines Überblicks über die Einsatzmöglichkeiten von Datenverarbeitungsanlagen wird das Betrachtungsobjekt „Unternehmen“ aufgeteilt in die beiden Funktionsbereiche: ökonomisch-sozialer und technisch-naturwissenschaftlicher Bereich. Dem technisch-naturwissenschaftlichen Bereich zugerechnet wird der gesamte Produktionsbereich einschließlich der vorgelagerten Funktionen, die der Gestaltung im Produktionsbereich durch Forschung, Entwicklung und/oder Konstruktion der Erzeugnisse und der technischen Gestaltung des Produktionssortiments dienen sowie zum Aufbau und zur Aufrechterhaltung der Produktionsbereitschaft erforderlich sind. Dem ökonomisch-sozialen Bereich fallen alle übrigen Funktionen zu, die stichwortartig z. B. mit Beschaffung, Absatz, Finanzen und Rechnungswesen, Personal und Verwaltung zu umschreiben sind. In beiden so skizzierten Bereichen fallen Aufgabenstellungen an, die entweder überwiegend numerischer Natur oder überwiegend nichtnumerischer Natur sind.

Es liegt in der Eigenart der darzustellenden Sachverhalte, daß eine eindeutige Zuordnung der Aufgaben, die von Datenverarbeitungsanlagen bearbeitet werden können, z. B. zum technisch-naturwissenschaftlichen Bereich oder zum ökonomisch-sozialen Bereich nicht möglich ist. Die Zuweisung erfolgt in solchen Fällen nach dem dominierenden Merkmal; in gleichem Sinne wird bei der Klassifizierung der Aufgaben in solche numerischer und nichtnumerischer Natur verfahren.

2.1.1 Aufgaben im ökonomisch-sozialen Bereich

2.1.1.1 Numerische Aufgabenstellungen

Numerischer Natur sind solche Aufgabenstellungen, in denen ausschließlich oder doch überwiegend Zahlen entsprechend den Behandlungsvorschriften bearbeitet, d. h. Sortier- und Rechenvorgängen unterworfen werden. Im Verwaltungsbereich eines Unternehmens sind viele derartige Aufgabenstellungen zu finden; diese sind alle dadurch gekennzeichnet, daß an großen Datenmengen nur wenige Rechenschritte auszuführen sind; vielfach wird für derartige Aufgaben die Bezeichnung Routine- oder Massendatenverarbeitung verwendet.

2.1.1.1.1 Ausführen von Abrechnungen

Ein Teil dieser numerischen Aufgaben läßt sich unter dem Sammelbegriff „Abrechnungsaufgaben" zusammenfassen. In Übereinstimmung mit *Neubert* sind darunter die Vorgänge zu verstehen, „die sich innerhalb eines Unternehmens oder zwischen ihm und seiner Umwelt abgespielt haben oder noch in der Abwicklung begriffen sind" [111, S. 256/257]. Seit längerer Zeit werden für diese Aufgaben die Einrichtungen der konventionellen Lochkartentechnik benutzt; Untersuchungen zeigen, daß auch die modernen Datenverarbeitungsanlagen leider noch weitgehend für Aufgaben verwendet werden, die als abrechnungstechnische Aufgaben anzusprechen sind [10, S. 139/140].

Beispielhaft für diese Aufgaben können die Debitoren- und Kreditorenbuchhaltung, Fakturierung, Lohn- und Gehaltsabrechnung, Kostenarten-, Kostenstellen- und Kostenträgerrechnung sowie die Lagerbuchführung genannt werden. Die in den letzten Jahren kräftig vordringende Praxis der gleitenden Arbeitszeit brachte eine neuartige Abrechnungsaufgabe mit sich. Auch die im betrieblichen Alltag regelmäßig benutzten Statistiken, wie z. B. Absatz-, Umsatz-, Kosten- und Personalstatistik, gehören in diese Reihe.

2.1.1.1.2 Vornehmen von Routinedispositionen

Ein weiterer Kreis von Aufgaben läßt sich unter dem Oberbegriff „Routinedispositionen" zusammenfassen. Unter Routinedispositionen sollen hier alle Aufgaben verstanden werden, deren Erfüllung mit dem Treffen von Entscheidungen verbunden sind, die sich durch folgende Merkmale auszeichnen:

- Entscheidungen von geringer Tragweite,
- Entscheidungen, die relativ häufig zu fällen sind,
- Entscheidungen, die von Entscheidungsträgern auf untergeordneten Ebenen der Unternehmenshierarchie gefaßt werden,
  und

- Entscheidungen, die routinemäßig, d. h. auf einem festgelegten Weg mit ebenfalls festgelegten Entscheidungskriterien getroffen werden.

Derartige Entscheidungen treten oft in Verbindung mit abrechnungstechnischen Aufgaben auf: als Beispiele seien die Lagerdisposition und die Fertigungssteuerung, speziell die Kapazitätsbelastungsrechnung, angeführt.

Zur Lösung dispositiver Aufgaben bedient man sich oft als Hilfsmittel der Methoden, die das Operations Research liefert: die Stichworte Bestellmengenrechnung, Bestellpunkt und Sicherheitsbestand mögen als Hinweis hier genügen. Weitere Anwendungsmöglichkeiten von Methoden der Unternehmensforschung haben sich in den Bereichen der Reihenfolge-, Ersatz- und Verschnittprobleme gezeigt.

2.1.1.1.3 Anfertigen von Entscheidungsgrundlagen

Neben den routinemäßigen, programmierbaren Entscheidungen stehen in jedem Unternehmen immer wieder, wenn auch mit geringerer Häufigkeit, Entscheidungen an, die den obersten Ebenen der Hierarchie vorbehalten sind. Folgt man z. B. der von *H. A. Simon* angegebenen Phasengliederung des Entscheidungsprozesses, so ist dieser in die Phasen

- der Nachrichtensuche
- der Planung alternativer Vorgehensweisen,
  und
- der Auswahl einer Verfahrensweise aus der Zahl der verfügbaren Verfahrensweisen

zu zerlegen [135, S. 70]. Soweit diese Entscheidungen nicht auch programmierbar sind, kann die Datenverarbeitung wenigstens in der Phase der „Nachrichtensuche“ und u. U. auch zum „Durchspielen“ und Prüfen der Handlungsalternativen herangezogen werden. Diese Prüfung geschieht vielfach mit den von der Unternehmensforschung erarbeiteten Modellen; falls keine analytischen Verfahren zur Lösung bekannt sind, kommt hier den Simulationsmodellen für Prognosen die größte Bedeutung zu [87, S. 440].

Zur Entscheidungsfindung sollen auch die Informationssysteme dienen. Deren primäre Aufgabe ist das Zusammenstellen und Präsentieren von Informationen. Nach dem von *Wahl* vorgeschlagenen Konzept sollten Informationssysteme zwei Funktionen wahrnehmen: die Dokumentationsfunktion, die Rechnungslegung über das Geschehen im Unternehmen, und die Steuerungsfunktion [301, S. 583]. Im letzteren Falle wird das Informationssystem außer mit einer Datenbank auch mit einer Methodenbank ausgestattet, in der neben den Programmen für die Verknüpfung der Daten alle benötigten Programme für die Analyse der Daten und für die anzustellenden Modellrechnungen enthalten sein müssen.

Reuß hat über die Konzeption und Realisierung derartiger Informationssysteme im militärischen Bereich berichtet [128, S. 71–73]. Für den kommerziellen Bereich haben sich z. B. *Holtgrewe* [61] und *Wahl* [160] ausführlicher mit den Problemen der Informationssysteme auseinandergesetzt. Vor ihrer Einführung war eine Reihe von systematischen und programmtechnischen Detailfragen zu klären, mit denen sich eine Aufsatzreihe beschäftigt [326].

Die Schwierigkeiten bei der Realisierung umfassender Informationssysteme und der damit verbundene Aufwand dürfen nicht unterschätzt werden; auch sollten kritische Stimmen zu ihrer Einrichtung und zu ihrem Nutzen nicht überhört werden [186].

2.1.1.2 Nichtnumerische Aufgabenstellungen

Im wirtschaftlich-sozialen Bereich der Unternehmen treten nichtnumerische Aufgabenstellungen vorzugsweise als Aufgaben der Behandlung sprachlicher Daten – im Gegensatz zu zahlenförmigen Daten – auf. Unter Sprache sei hier die Äußerung und Mitteilung von Gedanken, Willensregungen und Beobachtungen durch artikulierte Laute und insbesondere durch Zeichen wie Buchstaben (eine Alphabetes), Wörter und Wörterverbindungen verstanden. Alle derartigen Äußerungen werden erst dadurch zur wirklichen Sprache, daß sie vom Sprechenden festgehalten und reproduziert und von anderen verstanden und ebenfalls reproduziert werden können.

Daten in sprachlicher Form begegnen uns in der Praxis in der Vielzahl von Aufzeichnungen und schriftlichen Anweisungen in hand-, maschinen- und druckschriftlicher Ausprägung. Als die materialisierte Erscheinungsform des Informationsflusses stellen sie für die innerbetriebliche Zusammenarbeit ein außerordentliches Problem dar, dessen Ausmaß der vielbenutzte Terminus „Papierkrieg" charakterisiert. Rund 2,5 Mio. Arbeitskräfte sind in der deutschen Wirtschaft für Schreibarbeiten eingesetzt; eine Zahl, die die Bedeutung des Problems der Verarbeitung sprachlicher Daten erkennbar macht.

2.1.1.2.1 Verarbeiten programmierter Texte

Sieht man von Schreibarbeiten ab, die bei abrechnungstechnischen Arbeiten (z. B. Ausschreiben von Mahnungen) oder dispositiven Arbeiten (z. B. Ausschreiben von Bestellungen) anfallen, dann lassen sich z. Z. erst wenige Ansätze erkennen, sprachliche Daten mit Hilfe von Datenverarbeitungsanlagen zu verarbeiten. Ein Beispiel dafür wird von *Feuerbaum, Stemper* und *Hinner* für die Ausfertigung von Bestellunterlagen beschrieben [196]. Zum maschinellen Ausschreiben der Bestellungen sind dort die gebräuchlichen Bestelltexte in Textelemente zerlegt. Auf einem entsprechend aufgebauten Markierungsformular wird durch Anstreichen der gewünschte Bestelltext zusammengesetzt. Die nicht schematisierbaren Textteile – im zitierten Beispiel Artikelbezeichnung und Artikelnummer, Mengen- und Größenangaben – werden auf einem zusätzlichen Klarschriftformular handschriftlich eingetragen. Markierungsformular und die abgelochten Daten des Klarschriftformulars werden gemeinsam durch entsprechende

Programmierung in der Datenverarbeitungsanlage verarbeitet und als Bestellung ausgeschrieben. In das Programm eingebaut sind eine Reihe von Kontrollen, die sowohl die Vollständigkeit des Textes sicherstellen als auch logische Widersprüche aufdecken.

Abgesehen vom Rationalisierungseffekt ist an dieser Lösung auch die Möglichkeit bedeutsam, die Bestellung durch entsprechende Programmierung der Datenverarbeitungsanlage in Fremdsprachen ausschreiben zu lassen, was sich bei dem Mangel an sprachkundigem Personal ebenfalls positiv auswirken dürfte.

2.1.1.2.2 Übersetzen natürlicher Sprachen

Die soeben angedeutete Möglichkeit, fremdsprachige Texte zu erstellen, löst das Übersetzungsproblem allerdings nur hinsichtlich der von Unternehmen ausgehenden Texte. Jedoch ist aber auch bereits im Prinzip das Problem gelöst, mit Hilfe von Datenverarbeitungsanlagen fremdsprachige Texte in die jeweilige Landessprache zu übertragen. *Steinbuch* berichtet, daß die amerikanische Luftwaffe einen Übersetzungsautomaten benutzt, um russische Texte in die englische Sprache zu übertragen, wenn auch mit geringer Geschwindigkeit und mit beschränktem Wortschatz [152, S. 190]. Die so übersetzten Texte sollen in der Regel verständlich sein, wenn ihnen auch noch die Eleganz einer guten menschlichen Übersetzung fehlt.

Die Datenverarbeitungsanlage als Hilfsmittel zur Sprachübersetzung ist nicht nur für stark exportorientierte Unternehmen von Bedeutung, sondern in vielleicht noch viel größerem Maße für die ausgesprochen forschungsintensiven Unternehmen, in denen ein brennender Bedarf besteht, die Flut von fachwissenschaftlichen Veröffentlichungen in vielen Fremdsprachen auf Anregungen oder verwertbare Forschungsergebnisse durchzusehen. In gleichem Sinne besteht das Bedürfnis, z. B. ausländische Patentschriften zu sichten und auf Kollisionen mit eigenen Schutzansprüchen zu prüfen.

Zusammenfassend läßt sich also auch für Industrieunternehmen ein Bedarf für die automatische Übersetzung feststellen. Einen Überblick über den derzeitigen Stand der Entwicklung und die noch zu klärenden Probleme vermittelt der Beitrag von *H. Schnelle* und *G. Engelien* [146]. Dort wird sichtbar, daß der Weg zu sprachlich befriedigenden Übersetzungen noch weit ist. Eine Arbeitserleichterung bei der Übersetzungstätigkeit bieten heute schon die Übersetzungshilfen. Das Verfahren der Übersetzungshilfen besteht darin, durch den Übersetzer in den zu übersetzenden Texten die unbekannten Ausdrücke kennzeichnen zu lassen; die Entsprechungen für diese Ausdrücke werden mit der Datenverarbeitungsanlage praktisch „nachgeschlagen" und ausgedruckt. Damit wird dem Übersetzer das zeitraubende Nachschlagen in Fachwörterbüchern erspart. *Winkler* beschäftigt sich in einem Beitrag mit den Fragen des Aufbaues und der Anwendung der dazu erforderlichen Wörterbücher [165].

Im Gegensatz zu dieser sehr vorsichtigen Beurteilung der Möglichkeiten der automatischen Sprachübersetzungen steht die Einschätzung des Gordon-Helmer-Berichtes: dort wird die Realisierung der automatischen Sprachübersetzung für das Jahr 1972 vorhergesagt. Übersetzungen mit korrekter Grammatik sollen ab 1978 möglich sein [41, S. 62].

2.1.1.2.3 Programmierte Unterweisung

In Anbetracht der Vielfalt und des Umfanges von Unterweisungsaufgaben – sei es zur Weiterbildung von Mitarbeitern oder zur Einweisung neuer Mitarbeiter – ist es überraschend, daß die Fähigkeiten der Datenverarbeitungsanlagen als Lehrautomaten bislang noch wenig genutzt werden. Sie dienen hier zur Wissensvermittlung in programmierter Form und ermöglichen eine sehr effektive Ausbildung.

Dabei ist allein die Methode des programmierten Unterrichts, d. h. die in kleinste Elemente aufgelöste Darbietung des Lehrstoffes als sehr wirkungsvoll bekannt [144, 150, 94]. Aus der Praxis amerikanischer Unternehmen berichtet *Schirm* von Untersuchungen, durch die die Wirksamkeit der programmierten Unterweisung in der verkürzten Anlernzeit, im verbesserten Lernergebnis und in der stärkeren Motivation bestätigt wurde [279, S. 88/89].

Die Verwendung von Datenverarbeitungsanlagen zur programmierten Unterweisung läßt eine weitere Verbesserung dieser Ergebnisse erwarten, weil sie einen Grad der Anpassung an das Lernverhalten des „Schülers" gestatten, der der Idealform des Einzelunterrichts durch einen Privatlehrer nahekommt. Die technischen Möglichkeiten erlauben heute schon die gleichzeitige Unterrichtung von bis zu etwa tausend Schülern, wobei der individuellen Lerngeschwindigkeit des Schülers, seinem Lerntypus sowie seinen Vorkenntnissen voll Rechnung getragen wird.

In Nordamerika und in der Sowjetunion werden, wie berichtet wird, schon auf breiterer Basis Versuche zur Unterrichtung mit Datenverarbeitungsanlagen durchgeführt [20], [143]. Über die derzeitige Situation in der BRD vermitteln z. B. die Arbeiten von *Frank* und *Lehnert* einen Überblick, in denen auch die Möglichkeiten dargestellt werden, die Datenverarbeitungsanlagen zur Erarbeitung der Lehrprogramme einzusetzen [33], [84].

Über die Verwendung der Datenverarbeitungsanlage als Lehrmaschine im industriellen Bereich liegen nur wenige Berichte vor. *Matt* schreibt, daß in den USA die Außendiensttechniker eines Datenverarbeitungsanlagenherstellers auf diese Weise ausgebildet werden; *Krevet* stellt das dort benutzte Ausbildungsverfahren in der Anwendung durch die deutsche Tochterfirma dieses Unternehmens dar und berichtet auch quantitativ über die erzielten Ergebnisse [244], [230].

Schließlich sei die Aufmerksamkeit noch auf die Unternehmensspiele gelenkt, zu deren Durchführung die Rechenkapazität einer Datenverarbeitungsanlage benötigt wird. Mit diesen Unternehmensspielen ist bereits eine große Anzahl betrieblicher Führungskräfte bekanntgemacht worden. Mittlerweile haben sie auch schon Eingang in die betriebswirtschaftliche Ausbildung an den Hochschulen gefunden.

2.1.2 Aufgaben im technisch-naturwissenschaftlichen Bereich

2.1.2.1 Numerische Aufgabenstellungen

2.1.2.1.1 Gestalten von Produkten

Ein breites Feld von Anwendungsmöglichkeiten für Datenverarbeitungsanlagen bietet sich im Bereich der Gestaltung der Produkte, wobei hier unter Produkt nicht nur so kompakte Gegenstände wie Maschinen verstanden werden, sondern auch komplexe und weiträumige Systeme wie z. B. Energieverteilungseinrichtungen oder Fernsprechnetze.

Bei der Gestaltung so verstandener Produkte müssen oftmals Lösungen für eine Vielzahl mathematisch formulierter Aufgaben gesucht werden. Bekannte Beispiele für derartige Rechnungen sind Festigkeitsberechnungen, die bei der Detail-Konstruktion eines Produktes anzustellen sind und die einen hohen Schwierigkeitsgrad annehmen können, etwa im Falle von Festigkeitsberechnungen für Flugkörper in der Flugbewegung. Oftmals sind diese Probleme gar nicht exakt, sondern nur näherungsweise oder nur experimentell lösbar, z. B. Strömungs-, Wärme- und Spannungsprobleme.

Auch für die Gestaltung komplexer Systeme, wie z. B. Fernmeldeanlagen, werden Datenverarbeitungsanlagen eingesetzt [225]. *Reche* berichtet, daß bei der Auslegung eines Stromversorgungsnetzes aus 50 Kraftwerken und Übergabestellen die Berechnungen des Betriebszustandes manuell etwa 9 Monate erfordern, mit einem Rechner dagegen nur 1,5 Minuten [267, S. 372]. Der durch Datenverarbeitungsanlagen automatisierte Entwurf von Datenverarbeitungsanlagen wird von *Maier* beschrieben [240]. Das dort dargestellte Programm ist insofern von Interesse, als nicht nur der eigentliche Entwurf von der Datenverarbeitungsanlage durchgeführt wird, sondern dieser Entwurf sogleich auch durch Simulationsprogramme überprüft wird. Die Simulationstechnik erweist sich als ein vorzügliches Hilfsmittel, das Verhalten von Konstruktionen und besonders von Systemen durch Nachbildung zu beobachten und zu prüfen. Dazu wird vielfach eine Datenverarbeitungsanlage als Rechenanlage, also als mathematisches Hilfsmittel benutzt [308].

Obwohl die digitalen Rechenanlagen im Vordergrund der Betrachtung stehen, soll nicht verschwiegen werden, daß bestimmte mathematische Probleme nur unter großen Schwierigkeiten auf digitalen Rechenanlagen bearbeitet werden können, mit Analog-Rechenanlagen dagegen viel einfacher zu lösen sind. Das gilt insbesondere für die Bearbeitung von Differentialgleichungen, die die funktionalen Zusammenhänge physikalischer Größen formulieren und Bewegungsvorgänge (z. B. Schwingungsvorgänge) oder Ausgleichsvorgänge (z. B. Regelungsvorgänge) beschreiben.

Die bis hierhin skizzierten Verwendungsmöglichkeiten im Gestaltungsbereich sind noch „konventionell" zu nennen, weil die Datenverarbeitungsanlage dort lediglich Aufgaben der Verarbeitung von Daten-Massen bzw. der Durchführung von aufwendigen Rechenarbeiten übernahm. Es zeigte sich aber, daß den Datenverarbeitungsanlagen auch Arbeiten übertragen werden können, die eine teilweise Automatisierung des Konstruktionsprozesses bewirken. Die so zu erzielenden Rationalisierungserfolge wurden in der Arbeit von *R. Simon* geprüft [350]. Unter dem Namen „Automated Design Engineering" wurde ein Anwendungsprogramm bekannt, mit dem die Konstruktion von Größen-Varianten einer ausgereiften, optimalen Prinzipkonstruktion nahezu völlig der Datenverarbeitungsanlage übertragen wird. Prinzipkonstruktionen sind für eine Vielzahl elektrischer Anlagen, für Transformatoren und Elektromotoren möglich. Von *Kapfberger* und anderen wird dieses Verfahren für den Bau von Gleichstrommaschinen und Transformatoren beschrieben und gezeigt, daß man bis zur fertigen Werkstattzeichnung kommen kann [221]. Ähnliche Lösungen sind im Stahlbau und im allgemeinen Maschinenbau denkbar, z. B. für Getriebe, Turbinen und Pumpen, die immer wieder nach prinzipiell gleichem konstruktiven Aufbau in einer großen Variationsbreite hergestellt werden müssen.

In der der Gestaltung nachgeschalteten Produkt-Erprobungsphase werden Datenverarbeitungsanlagen vielfach auch dort eingesetzt, wo beim Experimentieren eine große Zahl von Meßwerten zu verarbeiten sind. *Schüngel* und *Weitzel* beschreiben den Aufbau einer Anordnung, mit der Prozesse z. B. in Kraftwerken und in Kernreaktoren untersucht werden können [286]. Dieselbe meßtechnische Aufgabenstellung findet sich im gesamten Bereich der Grundlagenforschung und auch der angewandten Forschung; von *Krauch* und *Oettinger* werden einige anschauliche Beispiele dafür angegeben [79], [114].

2.1.2.1.2 Gestalten von Produktionsanlagen

Für die Gestaltung von Produktionsanlagen – zunächst im Sinne der räumlichen Zuordnung von Anlagenteilen – liefern die Optimierungsrechnungen des Operations Research die Hilfsmittel zur Erzielung eines günstigen Materialflusses. Die Datenverarbeitungsanlagen erfüllen für das Operations Research stets nur die Aufgabe eines Hilfsmittels, das die Leistungsfähigkeit der Methoden der praktischen Mathematik steigert, indem z. B. die Lösung umfangreicher linearer Gleichungssysteme ermöglicht wird und darüber hinaus neuartige Verfahren wie z. B. die Simulation der Anwendung erschließt.

Die Studie von *Brusberg* beweist, daß in vielen Industriezweigen schon die wirtschaftlich optimale Gestaltung von Produktionsabläufen mit den Methoden des

Operations Research untersucht werden kann [14, S. 189–201]. Ein Schwerpunkt der Rechnungen liegt zweifellos bei den Transport- und Zuweisungsproblemen, doch werden auch Rechnungen angegeben, die Schlüsse auf die Dimensionierung von Teilen der Gesamtanlage zulassen. Diese Arbeiten orientieren sich am Modell eines speziellen Prozesses; *Todt* beschreibt ein allgemeines Verfahren für die Auslegung von Großprojekten [297].

Neben den vielfältig mit der Gestaltung von Produktionsanlagen verbundenen technischen Berechnungen sei abschließend auf die Verfahren der Netzplantechnik hingewiesen, die sich als erfolgreiches Hilfsmittel für die zeitliche Planung des Aufbaus von Produktionsanlagen sowie für die Steuerung dieses Geschehens erwiesen haben. Gerade bei sehr großen und komplexen Anlagen nehmen die Netze und damit die erforderlichen Berechnungen und Auswertungen einen Umfang an, der nur noch mit der Rechenkapazität von Datenverarbeitungsanlagen sinnvoll zu bewältigen ist. Eine vergleichende Untersuchung von Netzwerkprogrammen wurde von *Kern* veröffentlicht, in der auch die Grenzen für die manuelle Bearbeitung von Netzen herausgestellt werden [224, S. 250].

2.1.2.1.3 Ausführen von Produktionsprozessen

2.1.2.1.3.1 Prozeßsteuerung

Die höchste Automatisierungsstufe der Durchführung von Produktionsprozessen ist die Lenkung durch Datenverarbeitungsanlagen zur automatischen Führung von Prozessen, durch sogenannte Prozeßrechner. Als Prozeß wird von *Syrbe* und *Latzel* „jede Einrichtung bezeichnet, die in einer bestimmten, quantitativ und qualitativ beschreibbaren Weise Energie und/oder Stoffe transportiert oder umformt“ [141, S. 1192]. Die industrielle Produktionstechnik wird von *Dolezalek* in drei Haupttechniken mit entsprechenden Prozessen gegliedert:

1. *Energietechnik:* das ist die direkte Nutzung von Energiequellen, die Umwandlungen der Energiearten ineinander und der Transport von Energie.
2. *Verfahrenstechnik:* das ist die Herstellung von Stoffen mit genau definierten physikalischen und chemischen Eigenschaften und die zeitweilige Wandlung dieser Eigenschaften, und
3. *Fertigungstechnik:* das ist die Erzeugung von Werkstücken mit genau definierter Gestalt [190].

Für die Automatisierung bedeutsam ist die Feststellung, daß die Prozesse der Energietechnik und der Verfahrenstechnik vorwiegend Fließprozesse sind, die Prozesse der Fertigungstechnik dagegen überwiegend Stückprozesse, die im Ergebnis der Überlegungen von *Tönshoff* nur unter erheblich größeren Schwierigkeiten automatisierbar sind [298].

In Anlehnung an die von *Hotes* gewählte Darstellung können die Aufgaben der Datenverarbeitungsanlage als Prozeßrechner unterschieden werden nach der

Art der Kopplung der Datenverarbeitungsanlage mit dem Prozeß [63, S. 7/8]. Grundsätzlich sind auseinanderzuhalten der prozeßentkoppelte (prozeß-parallele, off-line) Betrieb und der prozeßgekoppelte (on-line) Betrieb. Im prozeßentkoppelten Betrieb erfolgt die Datenverarbeitung isoliert vom Prozeß, die Verbindung zwischen Datenverarbeitungsanlage und Prozeß muß vom Menschen hergestellt werden. Demgegenüber sind im prozeßgekoppelten Betrieb Prozeß und Datenverarbeitung voneinander unabhängig; je nach dem Grad der Verknüpfung werden die zwei Unterformen offen-prozeßgekoppelt (on-line, open-loop) und geschlossen-prozeßgekoppelt (on-line, closed-loop) unterschieden. Im offen-prozeßgekoppelten Betrieb werden Daten unmittelbar vom Prozeß der Datenverarbeitungsanlage zugeführt; nach den daraus ermittelten Ergebnissen beeinflußt der Mensch den Prozeß. In den geschlossen-prozeßgekoppelten Betrieb ist dagegen der Mensch nicht mehr eingeschaltet, Prozeß und Datenverarbeitungsanlage beeinflussen sich unmittelbar und wechselseitig.

Im prozeß-entkoppelten Betrieb wird also die Datenverarbeitungsanlage lediglich zur Verarbeitung von Meßwerten eingesetzt. Da zwischen dem Zeitpunkt der Messung und dem Zeitpunkt der Verarbeitung des Meßwertes durch die Zwischenschaltung des Menschen notwendig eine gewisse Zeit vergehen muß, ist diese Betriebsart weniger zur direkten Einwirkung auf den Prozeß geeignet; allenfalls wäre der Einsatz bei ausgesprochen stationären Prozeßabläufen denkbar. Der Schwerpunkt des Einsatzes wird jedenfalls auf der Meßwertverarbeitung liegen. In gewissem Grade gelten diese Überlegungen auch für die prozeßgekoppelt-offene Betriebsart. Hier werden die Meßwerte direkt vom Prozeß in die Datenverarbeitungsanlage gegeben, nur die Rückwirkung vom Rechner auf den Prozeß ist dem Menschen vorbehalten. Die Datenverarbeitungsanlage wird also auch hier primär zur Verarbeitung von Meßwerten benutzt und die Ergebnisse in Form von Protokollen aufgezeichnet. Die direkte Verbindung von Prozeß und Datenverarbeitungsanlage führt aber zu einer gesteigerten Aktualität der Ergebnisse, so daß diese Betriebsart auch für die Überwachung von schneller ablaufenden, evtl. auch instationären Prozessen geeignet ist. Die Arbeit der Datenverarbeitungsanlage kann so programmiert werden, daß die Einhaltung bestimmter Grenzwerte beobachtet wird, bei deren Überschreitung etwa Alarmsignale ausgelöst, Steuerungsanweisungen für das Bedienungspersonal des Prozesses ausgedruckt werden und im Extremfall auch der Prozeß unterbrochen oder angehalten wird, um kritische Situationen zu vermeiden.

Die direkte Einflußnahme der Datenverarbeitungsanlage auf den Prozeß bei der prozeßgekoppelt-geschlossenen Betriebsart ist die hochwertigste Kopplungsform von Prozeß und Rechner. Die Datenverarbeitungsanlage übernimmt hier durch entsprechende Verarbeitung der Meßwerte und durch Auslösung von Reaktionen Reglerfunktionen. Besonders bemerkenswert ist diese Betriebsart aber deshalb, weil sie nicht nur eine stabile Regelung des Prozesses ermöglicht, sondern zugleich auch eine Optimierung des Prozesses nach vorgegebenen Kriterien gestattet. Dazu sind nach *Dawidczak* mehrere Verfahren bekannt: das Suchverfahren (feedback control), das Modellverfahren (feedforward control) und das Modellverfahren mit Anpassung [22, S. 15–21]. Gerade das letztere Verfahren ist besonders interessant, weil das Prozeßmodell durch geeignete Maßnahmen laufend entsprechend den Ausgangsparametern des Prozesses verändert, d. h. verbessert wird.

Realisiert wurden Prozeßsteuerungen bisher an chemischen Anlagen, an Anlagen der Energieerzeugung und Energieverteilung, der Papierherstellung und Zementfabrikation, sowie Stahl- und Walzwerksprozessen. Auch Transport-, Verlade- und Lagerprozesse sind schon durch den Einsatz von Prozeßrechnern automatisiert worden. Es soll aber der Hinweis nicht fehlen, daß die realisierten Prozeßsteuerungen erhebliche Unterschiede hinsichtlich des Umfanges der automatisierten Anlagenteile und hinsichtlich der Betriebsart aufweisen.

Die Prozeßrechner unterscheiden sich im Prinzip nicht wesentlich vom bekannten Aufbau der Datenverarbeitungsanlagen; ein erheblicher Unterschied besteht dagegen im Bereich der Ein- und Ausgabeeinrichtungen. Dafür sind zwei Gründe maßgeblich: die zu verarbeitenden Meßwerte fallen vielfach in analoger Form an, müssen also vor der Verarbeitung noch in speziellen Analog-/Digitalwandlern in digitale Form umgesetzt werden. Der zweite Grund ist darin zu sehen, daß für die Beeinflussung von Prozessen eine sehr große Zahl von Meßwerten in vielfach sehr kurzen Zeitabständen in die Datenverarbeitungsanlage eingegeben werden müssen. was ebenfalls besondere Einrichtungen erfordert.

Die komplexen fertigungstechnischen Prozesse setzen der Automatisierung durch Prozeßrechner recht erhebliche Schwierigkeiten entgegen, obwohl die Probleme der Fertigungssteuerung, wie z. B. das Kompendium von *Hahn, Kuhnert* und *Roschmann* erkennen läßt, seit geraumer Zeit Gegenstand der Bemühungen vieler Autoren sind [47].

2.1.2.1.3.2 Numerisch gesteuerte Werkzeugmaschinen

Die Entwicklung führte deshalb zunächst zur prozeßgesteuerten fertigungstechnischen Arbeitsmaschine, der numerisch gesteuerten Werkzeugmaschine.

Werkzeugmaschinen sind Maschinen zur spanenden oder spanlosen Formung von Gegenständen mit Hilfe von Maschinenwerkzeugen. Herkömmliche Werkzeugmaschinen werden von der Hand qualifizierter Facharbeiter nach Informationen gesteuert, die in einer technischen Zeichnung enthalten sind. Numerische, d. h. zahlenmäßige Steuerung von Werkzeugmaschinen ist dagegen als eine Steuerungsart zu verstehen, mit der der Prozeß der Arbeitsmaschine „Werkzeugmaschine" dadurch automatisiert wird, daß ihr alle zur Durchführung des Arbeitsprozesses erforderlichen Daten in numerischer Form durch ein Programm zugeführt werden. Die numerische Steuerung von Werkzeugmaschinen ist eine Technik, die sich der Datenverarbeitungsanlagen in zweifacher Hinsicht bedient: einmal im Bereich der sogenannten „äußeren Datenverarbeitung" zur Verarbeitung vorwiegend geometrischer Daten und zum anderen in der „inneren Datenverarbeitung" in einer Funktion, die der der Prozeßrechner vergleichbar ist. Die numerisch gesteuerte Werkzeugmaschine wird hier als Beispiel für die Automatisierung von Arbeitsmaschinen herangezogen, weil dieses Prinzip der Steuerung zuerst an Werkzeugmaschinen in die Wirklichkeit umgesetzt wurde; der Hinweis von *Simon*, daß diese Art von Steuerungen auch bei anderen Arbeitsmaschinen, wie z. B. Setzmaschinen und Textilmaschinen anzuwenden sei, verdient volle Beachtung [138, S. 1208].

Zugeführt werden müssen der numerisch gesteuerten Werkzeugmaschine in Terminologie von *Simon* [137] die sogenannten Arbeitsinformationen, die in zwei Hauptgruppen eingeteilt werden: in die Gruppe der Formangaben, das sind die Angaben über die Form des Werkstückes, die gewöhnlich als Werkstück-Zeichnung niedergelegt sind. Die zweite Gruppe sind die Technologischen Angaben, das sind alle Angaben über benutzte Werkzeuge, die Arbeitsgeschwindigkeit dieser Werkzeuge, die Aufteilung in einzelne Arbeitsgänge, die zeitliche Folge der Arbeitsgänge u. ä. Angaben, die in der Regel auf besonderen Formularen, z. B. Arbeitsplänen unabhängig von der Zeichnung von den Arbeits- und Zeitplanern der Arbeitsvorbereitung vorgeschrieben werden.

Als äußere Datenverarbeitung wird die Erstellung der Arbeitsinformationen, also der Formangaben und der Technologischen Angaben in programmierter Form, bevorzugt aufgezeichnet auf einem Lochstreifen, verstanden. Später wird noch gezeigt werden, daß die Möglichkeit besteht, die geometrischen Angaben einer Zeichnung aus der Datenverarbeitungsanlage auch als Lochstreifen ausgeben zu lassen. Ist diese Möglichkeit nicht gegeben oder zu aufwendig, bedient man sich zur Ausarbeitung der Formangaben und der Technologischen Angaben einer der verfügbaren fertigungstechnischen Programmsprachen. Im Gegensatz zur Situation in den Vereinigten Staaten, wo die Vielzahl der angewandten Programmiersprachen bereits hemmend wirkt, zeichnet sich in der Bundesrepublik Deutschland die breite Einführung der einheitlichen Programmsprache EXAPT ab, die in Zusammenarbeit von Industriebetrieben und Hochschulinstituten auf der Grundlage einer amerikanischen Programmsprache entwickelt wurde [115, S. 362–383].

In einer Datenverarbeitungsanlage wird diese Programmsprache dann übersetzt. Dieses übersetzte Programm ist aber noch nicht abgestimmt auf die individuellen Bedingungen einer bestimmten Maschine, auf der die Arbeit ausgeführt werden soll; diese besonderen Bedingungen werden in einem nachgeschalteten Programm, dem sogenannten Postprocessor berücksichtigt. Dieser 2. Übersetzungsvorgang, der ebenfalls wieder auf einer Datenverarbeitungsanlage durchgeführt wird, ergibt den fertigen Steuerlochstreifen.

Die innere Datenverarbeitung umfaßt die Verarbeitung der Arbeitsinformationen innerhalb der Werkzeugmaschine. Diese Informationsverarbeitung richtet sich zum einen auf die sogenannten „Schaltinformationen", mit denen z. B. das

Schalten des Antriebmotors, des Getriebes, der Abruf eines bestimmten Werkzeuges aus einem Magazin oder ein Werkzeugwechsel, aber auch Vorgänge wie Ein- und Ausspannen ausgelöst werden. Der andere Schwerpunkt ist die Verarbeitung von Weg- oder Positionsinformationen, Informationen also, die den Wirkpunkt oder die Wirklinie des angreifenden Werkzeuges fixieren. Die Verarbeitung dieser Weginformation erfolgt in Regelkreisen durch Abgleichen der Positionsangaben des Steuerlochstreifens mit analogen oder digitalen Meßwerten oder Zählwerten, die die Stellung von Werkzeug und Werkstück zueinander definieren.

Diese Regelaufgabe wird von einer Datenverarbeitungsanlage erfüllt, die im Aufbau viele Gemeinsamkeiten mit dem Aufbau der Prozeßrechner zeigt. Ihr Aufbau ist außerdem beeinflußt von der Art der Werkzeugmaschine und ihrer Steuerung; auf die vorwiegend technischen Unterschiede und Besonderheiten von Punktsteuerung (z. B. an Bohrmaschinen), Streckensteuerung (z. B. an Bohr- und Fräswerken, Drehmaschinen für zylindrische Körper, Fräsmaschinen für ebene Flächen) und Bahnsteuerung (z. B. Profildrehmaschine, Brennschneidmaschine) soll hier nicht eingegangen werden.

Beim heutigen Entwicklungsstand der Technik numerisch gesteuerter Werkzeugmaschinen wird die Datenverarbeitungsanlage zur inneren Datenverarbeitung als Baugruppe der Werkzeugmaschine betrachtet und meist als Steuerschrank neben der Werkzeugmaschine aufgestellt. Neuerdings wird ernsthaft die Frage geprüft, unter welchen Bedingungen man auf den separaten Rechner für die innere Datenverarbeitung jeder Werkzeugmaschine verzichten kann zugunsten eines Anschlusses an eine zentrale, entsprechend große und leistungsfähige Universalrechenanlage. Diese Überlegungen werden u. U. wesentlich gefördert durch die Bemühungen um die adaptive Regelung der Bearbeitungsprozesse. *Götz* definiert die adaptive Regelung als „selbsttätige Anpassung der Arbeitsvorgänge an technologische oder maschinen-technische Grenzwerte oder optimale selbsttätige Einstellung von technologischen oder maschinenbedingten Größen“ [207, S. 443].

In jüngster Zeit unternimmt die Fertigungstechnik den großen Schritt von der isolierten Betrachtung der prozeßgesteuerten Einzel-Werkzeugmaschine zur ganzheitlichen Betrachtungsweise des prozeßgesteuerten Fertigungssystemes, das aus Bearbeitungs-, Transport- und Lagersystem besteht. Die Realisierung dieses integrierten Konzeptes, wie es in den Darstellungen von *Tully* [299], von *Opitz* [115, S. 383–390] und von *Dolezalek* und *Ropohl* [191] erkennbar wird, verlangt vergleichsweise wesentlich größere Kapazitäten für die Informationsverarbeitung und eine stärkere Integration der Programmteile. Dieser Bedingung kann nur mit einer größeren Anlage entsprochen werden, die von der Einzelmaschine gelöst und zur Steuerung des Gesamt-Systems eingesetzt wird.

2.1.2.2 Nichtnumerische Aufgabenstellungen

2.1.2.2.1 Verarbeiten von geometrischen Daten

Zur Verarbeitung geometrischer Daten zählen alle Bearbeitungsvorgänge, deren Objekte Informationen in Form ikonischer Zeichen, wie z. B. Bilder, Karten, graphische Darstellungen und technische Zeichnungen sind. In der Fertigungsindustrie haben insbesondere die technischen Zeichnungen eine zentrale Bedeutung als Informationsträger für Konstruktion, Arbeitsvorbereitung und Fertigung. Sie begleiten den gesamten Produktionsprozeß vom schöpferischen Beginn in der Konstruktion als Beschreibung der Idee bis zum körperlichen Werden des Erzeugnisses in der eigentlichen Fertigung. Unter bestimmten Bedingungen erfüllen Modelle die gleiche Funktion wie technische Zeichnungen.

Da die Möglichkeiten und die Technik der Verarbeitung geometrischer Daten noch wenig bekannt sind, wird der weiteren Behandlung das Bild des Konstruktionsbüros der nahen Zukunft voran gestellt, das 1966 von *Coons* entworfen wurde:

„In naher Zunkunft – vielleicht schon in 5, bestimmt aber in 10 Jahren wird eine Handvoll von Konstrukteuren an ihren Konsolen sitzen, die mit einem großen Computerkomplex in Verbindung stehen. Die gesamte Computerleistung steht ihnen zur Verfügung, und sie können daher neuartige Konstruktionsprobleme in Angriff nehmen. . . Über ihre Konsolen stehen sie untereinander in Verbindung, um z. B. die verschiedenen Konstruktionselemente aufeinander abzustimmen. Normblätter, Teilekataloge und andere Unterlagen sind jederzeit auf den Leuchtschirmen „einzusehen" . . . Werden Zeichnungen für die Endmontage oder für Wartungshandbücher gebraucht, erstellt sie der Computer auf Abruf. Man kann diese Zeichnungen sogar bei der Ausgabe dem Verwendungszweck anpassen. Bei Schaltbildern z. B. tritt der tatsächliche Aufbau zurück, und es werden nur solche Einzelheiten wiedergegeben, die der Elektriker für seine Aufgabe braucht" [19, S. 143].

Von diesem Konstruktionsbüro der Zukunft sind die Industrieunternehmen der Bundesrepublik Deutschland vielleicht noch durch einen größeren Zeitraum getrennt als *Coons* vermutet. Unter den heutigen Bedingungen läßt sich aber eine Datenverarbeitungsanlage auch hier schon als vielseitiges Werkzeug bei der Entwurfsarbeit einsetzen.

Mit Hilfe besonderer Programmiersprachen (drafting language) können vollständige Zeichnungen einschließlich Beschriftung und Vermaßung über Lochkarten eingegeben, gespeichert und über Plotter oder numerisch gesteuerte Zeichenmaschinen wieder herausgezeichnet werden. Auch ist die Speicherung von Zeichnungen in analoger Form auf Mikrofilm möglich. Mit einer aktiven, d. h. zur Eingabe und Ausgabe vorgesehenen Bildschirmeinheit lassen sich die eingegebenen Zeichnungen auf einem Bildschirm sichtbar machen und mit Hilfe eines Lichtschreibers ändern, löschen und ergänzen. Bei zusätzlicher Benutzung geeigneter Rechenprogramme können aus der zweidimensionalen Zeichnung dreidimensionale Bilder des dargestellten Werkstückes erzeugt werden, es kann der Abbildungsmaßstab verändert werden, auch die Transformation und die Drehung von Koordinaten ist möglich. Der Konstrukteur kann sich so optisch eine Vorstellung von seiner Konstruktion machen, die ohne Datenverarbeitungsanlage und Bildschirm nur durch Anfertigung eines Modelles zu erlangen ist. Gleichzeitig mit dieser Entwurfstätigkeit kann, wie schon früher gezeigt wurde, die rechnerische Prüfung der Kostruktion an der Datenverarbeitungsanlage vorgenommen werden.

Weitere Möglichkeiten erschließt die Datenverarbeitungsanlage überall dort, wo an Konstruktionen freie und mathematisch nicht oder nur sehr schwer definierbare Flächen auftreten. Das ist der Fall bei Flugzeug- und Schiffsrümpfen, bei Autokarosserien, aber auch bei Gegenständen des täglichen Bedarfs, wie z. B. Türklinken. Der Datenverarbeitungsanlage wird hier eine Aufgabe übertragen, die *Coons* mit der Aufgabe des Modelltischlers vergleicht. Dieser fertigt nach einigen, vom Konstrukteur angegebenen Ansichten, Schnitten und Umrißlinien ein räumliches Modell an, arbeitet dabei die Form vollständiger aus und ergänzt so den Entwurf des Konstrukteurs. Dieselbe Arbeit kann die Datenverarbeitungsanlage erledigen, wobei die zusätzlich gegebenen Möglichkeiten des Anbringens von Änderungen und – wegen der Schnelligkeit der Datenverarbeitungsanlage – auch das Durchspielen von Alternativlösungen weitere Vorzüge darstellen. Des weiteren kann der Datenverarbeitungsanlage auch die räumliche Glättung von Flächen übertragen werden. Dieser, im Schiffbau als „Straken" bezeichnete Vorgang der Glättung des Schiffskörpers ist ebenso schwierig wie zeitraubend [40, S. 274/275]. Nicht zuletzt ist die Tatsache von Bedeutung, daß dabei die mathematische Darstellung der Fläche oder des Körpers in der Datenverarbeitungsanlage gespeichert ist und für andere Zwecke, z. B. für die Herstellung von Steuerlochstreifen für numerisch gesteuerte Arbeitsmaschinen, benutzt werden kann.

2.1.2.2.2 Ausarbeiten von Arbeitsplänen

Datenverarbeitungsanlagen werden in zweierlei Hinsicht zur Gewinnung der in der Fertigung benötigten Arbeitspläne benützt; die Arbeiten von *Feldhege* [342] und *Olbrich* [348] sowie der Aufsatz von *Gattnar* [202] geben davon Kenntnis. Hier soll aber nur ein Programm vorgestellt werden, das zur vollmaschinellen Erarbeitung von Arbeitsplänen geeignet ist und unter der Bezeichnung „Automated" Manufacturing Planning" (AMP) bekannt geworden ist. Dieses Verfahren gestattet die Erzeugung vollständiger Arbeitspläne für Betriebe mit auftragsabhängiger Variantenfertigung. Voraussetzung ist allerdings die Existenz eines hohen Ähnlichkeitsgrades der Bauteile und Baugruppen, die ihrerseits wiederum Voraussetzung für die Ausarbeitung standardisierter Arbeitspläne ist. Diese Bedingungen sind stets dort erfüllt, wo eine Fertigung nach dem Prinzip der „Teilefamilienfertigung" möglich ist.

Die Datenverarbeitungsanlage erstellt den Arbeitsplan aufgrund der eingegebenen Daten zur Geometrie des Werkstückes mit einem Planungsprogramm, das jeweils nur für eine Teilefamilie gültig ist. Ein relativ einfaches Programmierverfahren mit Entscheidungstabellen (wenn/dann-Tabellen) unter Zuhilfenahme einer großen Zahl von gespeicherten Tabellen (über die Werkstoffe und ihre Bearbeitungseigenschaften, Werkzeugdaten, Rechenformeln für die Zeitberechnung) wird benutzt, um Arbeitspläne vollmaschinell anfertigen zu lassen.

Es ist nicht zu übersehen, daß die Schwierigkeiten, die der Anwendung dieser maschinellen Form der Arbeitsplanung entgegenstehen, darin begründet sind, daß gerade das in den letztgenannten Tabellen gespeicherte technologische Fachwissen heute noch hauptsächlich als „Fachkenntnis" und „Erfahrung" in den Gedächtnissen des Personals der Arbeitsvorbereitung gespeichert ist und erst in systematischer Form erarbeitet und fixiert werden muß. In dieser Richtung hat *Opitz* bereits Überlegungen über ein aufzubauendes Informationszentrum für Schnittwerte angestellt [115, S. 390–397].

2.1.2.2.3 Erschließen von verbalen Informationen

Eine gängige Vokabel unserer Tage ist das Schlagwort von der Informationslawine geworden. Immer wieder liest man Angaben, die das Ausmaß dieser Lawine näher kennzeichnen durch Zahlenwerte über den bereits erreichten Umfang und die für die Zukunft zu erwartenden Dimensionen dieser Lawine [265, S. 7].

Die Aufgabe des Erschließens von Informationen wird in der angelsächsischen Literatur mit „information retrieval" bezeichnet, wofür als deutsche Übersetzung der Ausdruck „Informationserschließung" benutzt wird. Unter Informationserschließung sei in Übereinstimmung mit *Mertens* der vielfach auch als Dokumentation bezeichnete Sachverhalt Sammeln, Ordnen, Registrieren und Wiederauffinden von Dokumenten aller Art auf allen Gebieten menschlichen Wissens und menschlicher Tätigkeit verstanden [100, S. 3].

Die Betrachtung möge hier beschränkt sein auf die Informationen, die die Betriebsbereiche Forschung, Entwicklung, Konstruktion und Produktion interessieren. Diese Informationen erstrecken sich auf den Inhalt von Fachbüchern und -zeitschriften, Forschungsberichten aller Art, Patentschriften und vielfach auch auf die technischen Beschreibungen etc. von Konkurrenzprodukten. Trotz dieser einschränkenden Abgrenzung soll nicht übersehen werden, daß für die übrigen Betriebsbereiche in ähnlicher Weise ein Informationsbedarf besteht, der unter Umständen aus anderen Quellen zu decken ist; *Mertens* hat sich ausgiebig mit diesen Bedürfnissen und den jeweiligen Informationsquellen beschäftigt [100, S. 8–37].

Abgesehen von den Schwierigkeiten der Speicherung großer Mengen von Dokumenten – ein Problem, das sich generell zur Zeit mit Datenverarbeitungsanlagen noch kaum wirtschaftlich lösen läßt – liegt das Kernproblem der Dokumentation in der Festlegung der Deskriptoren, die das Dokument sowie die darin enthaltenen Informationen treffend und vollständig charakterisieren sowie in der Strategie einer Recherche, die durch Suche nach einzelnen Deskriptoren oder nach einer Kombination mehrerer Deskriptoren zu einem Dokument führt, das die gesuchten Informationen enthält. Diese Probleme werden in der Spezialliteratur, z. B. von *Kent*, ausführlich behandelt [71].

Datenverarbeitungsanlagen eignen sich für die Informationserschließung wegen ihrer Speicherfähigkeit und ihrer Arbeitsgeschwindigkeit, die bei entsprechender Programmierung auch Recherchen nach komplexen Fragestellungen gestatten. Dazu müssen z. Z. noch die in der Fragestellung angegebenen Deskriptoren mit den gespeicherten Deskriptoren der Dokumente übereinstimmen; für die Zukunft sind hier aber Erleichterungen durch die Anwendung des Schaltungsprinzips der Lernmatrizen zu erwarten, wie *Steinbuch* darlegt [152, S. 237].

Schließlich sei noch auf die Möglichkeit hingewiesen, die Festlegung der Deskriptoren durch eine bei *Kent* beschriebene Textanalyse des Dokumentes von Datenverarbeitungsanlagen vornehmen zu lassen. Eine Darstellung dieser Verfahren gibt *Kent* [71, S. 90–94].

Die Methoden der Informationserschließung werden in abgewandelter Form auch bei einem speziellen Problem großer und forschungsintensiver Unternehmen angewandt. Gemeint ist hier die laufend anzustellende Prüfung neuangemeldeter Patente und neueingetragener Warenzeichen auf Kollision mit den im Besitz des Unternehmens befindlichen Schutzrechten. Ein namhafter deutscher Chemiekonzern muß z. B. in jedem Monat ca. 2000 eigene Warenzeichen mit rd. 1000 neuangemeldeten fremden Warenzeichen auf Verwechselbarkeit in Klang, Schriftbild und Sinngehalt durchführen, das sind allein bei der Beobachtung der neu angemeldeten Warenzeichen monatlich etwa 2 Millionen Vergleiche nach mehreren Kriterien!

2.2 Der Gesamtvorgang Datenverarbeitung

2.2.1 Daten als Objekte des Datenverarbeitungsvorganges

2.2.1.1 Der Begriff „Daten"

Im Normblatt DIN 44 300 wird der Begriff „Daten" als „durch Zeichen oder kontinuierliche Funktionen auf Grund bekannter oder unterstellter Abmachungen dargestellten Informationen" verstanden [328, Nr. 19]. Diese Definition ist verständlich vor dem Hintergrund der Informationstheorie, die die quantitativen Zusammenhänge bei Übertragung, Empfang und Speicherung von Informationen zu erklären sucht. Für die Informationstheorie ist also nicht die *Bedeutung* einer Information von Interesse, sondern die optimale Abstimmung von Code, Übertragungskanal und Informationsquelle.

Die betriebswirtschaftliche Literatur kennt demgegenüber keine einheitliche Auffassung für die Interpretation des Begriffes Daten. Zum Verständnis dieser Situation muß man sich klarmachen, daß für betriebliche Zusammenhänge die Bedeutung einer Information, genauer das durch sie vermittelte Wissen, wesentlich ist. Viele Autoren schließen sich *Wittmanns* Auffassung an, Informationen seien „zweckorientiertes Wissen" [166, S. 14]. Im Sinne von *Wittmann* zählt zum Wissen das gesicherte Wissen, das sind Beobachtungen und Erfahrungen mit dem Merkmal der Gewißheit sowie die daraus abgeleiteten Urteile und Schlüsse, und das wahrscheinliche Wissen, das sind die auf Glauben, Meinen und Vermuten gestützten Vorstellungen über Vergangenes und Zukünftiges [166, S. 15–17]. Auch im Rahmen dieser Untersuchung soll zweckorientiertes Wissen als Information mit betrieblicher Relevanz verstanden werden.

Von der betriebswirtschaftlich orientierten Definition des Informationsbegriffes zum Begriff „Daten" führt die Feststellung von *Pietzsch*: „Jede Information besteht aus einer sinnvollen Kombination von Daten" [120, S. 17]. Danach sind also Daten die Elemente zur Formulierung von Informationen betrieblicher Relevanz. Der von *Göbel* vorgeschlagenen Definition des Begriffes Daten als „fixierte Informationen" kann nicht gefolgt werden, weil diese Auffassung ausschließlich von praktisch-organisatorischen Erwägungen geprägt erscheint und die Tatsache vernachlässigt, daß vielfach der Weg von der Information zum Datum über eine Umformung, Verschlüsselung und/oder Entkleidung von überflüssigen Attributen führen muß [206].

Auch bezüglich der Struktur der durch Daten formulierten Information kann der Auffassung von *Pietzsch* gefolgt werden, daß die Daten die „kleinsten semantischen Einheiten zur Darstellung einer Information sind. Daten ihrerseits werden gemäß der Definition des Normblattes DIN 44 300 durch Zeichen, diese ihrerseits in der Regel durch Elemente aus einem geordneten Zeichenvorrat (Alphabet) dargestellt [328, Nr. 19].

Diese ersten Überlegungen können in der Feststellung zusammengefaßt werden, daß Daten die Mittel zur Formulierung von Informationen betrieblicher Relevanz sind.

Bei näherem Hinsehen erweist sich jedoch die Vorstellung, eine Information durch ein einziges Datum formulieren zu können, als ein Sonderfall: in der Regel verlangt die Formulierung einer Information die Verwendung mehrerer, inhaltlich zusammenhängender Daten.

Eine einfache, quantifizierbare betriebliche Information ist z. B. die Angabe: „Wert DM 53". Die Angabe des Wertes setzt sich zusammen aus den Angaben von Maßeinheit „DM" und Maßzahl „53". Verzichtet man auf die meßtechnischen Termini: Maßzahl und Maßeinheit, kann man allgemein sagen, daß die einfache Information des Beispieles in der Terminologie von *Kulhavy* durch ein Kerndatum (entsprechend der Maßzahl) und ein Merkmalsdatum (entsprechend der Maßeinheit) beschrieben wird [83, S. 108]. Im gleichen Sinne unterscheidet z. B. auch der Arbeitskreis *Pietzsch* zwischen Informations-Kern und Informations-Merkmal [168, S. 727].

In der Regel dürfte aber die Aussagefähigkeit einer betrieblichen Information wesentlich weiter gehen als im vorhin gewählten Beispiel, indem sie etwa einen Bezug auf eine Kostenstellen- oder Auftragsnummer und den Bezug auf einen Zeitraum enthält, also etwa lauten könnte: Monat Januar 1968/Kostenstelle 15/ Gemeinkostenlöhne DM 4000,–. In diesem Beispiel ist die Zahl „4000" das Kerndatum, die übrigen Angaben wie „Januar 1968" usw. sind alle als Merkmalsdaten anzusprechen. Daran zeigt sich, daß bestimmte Informationen nur durch eine Folge aus einem Kerndatum und mehreren Merkmalsdaten formuliert werden können, wenn sie nicht an Aussagefähigkeit und Zurechenbarkeit verlieren sollen.

Diese letztere Erkenntnis muß allgemein so interpretiert werden, daß Informationen ohne Kerndaten keine Aussagefähigkeit besitzen. Informationen, die nur aus Merkmalsdaten bestehen, sind unselbständig, weil Merkmalsdaten nur in Verbindung mit einem Kerndatum eine sinnvolle Aussage bilden und in einen Zusammenhang eingeordnet werden können.

Von dieser allgemeinen Regel gibt es nur in dem Fall Ausnahmen, in dem z. B. ein Zählwerk zur Zählung eines bestimmten Vorganges ständig mit diesem Vorgang verbunden ist. Nur unter dieser Voraussetzung, die etwa bei der Prozeßdaten-Erfassung gegeben ist, genügt das Kerndatum zur Formulierung der Information, weil das Merkmals-Datum durch die Position des Zählers bleibend definiert und auf diese Weise bekannt ist. Für die Datenerfassung ergibt sich dann insofern eine Vereinfachung, als das Merkmalsdatum nur einmal aufzuzeichnen und für alle nachfolgend aufgezeichneten Kerndaten gültig ist.

Ungeachtet solcher Sonderfälle muß festgestellt werden, daß eine Information im Normalfall stets durch eine Folge von Daten, die wenigstens aus einem Kerndatum und einem oder mehreren Merkmalsdaten aufgebaut sein muß, formuliert wird. Einer Information entspricht also immer eine Kette von Daten, die in innerer Verbindung zueinander stehen, die nicht ohne Schaden für die Aussagefähigkeit der Information gelöst werden kann. Dieser notwendige innere Zusammenhang berechtigt zu der allgemeinen Gepflogenheit, von Daten auch dann zu sprechen, wenn – exakt beschrieben – nicht ein einzelnes Datum, sondern eine Kette zusammenhängender Daten gemeint ist, durch die eine Information formuliert wird.

Betrachtet man durch Daten formulierte Informationen näher hinsichtlich ihrer äußeren Erscheinungsformen, zeigt sich ein vielfältiges Bild. Daten erscheinen z. B. als Zahlenwerte, die einen Meßwert, Schätzwert oder auch einen Ordnungsbegriff repräsentieren. Andere Daten werden durch ein gesprochenes oder geschriebenes Wort verkörpert, und stellen einen Ordnungsbegriff, aber auch ein nicht quantifizierbares Beobachtungsergebnis dar. Ein weiteres Beispiel für Erscheinungsformen sind die bildlichen Darstellungen, die als technische Zeichnung, als Verlauf einer analogen Meßgröße, aber auch als Graphik zur Darstellung eines Geschmackmusters erscheinen.

Systematisch kann diese Vielfalt nach der von *Morris* angegebenen Einteilung unterschieden werden in Darstellungen unter Benutzung *symbolischer* Zeichensysteme (zu denen z. B. das lateinische oder kyrillische Alphabet, das binäre oder dekadische Zahlensystem, die Stenographie zählen) und in Darstellungen, die ikonischen Zeichensysteme (zu denen z. B. Bilder, Graphiken, technische Zeichnungen gehören) benutzen [104].

Zur Untersuchung der Datenerfassung als einem Teilvorgang der Datenverarbeitung unter Benutzung von Datenverarbeitungsanlagen erscheint eine andere Unterteilung der Erscheinungsformen zweckmäßiger, die, wie später noch zu zeigen sein wird, eine stärkere Berücksichtigung spezifischer Eigenschaften der Darstellungsformen gestattet. Es werden deshalb hier drei Erscheinungsformen unterschieden:

1. *numerische Daten.* Damit sind die Darstellungsformen bezeichnet, die zur Darstellung eines Datums Ziffern oder Ziffernkombinationen (das sind Zahlen) benutzen.
2. *sprachliche Daten.* Damit sind die Darstellungsformen bezeichnet, die zur Darstellung eines Datums Buchstaben und Buchstabenkombinationen eines vereinbarten Alphabetes im Sinne von DIN 44300 benutzen [328, Nr. 1].
3. *geometrische Daten.* Diese sind eine Form der Darstellung von Abbildungen durch Koordinaten und mathematische Funktionen nach einem vereinbarten Abbildungsverfahren.

Mit dieser Unterscheidung wird die aus der Lochkartentechnik bekannte Unterscheidung in numerische Daten und Alpha- oder alphabetische Daten aufgenommen. Für die Datenverarbeitung und insbesondere die Datenerfassung ist an sich diese Unterscheidung nicht so wesentlich, weil zur Behandlung beider Formen in den meisten Fällen die gleichen Geräte und Verfahren benutzt werden. Die beiden Formen unterscheiden sich aber hinsichtlich der ihnen eigenen Redundanz, weshalb gelegentlich unterschiedliche Behandlungsweisen erforderlich werden.

Die Bildung der selbständigen Datenart „geometrische" Daten erscheint notwendig, weil ihre Behandlung im Datenverarbeitungsprozeß zum Teil sehr spezielle Geräte und Verfahrensweisen bedingt. Wenn diese Zusammenhänge auch noch nicht allgemein bekannt sind und überdies in der betriebswirtschaftlich orientierten Literatur über die Datenverarbeitung nicht berücksichtigt werden, so ist doch für die Zukunft damit zu rechnen, daß die Bearbeitung geometrischer Daten breiten Raum einnimmt und gleichwertig neben den bekannten kommerziellen Datenverarbeitungsaufgaben stehen wird.

Im betrieblichen Alltag werden natürlich Informationen selten in der reinen Form einer der soeben abgegrenzten Erscheinungsformen darzustellen sein. Diese Tatsache zwingt zu der Vereinbarung, von einer bestimmten Erscheinungsform immer dann zu sprechen, wenn zur Darstellung einer Information überwiegend eine der Erscheinungsformen oder Ausprägungen benutzt wird.

Abschließend sei noch auf die vielfach in der Literatur benutzte Unterscheidung zwischen primären und sekundären Daten eingegangen. *Weide* versteht als primäre Daten die Daten, die erstmalig von außen in das Rechenzentrum des Betriebes gelangen; in seiner Sprache entstammen sekundäre Daten betriebsinternen Rechenprogrammen [161, S. 13/14]. Im gleichen Sinne benutzt *J. Pietzsch* das Begriffspaar ursprüngliche und abgeleitete (verdichtete) Informationen [120, S. 23–25].

Für die Datenerfassung sind nur die ursprünglichen oder primären Daten von Wichtigkeit; die sekundären oder abgeleiteten und verdichteten Daten berühren die Datenerfassung nicht.

2.2.1.2 Anforderungen an Daten

Die Anforderungen an die Daten als Objekte der Datenverarbeitung müssen stets orientiert sein am Verwendungszweck der Daten, also an der Verarbeitungsaufgabe, in die die Daten eingehen. Schon aus diesem Grunde bleibt die Möglichkeit verschlossen, einen allgemeingültigen Katalog von Anforderungen an die Daten zu formulieren. Weiterhin muß man sich darüber klar sein, daß erfaßte Daten oftmals in mehrere Rechnungen eingehen: so wird ein Datum, das den Zeitverbrauch zur Erledigung einer bestimmten Arbeit erfaßt, wenigstens noch zur Lohnverrechnung und zur Auftragsabrechnung verwendet werden. Für die Lohnverrechnung ist in diesem Beispiel höchste Genauigkeit erforderlich; für die Auftragsabrechnung könnten die Genauigkeitsansprüche z. B. deshalb niedriger gehalten werden, weil meist die Ungenauigkeit der benutzten Zuschläge die Exaktheit der Zuschlagskalkulation an sich schon begrenzt.

Dieses kleine Beispiel konnte zeigen, daß abhängig vom Verwendungszweck eines erfaßten Datums unterschiedliche Anforderungen zu stellen sind; eine ausgiebige Diskussion dieser Anforderungen findet sich in der Arbeit von *B. Ketterer* [345]. Grundsätzlich können diese Anforderungen graduell unterschiedlich, aber auch sowohl konkurrierend wie widersprüchlich sein. Wird ein Datum zur Verwendung in mehreren Verarbeitungsaufgaben erfaßt, wird die Festlegung der Anforderungen stets auf die Formulierung eines den Verwendungszwecken angemessenen Kompromisses hinauslaufen.

Schließlich muß noch an die alles beherrschende Maxime der Wirtschaftlichkeit allen Handelns erinnert werden, die auch bei der Festlegung der an die Daten zu stellenden Anforderungen ein günstiges Verhältnis von Aufwand und Ertrag verlangt.

Trotz der damit umrissenen Schwierigkeiten lassen sich aber doch drei allgemeingültige Anforderungsschwerpunkte benennen, die mit Aussagefähigkeit, Genauigkeit und Verfügbarkeit als kennzeichnende Merkmale für Anforderungen qualitativer, quantitativer und temporaler Art umschrieben werden .

2.2.1.2.1 Aussagefähigkeit

Entsprechend der für den Datenbegriff angegebenen Definition bedeutet die Anforderung Aussagefähigkeit, daß eine zweckentsprechende Kombination von Kern- und Merkmalsdaten vorliegt, die eine umfassende Aussage und eindeutige Auswertung hinsichtlich der vorgesehenen Zwecke gestattet.

In der Literatur begegnet man gelegentlich, z. B. bei *Neubert*, der Forderung, die betrieblichen Aufzeichnungen – sinngemäß also auch die Datenerfassung – so weit auszubauen, „daß Informationen auch nachträglich in der gewünschten Tiefe . . . wahlweise herangezogen werden können" [110, S. 16]. Diese Forderung ist gewiß verständlich, wenn man mit den Schwierigkeiten bekannt wird, denen etwa die Unternehmensforschung bei der Beschaffung von ex-post-Daten über innerbetriebliche Zusammenhänge gegenübersteht. Dennoch muß mit Nachdruck auf die Belastung hingewiesen werden, die aus der vermehrten Zahl von Daten erwächst, die nur einer einmaligen oder auch gelegentlichen Auswertung zuliebe stets mitgeführt werden soll. Der oben zitierten Anregung von *Neubert* könnte aber vielleicht dadurch Rechnung getragen werden, daß die zu erfassenden Daten einzeln und in Kombination mit anderen so gewählt werden, daß sich insgesamt vielseitigere Auswertungsmöglichkeiten ergeben, ohne daß die Gesamtzahl der zu erfassenden Daten dadurch wesentlich erhöht wird.

2.2.1.2.2 Genauigkeit

In der Forderung nach Genauigkeit spiegelt sich der Wunsch, die Daten sollten ein wahres Bild der Wirklichkeit wiedergeben. Diese absolute Forderung wird relativiert durch die Zweckorientierung der Daten sowie durch die Forderung nach Wirtschaftlichkeit, die in der Regel der Forderung nach Präzision, also nach der Schärfe des Maßstabes, diametral gegenübersteht.

Zweifellos ist es schwierig, der Anforderung auf Genauigkeit in rechtem Maße nachzukommen. Auf der einen Seite steht der Wunsch nach einem dem Zweck angepaßten Genauigkeitsgrad. *Morgenstern* formuliert das wie folgt: „Es muß . . . ein Genauigkeitsgrad festgelegt werden, der in erster Linie von dem bestimmten Zweck abhängen wird, für den man Messungen vornimmt . . . Die Frage, ob ein Meßergebnis, eine Beobachtung oder Zählung . . . genau und brauchbar ist, läßt sich nur im Hinblick auf den angestrebten Verwendungszweck beantworten" [103, S. 2]. Die Wahl des Genauigkeitsgrades sollte auch die Erfahrungstatsache berücksichtigen, das eine höhere Genauigkeit stets mit einem überproportionalen Aufwand erkauft werden muß. Bei den Überlegungen über den erforderlichen Genauigkeitsgrad sollte auch die Mahnung von *Simon* beachtet werden, der die Genauigkeit der Information für zweitrangig hält im Gegensatz zur Geschwindigkeit des Informationsflusses [136, S. 158].

Für den jeweiligen Fall muß eine befriedigende Klärung des erforderlichen Genauigkeitsgrades durch sorgfältiges Abwägen der vom Zweck herrührenden Genauigkeitsansprüche mit den dem Wunsch nach höchster Genauigkeit entgegenstehenden Schwierigkeiten und Aufwendungen gesucht werden.

2.2.1.2.3 Verfügbarkeit

Die temporalen Anforderungen werden charakterisiert durch Merkmale wie rechtzeitiges oder fristgerechtes Vorliegen, Aktualität, Schnelligkeit und Zeitnähe. Die Frage, welche zeitliche Verzögerung zwischen dem Zeitpunkt der Entstehung eines Datums bis zum Zeitpunkt seiner Verarbeitung eintreten darf, ist mit der Steigerung der Arbeitsgeschwindigkeiten von Datenverarbeitungsanlagen in den Vordergrund gerückt. Für vielerlei Zwecke wird die Forderung nach synchroner Verarbeitung der Daten erhoben. So stellt z. B. *Kulhavy* fest: „Für die strategische Planungsforschung ist es wichtig, daß die erforderlichen Informationen sofort nach ihrem Entstehen erfaßt und weiterverarbeitet werden können . . ." [83, S. 94].

Berechtigt erscheint diese Forderung unbedingt in einem Anwendungsfall wie z. B. den Platzbuchungssystemen der Fluggesellschaften, wo durch die synchrone Verarbeitung der eingehenden Buchungen eine stärkere Auslastung der Flüge erreicht werden kann. Als weitere Beispiele für die Notwendigkeit synchroner Verarbeitung können die Flugsicherungssysteme, aber auch industrielle Anwendungen wie die Prozeßregelung angeführt werden.

Generelle Aussagen über die Schnelligkeit, mit der Daten zur Verarbeitung verfügbar sein sollten, können jedoch nicht gemacht werden, weil die Bedeutung dieser Anforderung nur nach dem jeweiligen Zweck einzuschätzen ist. Der Vorschlag von *Kulhavy*, Daten als Entscheidungsgrundlage je nach ihrer Aktualität einen hohen, mittleren oder niedrigen Geltungswert beizumessen, dürfte hier nicht weiterführen [83, S. 94]. *Wagner* hat am Beispiel des Rechnungswesens den Einfluß der Verfügbarkeit untersucht und nachgewiesen, daß sehr unterschiedliche Bedürfnisse hinsichtlich der schnellen Verfügbarkeit bestehen. Er skizziert danach ein „Proportionalitätsgesetz der Schnelligkeit" mit einem „Konsequenzfaktor", der für ein bestimmtes Datum das Bedürfnis nach mehr oder weniger schneller Verarbeitung anhand der für das Betriebsgeschehen zu erwartenden Folgen kennzeichnet [300, S. 817]. Dieser Vorschlag scheint einen brauchbaren Weg zu weisen, um die Bedeutung der Verfügbarkeit objektiv zu beurteilen und überspitzte Anforderungen, die meist einen erhöhten Aufwand zur Folge haben, abzuweisen.

2.2.1.3 Auswahl der Daten

2.2.1.3.1 Abhängigkeit von der Verarbeitungsaufgabe

Den dominierenden Einfluß auf die Auswahl der Daten muß unbedingt die Verarbeitungsaufgabe ausüben, weil es nicht sinnvoll sein kann, Daten in den Datenverarbeitungsvorgang hineinzuschleusen, die nicht in irgendeiner Weise in die Rechnungen eingehen. Die Auswahl kann also nur anhand der vorhandenen und evtl. noch vorgesehenen Verarbeitungsprogramme getroffen werden. Damit ergibt sich aber ein Widerspruch gegenüber dem vorhin bereits kurz diskutierten Wunsch, auch solche Daten aufzuzeichnen, die nicht regelmäßig benötigt werden, sondern nur für etwaige Einzeluntersuchungen herangezogen werden müssen. Im Sinne einer wirtschaftlichen Informationsverarbeitung kann diesem Wunsch nicht stattgegeben werden; ein Kompromiß wäre allenfalls denkbar in solchen Fällen, wo solche Einzeluntersuchungen entweder mit größerer Häufigkeit vorgenommen werden oder in der Weise, daß die Auswahl der Daten für einen befristeten Zeitraum zum Zwecke bestimmter Untersuchungen erweitert wird.

Bei näherer Betrachtung der Verarbeitungsprogramme zeigt sich, daß in sie zwei Gruppen von Daten einfließen, die sich hinsichtlich ihrer Veränderlichkeit und ihrer Benutzungshäufigkeit grundlegend unterscheiden. Angesprochen sind damit die sogenannten Bewegungsdaten und die sogenannten Stammdaten. Als Bewegungsdaten (Tagesdaten, variable Daten) werden alle die Daten bezeichnet, die bei jedem Vorfall neu anfallen und für jeden Bearbeitungsvorgang neu erfaßt werden müssen, wie z. B. Zu- und Abgänge zu Beständen, Aufzeichnungen über Lohn- und Materialverbrauch. Demgegenüber werden mit Stammdaten solche Daten bezeichnet, die wenigstens über einen längeren Zeitraum konstant bleiben und immer wieder verwendet werden, wie z. B. Arbeitspläne, Personaldaten. Bezüglich der Auswahl erfahren beide Gruppen von Daten die gleiche Behandlung; es wird allerdings später im Zusammenhang mit Fragen der Erfassung und der Speicherung auf diese Unterschiede zurückzukommen sein.

2.2.1.3.2 Abhängigkeit von den Erfassungsmöglichkeiten

Neben der Verarbeitungsaufgabe ist die Erfassungsmöglichkeit der erforderlichen Daten gleichgewichtig mitbestimmend für die Auswahl. Zwar kann man von der Vorstellung ausgehen, daß grundsätzlich alle interessierenden Daten irgendwie erfaßbar sind. Im praktischen Fall besteht natürlich diese unbegrenzte Möglichkeit nicht; die Erfassungsmöglichkeiten sind vielmehr eingeschränkt durch technische und/oder personelle Schwierigkeiten und nicht zuletzt durch wirtschaftliche Erwägungen, die zum Verzicht auf eine an sich technisch mögliche Erfassung zwingen.

Die Möglichkeit der Erfassung dürfte in der Regel für alle mit dem betrieblichen Rechnungswesen zusammenhängenden Daten gegeben sein, da diese Daten – als gesichertes Wissen im Sinne *Wittmanns* – aus verschiedenen Gründen ermittelt und aufgezeichnet werden müssen. Sie dürften Schwierigkeiten allenfalls hinsichtlich des „Wie“ der wirtschaftlichen Erfassung bereiten.

Daten, die z. B. für Entscheidungsrechnungen gebraucht werden, und die im Sinne von *Wittmann* als „wahrscheinliches Wissen“ zu qualifizieren sind, stellen für die Erfassung eine Besonderheit dar. Zukunftsdaten etwa müssen entweder gesetzt oder aus anderen Daten durch Schätzen oder durch Extrapolation gewonnen werden. Hier muß also der Erfassung ein Berechnungsgang vorangehen.

Ähnlich gelagerte Probleme weist vielfach die Erfassung technischer Meßgrößen auf. So kann z. B. der CO_2-Gehalt eines Rauchgases indirekt über die elektrische Leitfähigkeit des Rauchgases gemessen werden. Zur Bestimmung des Datums „CO_2-Gehalt“ ist dann eine Umrechnung erforderlich, die durch Eichung des Meßgerätes und die Einteilung der Skala des Anzeigegerätes erfolgt.

Zusammenfassend kann also festgestellt werden, daß bestimmte Daten der Erfassung größere Schwierigkeiten insofern entgegensetzen, als sie als Datum zunächst gar nicht existent sind, sondern aus anderen Daten gewonnen werden müssen. Das bedingt natürlich besondere Vorkehrungen für die Erfassung.

2.2.1.3.3 Das Prinzip der „integrierten Datenverarbeitung“

In Anlehnung an *Lohse* ist die integrierte Datenverarbeitung als Prinzip der Datenverarbeitung zu verstehen, das alle herkömmlich als selbständig behandelte Einzelprobleme der betrieblichen Datenverarbeitung als Teilprobleme eines großen Gesamt-Datenverarbeitungsproblemes für das Unternehmen sieht; die Teilprobleme sind miteinander verzahnt und beeinflussen sich gegenseitig [91, S. 52]. Bezüglich der einzugebenden Daten bedeutet das, daß die Daten nur ein einziges Mal der Datenverarbeitungsanlage zugeführt werden, innerhalb der Datenverarbeitungsanlage oder ihrer Peripherie verbleiben und – soweit erforderlich – in alle Verarbeitungsgänge einbezogen werden. Das ist jedoch nur möglich, wenn die für jeden speziellen Verarbeitungsvorgang erforderliche Kombination von Kern- und Merkmalsdaten vorhanden ist. Diese Notwendigkeit, die zugleich eine Anforderung an die Aussagefähigkeit der Daten ist, ist bei der Auswahl der Daten zu berücksichtigen.

2.2.2 Die Struktur des Gesamtvorganges Datenverarbeitung

Der Gesamtvorgang Datenverarbeitung wird als Verfahrenstechnik der Informationsverarbeitung verstanden. In diesem Sinne nennt *Niederberger* die Datenverarbeitung auch den Motor des Informationsprozesses [112, S. 53].

Untersucht man den Gesamtvorgang Datenverarbeitung als zyklischen Vorgang näher hinsichtlich seiner Struktur – und zwar daraufhin, ob irgendwelche zwar abgegrenzte, jedoch notwendig aufeinander abgestimmte Teilvorgänge erkennbar sind –, dann zeigt sich, daß drei grundsätzlich verschiedene, jedoch immer wiederkehrende Teilvorgänge beschrieben werden können:

1. die Phase der Datenerfassung,
2. die Phase der Datenbearbeitung,
3. die Phase der Datenauswertung.

Diese Art der Gliederung des Vorganges wird von vielen Fachautoren bevorzugt; als Vertreter dieser Auffassung seien hier beispielhaft *Awad* [2, S. 53] und *Ahner* und *Bode* [1, S. 52] genannt. Abweichend von diesen und anderen Autoren gliedert *Schweiker* den Vorgang Datenverarbeitung in die Phasen Datenbewegung, Datenruhe und Datentransformation [151, S. 13–16 und S. 71–101]. Er bemüht sich um ein allgemeines Modell der Datenverarbeitung, das die betriebliche Datenverarbeitung als Sonderfall erfaßt. Deshalb muß er einen besonderen Standort der Betrachtung beziehen und einen höheren Abstraktionsgrad wählen. Die von ihm entwickelte allgemeine, systematische Theorie der Datenverarbeitung gilt dafür unabhängig vom verwendeten Sachmittel.

Die hier benutzte Ordnung der Phasen Datenerfassung, Datenbearbeitung und Datenauswertung entspricht in zeitlicher und logischer Folge dem Prozeß der Datenverarbeitung, der seinerseits dem betrieblichen Geschehen folgt.

2.2.2.1 Die Phase der Datenerfassung

Die Phase der Datenerfassung, die später noch einer eingehenden Betrachtung zu unterziehen ist, ist zeitlich und logisch die erste Phase des Gesamtvorganges Datenverarbeitung. Wie bei allen betrieblichen Rechnungen müssen zunächst die in den Datenverarbeitungsvorgang eingehenden Daten durch geeignete Verfahren ermittelt werden.

In der Regel liegen die Quellen der Daten nicht am Ort der Datenverarbeitung. Sie haben ihren Urspung vielmehr in dem an anderer Stelle ablaufenden, eigentlichen Betriebsprozeß oder fließen dem Unternehmen aus der Umwelt zu. Deshalb muß zu der Funktion der Datenermittlung – die nur an der Stelle der Datenentstehung vollzogen werden kann – die Funktion der Datenweitergabe treten. Diese Funktion hat also die Aufgabe, den topischen Abstand zwischen dem Ort der Entstehung der Daten und dem Ort ihrer Verarbeitung zu überwinden. Sie ist ein Teilproblem des allgemeinen Kommunikationsproblems; der Informationsaustausch vollzieht sich hier nicht nur ausschließlich zwischen zwei oder mehr Menschen, sondern möglicherweise auch zwischen Mensch und Maschine oder gar ausschließlich zwischen Maschinen.

2.2.2.2 Die Phase der Datenbearbeitung

In der zweiten Phase, der Phase der Daten-Bearbeitung, werden die erfaßten Daten nach einer Behandlungsvorschrift, die in der Datenverarbeitungsanlage vorhanden ist oder in diese zugleich mit den erfaßten Daten eingegeben wird, bestimmten Bearbeitungsvorgängen unterworfen. Das Ziel der durch das Programm miteinander verbundenen Bearbeitungsvorgänge ist in jedem Fall die Gewinnung einer weiterführenden Erkenntnis oder die Auslösung einer vorgeplanten Reaktion. Erreicht wird dieses Ziel in der Phase der Daten-Bearbeitung durch die zweckgerichtete Kombination der eingebrachten Daten.

Die Kombination von Daten nach logischen oder arithmetischen Regeln ist allerdings nur eine Bearbeitungsform für Daten. Als weitere Form wäre das Speichern, also das Zusammenfügen von Daten zu Dateien in systematisch geordneten Datenbanken zu nennen. Dazu gehört sowohl das Ein- und Auslesen von Daten als auch das Ergänzen, Korrigieren und auch das Löschen von gespeicherten Daten. Weitere, im Zuge der Daten-Bearbeitung auszuführende Arbeiten haben mehr den Charakter von Hilfsfunktionen, wie z. B. das Sortieren von Daten nach bestimmten Kriterien, das Zwischenspeichern und der interne Datentransport zwischen Speicherplätzen und nicht zuletzt das Übertragen von Daten aus einem Zeichensystem in ein anderes. Ein derartiger Übertragungsvorgang ist häufig erforderlich, wenn Daten, z. B. auf Lochkarten, in einem Zeichensystem dargestellt sind, das für die Verarbeitung innerhalb einer Datenverarbeitungsanlage nicht geeignet ist.

2.2.2.3 Die Phase der Datenverwertung

Die den Gesamtvorgang Datenverarbeitung abschließende Phase der Daten-Verwertung hat die Ergebnisse der Bearbeitungsphase in verwertungs- und kommunikationsgerechter Form zu liefern. Diese Forderung verlangt zunächst einmal eine Anpassung an die Zahl der Empfänger von Ergebnis-Daten, wobei durchaus eine oder mehrere Personen, aber auch Maschinen als Empfänger infrage kommen.

Da im Regelfall ein Mensch Empfänger der Ergebnisdaten sein dürfte, müssen diese in einer Form dargestellt werden, die den Kommunikationsfähigkeiten des Menschen angepaßt ist. Das bedeutet, daß die Daten in einer für den Menschen lesbaren Form ausgeschrieben oder angezeigt werden müssen. Je nach der durch die Daten zu vermittelnden Aussage sind auch andere Formen wie z. B. das Ausschreiben einer Kurve durch einen Plotter oder deren Anzeige auf einem Leuchtschirm vorzuziehen. Die Anzeige einer Gefahr könnte u. U. zusätzlich durch ein akustisches Signal kenntlich gemacht werden. In einem Anwendungsfall wie z. B. der Prozeßregelung muß das Ergebnisdatum die Form eines elektrischen Impulses besitzen, der ein Stellglied zu einer entsprechenden Änderung einer Stellgröße veranlaßt.

Nicht zuletzt ist in der Phase Daten-Verwertung der Umstand zu beachten, daß der Empfänger zeitweilig nicht in der Lage sein kann, ein Ergebnis wahrzunehmen. Das würde zusätzlich das Erfordernis bedingen, das Ergebnisdatum nicht zu kurzzeitig anzuzeigen, sondern es in geeigneter Weise solange zwischenzuspeichern, bis der Empfänger in der Lage ist, es zur Kenntnis zu nehmen.

2.2.3 Die Struktur der Phase Datenerfassung

Es war bereits vorher herausgearbeitet worden, daß die Phase der Datenerfassung aus den zwei Teilphasen Datenaufzeichnung und Datenweitergabe besteht, weil außer der eigentlichen Ermittlung eine Weitergabe der Daten immer dann erforderlich ist, wenn die Orte der Datenentstehung und Datenbearbeitung nicht identisch sind. Diese Situation dürfte für den überwiegenden Teil der betrieblichen Datenverarbeitungs-Aufgaben gegeben sein.

2.2.3.1 Die Teilphase der Datenermittlung

2.2.3.1.1 Beobachten

Innerhalb des mehrstufigen Vorganges Datenermittlung ist die Stufe der Beobachtung zweifellos die wichtigste. Für die Durchführung einer korrekten Beobachtung muß als erstes eine Vereinbarung über das zu beobachtende Objekt vorausgesetzt werden. Eine solche Vereinbarung muß nicht ausdrücklich vorgenommen werden, wenn aus dem Auftrag zur Erfassung eines bestimmten Datums dieses bereits unverwechselbar bestimmt ist. Andernfalls muß der Erfassungsauftrag eine Beschreibung des Objektes enthalten, die die Identifizierung des zu erfassenden Vorganges oder Zustandes gestattet. Grundsätzlich muß demnach der eigentliche Beobachtungsvorgang mit der Identifizierung des zu beobachtenden Objektes beginnen.

Der Wahrnehmungsvorgang selbst von der Psychologie mit Perzeption bezeichnet – besteht aus der Aufnahme einer Empfindung durch eines der menschlichen Sinnesorgane. Diese Empfindung löst im Informationssystem des Menschen einen Reiz aus, der zum Gehirn weitergeleitet wird und dort die Wahrnehmung hervorruft.

Diesem Wahrnehmungsprozeß sind alle Beobachtungen unterworfen, gleichviel, ob die Informationen als Zahl, gesprochenes oder geschriebenes Wort, als Bild oder räumliche Erscheinung, als Tast-, Geruchs- oder Geschmacksempfindung aufgenommen werden.

Als Ergebnis des Beobachtungsvorganges sollte stets ein möglichst genaues Abbild der Realität angestrebt werden. Diesem Streben nach Objektivität der Beobachtung wirkt der subjektive Einfluß des Beobachters entgegen; die moderne empirische Sozialforschung hatte sich intensiv mit diesem Phänomen auseinanderzusetzen. Diese subjektiven Einflüsse können nur durch eine planmäßige Schärfung der Sinnesempfindungen und durch geeignete Beobachtungstechniken, wie sie z. B. von *R. König* dargestellt werden, unterdrückt oder wenigstens in ihrer Auswirkung eingeschränkt werden [75, S. 107–135].

Zu den Beobachtungstechniken zählt auch die vorwiegend im Bereich der Naturwissenschaften benutzte Messung, die insbesondere in den Fällen angewendet werden muß, wenn sich ein Zustand oder Vorgang der Beobachtung durch die menschlichen Sinnesorgane entzieht (z. B. elektrische Ströme) oder aus Sicherheitsgründen der Mensch und seine Sinnesorgane geschützt werden müssen (z. B. bei Strahlungen). Nach einer von *Kloidt* angegebenen Definition sind Messungen „in Zahlen gefaßte Aussagen über Zustände und Vorgänge" [74, S. 302]. Ein Vorgang oder Zustand ist jedoch nur dann meßbar, wenn er durch quantifizierbare, meßbare Merkmale ausgezeichnet ist. Wird mit einem geeigneten Meßgerät der Meßwert für eines dieser Merkmale bestimmt, dann bleibt noch zu beachten, daß der Meßwert in der Regel mit zufälligen und/oder systematischen Fehlern behaftet ist.

Von diesen sind die systematischen Fehler, da sie im benutzten Meßgerät und Meßverfahren begründet sind, in ihrer Auswirkung bestimmbar und können durch eine Korrektur berücksichtigt werden. Insgesamt bewirkt die Einschaltung von Meßgeräten eine Vereinfachung und Verkürzung des Wahrnehmungsvorganges.

2.2.3.1.2 Datenbilden

In der Stufe der Datenbildung, der zweiten Stufe der Teilphase Datenermittlung, wird der Inhalt der Wahrnehmung umgeformt zu einem Mindestmaß von Angaben, die die Merkmale des beobachteten Vorganges oder Zustandes ausreichend beschreiben. Die Auswahl dieser Angaben ist abhängig von der Fragestellung, die dem Beobachtungsauftrag zugrunde liegt, und erfolgt unter Berücksichtigung der Anforderungen, die an die Daten zu stellen sind.

Mit diesen Ausführungen ist die Stufe der Datenbildung hinreichend als ein Vorgang charakterisiert, der gewisse Anforderungen an die geistigen Fähigkeiten derjenigen Person stellt, die mit der Datenaufzeichnung beauftragt ist. Abstrahierend kann dieser Vorgang als Erzeugung eines redundanzarmen Ausschnittes aus der Wahrnehmung der Realität beschrieben werden, in dem nur die interessierenden Merkmale in prägnanter Kennzeichnung wiedergegeben sind. Das verlangt die geistigen Fähigkeiten zu verdichten, zu klassifizieren, zu verschlüsseln und eventuell auch zu rechnen, wenn z. B. ein Meßwert- oder Zählwert in die Einheit eines größeren oder kleineren Maßstabs umzurechnen ist. Nicht zuletzt setzt die korrekte Durchführung des Datenbildungsprozesses eine begrenzte Merkfähigkeit, also eine Gedächtnisleistung voraus, die es gestattet, die Beobachtung wenigstens so lange im Gedächtnis zu speichern, bis etwa die Schlüsselziffer für den beobachteten Vorgang aus irgendwelchen Unterlagen ermittelt ist. Natürlich verliert diese Art Anforderung mit zunehmender Einarbeitung an Bedeutung, weil dem Beobachter z. B. Schlüsselzahlen aus dem Gedächtnis heraus geläufig sind. Bei anzeigenden Meßgeräten z. B. könnte der angezeigte Meßwert das fertig gebildete Kerndatum darstellen, dem nur noch das auf der Skala angegebene Merkmalsdatum hinzuzufügen ist.

Im praktischen Betrieb dürfte der Vorgang der Datenbildung durch eine zweckmäßige Gestaltung der Formulare, auf denen die gebildeten Daten aufzuzeichnen sind, erleichtert werden.

2.2.3.1.3 Datenfixieren

Die Stufe der Datenfixierung als abschließende Stufe der Teilphase Datenermittlung hat die Aufgabe, das beobachtete und gebildete Datum auf einem für die anschließenden Vorgänge geeigneten Informationsträger festzuhalten. Dieser Arbeitsgang ist aus zweierlei Gründen erforderlich: erstens zum Zwecke der vorübergehenden oder endgültigen Speicherung des Datums und zweitens zum Zwecke des Transportes, wenn die weitere Bearbeitung des Datums an einem anderen Ort stattfindet.

Die Datenfixierung kann grundsätzlich manuell oder maschinell erfolgen. Die manuelle Fixierung wird durch Beschreiben etwa eines Vordruckes vollzogen, in einer Form also, die z. Z. nur visuell durch einen Menschen ausgewertet werden kann. Manuell können aber ebenfalls Daten auf Informationsträgern festgehalten werden, und zwar in einer Weise, die eine spätere maschinelle Bearbeitung zuläßt.

Die hier getroffene Unterscheidung in maschinell lesbare Informationsträger und in nur visuell lesbare Informationsträger gilt auch für maschinell fixierte Daten, wobei einerseits etwa an die Fixierung mittels Schreibmaschine, andererseits an die Fixierung von Daten in einer Lochkarte zu denken wäre. Je nach den technischen Prinzipien, die in der Phase der Datenweiterleitung benutzt werden, sind auch besondere Formen der Datenfixierung vorstellbar: etwa die Änderung eines Signalparameters bei elektrischer Weiterleitung der Daten oder auch das bloße Eintasten einer Datengruppe in die Tastatur einer Datensammelanlage.

2.2.3.2 Die Teilphase der Datenweitergabe

Gegenstand dieser Teilphase ist die Überwindung der räumlichen Entfernung zwischen Entstehungsort der Daten und dem Ort ihrer Bearbeitung. In der Stufe der Datenfixierung, der letzten Stufe der Teilphase Datenaufzeichnung, war bereits auf die Notwendigkeit hingewiesen worden, die Informationsträger als Mittel des Informationstransportes auch transportgerecht zu gestalten.

In der Teilphase Datenweitergabe sind folgende besonderen Bedingungen zu beachten: der Transport soll erstens mit angemessener Geschwindigkeit vor sich gehen, und das Transportverfahren muß zweitens so gestaltet werden, daß die aufgezeichneten Daten während des Transportes geschützt sind gegen mutwillige und unabsichtliche Eingriffe, die zum Verlust oder zur Veränderung und damit Verfälschung von Daten führen.

Die Auswahl der geeigneten Verfahren zur Datenweitergabe wird also diesen beiden Notwendigkeiten zugleich unterliegen. Die Dringlichkeit, mit der die Daten zur Bearbeitung verfügbar sein müssen, bestimmt unter Berücksichtigung örtlicher Bedingungen primär das zu wählende Verfahren. Je nach dem gewählten Transportverfahren ist dann das Verlustrisiko zu prüfen; das zu benutzende Sicherungsverfahren ist seinerseits wieder von den Besonderheiten des Transportverfahrens abhängig.

2.3 Die Dateneingabe

Die dritte Determinante für die Gestaltung des Datenerfassungsvorganges resultiert aus den Eigengesetzlichkeiten der Notwendigkeit, die Daten über eine Eingabeeinheit der datenverarbeitenden Maschine zuzuführen. Diese Determinante steht gleichberechtigt neben den Bedingungen, die aus der Datenverarbeitungsaufgabe als dem Ursprung der zu verarbeitenden Daten abzuleiten sind und neben den zu respektierenden Besonderheiten des Vorganges Datenermittlung und Datenweitergabe als der zu organisierenden Vorgehensweise.

Der Datenerfassungsvorgang muß deshalb einerseits so ausgebildet werden, daß er in zweckmäßiger Weise abgestimmt ist auf die Eigenheiten der Eingabegeräte als derjenigen Baugruppe, durch die Daten einer Datenverarbeitungsanlage von außen zugeführt werden können. Andererseits hat die Gestaltung des Datenerfassungsvorganges den Zeitpunkt zu beachten, zu dem die einzugebenden Daten in einem in der Datenverarbeitungsanlage abzuwickelnden Verarbeitungsvorgang benötigt werden. Die Daten müssen deshalb zum richtigen Zeitpunkt zur Verarbeitung angeliefert werden. Wird ein zur Eingabe anstehendes Datum nicht sofort oder mit geringer Verzögerung verarbeitet, muß es in einem der Datenverarbeitungsanlage angeschlossenen Speicher vorerst abgespeichert werden, ohne daß laufende Verarbeitungsvorgänge dadurch beeinträchtigt werden.

2.3.1 Der Einfluß der Eingabegeräte auf die Leistung der Datenverarbeitungsanlage

2.3.1.1 Eingabegeräte und Formen der Eingabe

Im kommerziellen Bereich ist heute eine große Vielfalt von Eingabegeräten anzutreffen: Lochkarten- und Lochstreifenleser, Belegleser für Magnet- und Klarschriften, Markierungsleser, Schreibmaschinen und andere Eingabetastaturen und nicht zuletzt die Anschlußgeräte für die Datenfernübertragung. Datenverarbeitungsanlagen werden heute vielfach mit mehreren, verschiedenen der angeführten Eingabegeräte ausgerüstet, um eine größere Flexibilität in der Eingabe von Daten zu erreichen. Der Aufwand für die gesamten Randorgane (Peripheriegeräte) entspricht heute vielfach bereits dem Aufwand für die Zentraleinheit: es muß für die Zukunft mit einer weiter ansteigenden Bedeutung gerechnet werden. In den USA geht man heute schon davon aus, daß für ein System mit

Datenfernverarbeitung nur ein Drittel der Gesamtkosten auf die Zentraleinheit und der Rest zu gleichen Teilen auf die Leitungskosten und auf die Kosten aller End- und Eingabegeräte entfallen.

Die Eingabegeräte sind bei der Erfüllung ihrer Hauptfunktion, der Kommunikation zwischen Datenverarbeitungsanlagen und ihrer Umwelt, mit besonderen Schwierigkeiten belastet. Da die Eingabegeräte meist einen mechanischen Aufbau haben, kann ihre Arbeitsgeschwindigkeit nicht der elektronischen Geschwindigkeit der Zentraleinheit entsprechen. Das Herbeiführen eines Geschwindigkeitsausgleiches ist also das erste der begleitenden Probleme der Kommunikationsfunktion. Außerdem müssen die Eingabegeräte (wie umgekehrt auch die Ausgabegeräte) die spezifische und unterschiedliche Signalform und Codierungsart der verschiedenen Eingabemedien in die der Zentraleinheit der Datenverarbeitungsanlage übertragen. Weiterhin muß der eigene Arbeitsrhythmus der Eingabegeräte auf den der Zentraleinheit abgestimmt werden. Auch diese begleitenden Probleme der Eingabefunktion werfen Probleme auf, die durch besondere technische und programmorganisatorische Vorkehrungen zu lösen sind.

Die vorher nur beispielhaft aufgeführten Eingabegeräte sind in zwei Gruppen einzuteilen, deren Eigenheiten auch für die Gestaltung des Datenerfassungsvorganges mitbestimmend sind. Die eine Gruppe der Eingabegeräte ist dadurch gekennzeichnet, daß sie den Verkehr zwischen Mensch und Datenverarbeitungsanlage nur mittelbar über einen Datenträger gestattet. Datenträger sind allgemein die materiellen Träger der an sich immateriellen Daten, also die reale Erscheinungsform der Daten. Die Fixierung von Daten auf Datenträgern erfolgt durch Aufbringen vereinbarter Signal-Konfigurationen wie z. B. Zahlen und Buchstaben, punktuelle Magnetisierung, Lochung oder anderweitige Markierung in bestimmten Positionen zueinander. Die Gestalt des Datenträgers und das Fixierungsverfahren ist so ausgebildet, daß Eingabeeinheiten von Datenverarbeitungsanlagen in der Lage sind, die auf dem Datenträger fixierten Daten selbsttätig zu lesen.

Der Begriff Datenträger wird hier bewußt auf die maschinell lesbaren Formen beschränkt. Auch unter dieser einschränkenden Bedingung steht der Begriff Datenträger, wie die ausführlichen Diskussionen in den Arbeiten von *Schweiker* [151, S. 50–53] und *Niederberger* [112, S. 40–45] zeigen, in teilweiser Überdeckung mit dem Begriff Beleg, da Datenträger weitgehend gleiche Funktionen wie Belege zu erfüllen haben. Der Beleg ist aber – im Gegensatz zum Datenträger – für den Lesevorgang keinen besonderen Gestaltungs- und Erzeugungsbedingungen unterworfen, da das menschliche Kommunikationssystem in sehr weiten Grenzen flexibel ist; die Eingabeeinheiten der Datenverarbeitung geben dagegen bestimmte Bedingungen für Gestaltung und Erzeugung von Datenträgern vor.

Im Zuge der Datenerfassung müssen die Daten zunächst auf diesem Zwischenspeicher Datenträger aufgezeichnet werden. Aus diesen werden die Daten dann durch besondere Lesegeräte in die Datenverarbeitungsanlage eingelesen. Beispielhaft für diese Gruppe von Eingabegeräten sind Lochkarten-, Lochstreifen-, Beleglesegeräte und Magnetbandgeräte. Die Magnetbandeinheiten werden hier bewußt zu den Eingabeeinheiten gezählt, weil das Magnetband in den letzten Jahren neben seiner Bedeutung als Speichermedium auch als Eingabemedium Gewicht bekommen hat. Das geschah entweder durch Konvertierung „langsamerer" Datenträger auf Magnetband zur schnelleren Eingabe oder durch die Daten- und Programmvorbereitung auf Satellitenanlagen zur rationellen Eingabe in Hochleistungs-Rechenanlagen. Seit etwa 1965 drängt sich das Magnetband auch zur direkten Datenaufzeichnung in den Vordergrund; in diesem Fall wird allerdings oft mit geringeren Geschwindigkeiten und Zeichendichten gearbeitet.

An allen Formen der indirekten Dateneingabe, für die auch die Bezeichnung off-line-Eingabe gebräuchlich ist, ist das für die Datenerfassung wichtigste Merkmal die Tatsache, daß für die Eingabe jeweils ein besonderer Datenträger erforderlich ist, durch den die einzugebenden Daten nur mit Hilfe besonderer Lesegeräte der Datenverarbeitungsanlage vermittelt werden können. Die Datenerfassung hat deshalb die Daten auf solchen Datenträgern aufgezeichnet anzuliefern. Diese unumgängliche Bedingung erzwingt eine Trennung des Eingabevorganges in die beiden Teilvorgänge: Vorbereiten des Datenträgers als Mittel der Eingabe und in den eigentlichen Eingabevorgang mit Hilfe des Datenträgers. Das Bindeglied zwischen den Teilvorgängen Datenträgervorbereitung und Eingabe ist stets der Datenträger, der zwischen beiden Teilvorgängen körperlich bewegt werden muß. Zur Erledigung beider Teilvorgänge sind verschiedene Geräte erforderlich.

Diese kurze Untersuchung der Form der indirekten oder off-line-Eingabe konnte zeigen, daß diese Form zeitlich aufwendig sein muß, weil vor der eigentlichen Eingabe notwendig die zwei Arbeitsgänge Datenträgervorbereitung und Datenträgertransport stehen. Zur Realisierung der indirekten Eingabe sind wenigstens zwei verschiedene Geräte, nämlich eines zur Herstellung eines Datenträgers und eines zum Einlesen des Datenträgers in die Datenverarbeitungsanlage erforderlich. Die Erfahrung zeigt allerdings, daß dieser Weg der Dateneingabe hinsichtlich des Geräteaufwandes sehr wirtschaftlich ist.

Die andere Gruppe der Eingabegeräte ist dadurch gekennzeichnet, daß sie einen unmittelbaren Datenverkehr zwischen Mensch und Datenverarbeitungsanlage ermöglicht. Beispielhaft können aus der Gruppe der Geräte zur direkten Eingabe die Eingabeschreibmaschine, Tastaturen, Sichteingabegeräte und Geräte zur Eingabe von analogen und digitalen Meßwerten angeführt werden. Das für die Datenerfassung wichtigste Merkmal der direkten (oder on-line-) Eingabe ist die Tatsache, daß bei Direkteingabe die Einschaltung eines Datenträgers nicht notwendig ist. Verglichen mit der direkten Eingabe ist also der Teilvorgang Datenträgervorbereitung nicht mehr erforderlich; gleichermaßen ist auch das Gerät zum Einlesen des Datenträgers in die Datenverarbeitungsanlage nicht notwendig. An die Stelle dieser beiden Geräte tritt als Einheit ein Gerät zur Direkteingabe, das beim Benutzer der Datenverarbeitungsanlage aufgestellt und mit dieser elektrisch verbunden wird. Auf diese Weise wird ein unmittelbarer und verzögerungsfreier Zugang zur Datenverarbeitungsanlage geschaffen, der keinen zusätzlichen menschlichen Eingriff erfordert. Die Form der direkten Eingabe muß deshalb der der indirekten Eingabe hinsichtlich der Zeit überlegen sein, die bis zur Eingabe eines Datums in die Datenverarbeitungsanlage vergeht.

Wegen der Langsamkeit, mit der z. B. Daten über eine Schreibmaschine eingetastet werden, erfordert die direkte Eingabe eine besondere technische Ausstattung der Datenverarbeitungsanlage und muß bei der Programmierung besonders berücksichtigt werden. Dadurch wird natürlich ein höherer Aufwand verursacht, der insbesondere dann den für die indirekte Eingabe erforderlichen Aufwand wesentlich übersteigt, wenn die Einheit zur Direkteingabe zusätzlich mit Anzeigen oder anderen Ausgabegeräten ausgestattet wird, so daß ein unmittelbares Zwiegespräch zwischen Mensch und Datenverarbeitungsanlage möglich ist.

2.3.1.2 Die Leistung von Datenverarbeitungsanlagen

Der Grad, in dem eine Maschine dem vorgesehenen Zweck gerecht wird, kann durch technische Größen gemessen werden. Die Leistungsfähigkeit einer Datenverarbeitungsanlage als informationsverarbeitende Maschine kann im konkreten Anwendungsfall durch die von *Piloty* angegebenen Größen Verkehrsleistung und Abfertigungszeit gekennzeichnet und beurteilt werden [121, S. 1101–1105].

2.3.1.2.1 Die Verkehrsleistung

Die Verkehrsleistung kennzeichnet die Mengen-Leistungsfähigkeit und gestattet die Beurteilung der Frage, ob eine Datenverarbeitungsanlage gegebener Ausführung und Ausstattung die durch eine bestimmte Aufgabenstellung vorgegebene Zahl an Vorfällen in einer Zeiteinheit bewältigen kann. Die präzise Vorgabe der zu erbringenden Verkehrsleistung ist nur nach gründlichen Vorarbeiten durch den Anwendenden möglich. Für einen Versandhausbetrieb z. B. gibt *Piloty* die geforderte Verkehrsleistung durch folgende Forderungen in Einheiten je Spitzentag an:

50 000 Normalaufträge
300 Lieferantenaufträge
1 000 Retouren
200 Wareneingänge
12 000 Zahlungseingänge
1 600 Nachlieferungen [121, S. 1101].

Die Verkehrsleistung muß so ausgelegt sein, daß die für eine bestimmte Anwendung vorgesehene Datenverarbeitungsanlage, über einen größeren Zeitraum betrachtet, im Mittel mit der Belastung auch an Spitzentagen ohne unangemessene

Verzögerungen fertig wird. Die Versuchung, die Verkehrsleistung aufgrund dieser Forderung mit großen Reserven zu bemessen, wird eingeschränkt durch die von Kostenerwägungen diktierte Bedingung, daß die Datenverarbeitungsanlage wenigstens annähernd voll und gleichmäßig ausgelastet sein soll.

2.3.1.2.2 Die Abfertigungszeit

Als zweite Größe wird zur Beurteilung der Leistungsfähigkeit einer Datenverarbeitungsanlage die Abfertigungs- oder Reaktionszeit herangezogen. Als Abfertigungszeit wird die Zeit definiert, die zwischen dem Eintreffen eines Vorganges zur Datenverarbeitung bis zum Abschluß der Bearbeitung vergeht. Steht am Ende der Bearbeitung eine Rückmeldung an die Umwelt in Form einer schriftlichen Ausgabe oder optischen Anzeige, spricht man statt von Abfertigungszeit auch von Reaktionszeit.

Die Abfertigungszeit setzt sich zusammen aus dem Zeitverbrauch für die typischen Arbeitsgänge Eingabe, Bearbeitung innerhalb der Datenverarbeitungsanlage, Ausgabe und eventuell erforderliche Nachbearbeitung. Die Gesamt-Abfertigungszeit eines datenverarbeitenden Systems erhöht sich noch um die Zeit, die für die Datenträgervorbereitung verbraucht wird. Neben dem Zeitverbrauch für diese Arbeitsgänge wirken sich auf die Abfertigungszeit einer Datenverarbeitungsanlage deren technische Eigenschaften, die Programmierung und die Betriebsform der Anlage aus. Die einzuhaltende Abfertigungszeit ihrerseits ist durch den jeweiligen Anwendungsfall bestimmt. Einige typische Werte für erforderliche Abfertigungszeiten gibt *Piloty* an [121, S. 1102]:

Raketensteuerung	0,1 bis 1,0 Sekunden
Platzbelegung im Flugverkehr	1 bis 10 Sekunden
Telegrammvermittlung	10 Sekunden bis 1 Minute
Buchungsaufgaben im kaufmännischen Rechnungswesen	24 Stunden
Postsparwesen Prämienrechnungsschreibung in Versicherungen	einige Tage

Die Abfertigungszeit stellt ein brauchbares Maß für die Beurteilung der Geschwindigkeits-Leistung einer Datenverarbeitungsanlage dar. Bezieht man die Abfertigungszeit gar auf ein vollständiges datenverarbeitendes System, in dem die Datenverarbeitungsanlage nur eines der Bestandteile ist, dann kann die Abfertigungszeit auch als Maß zur Beurteilung des Datenerfassungsvorganges herangezogen werden.

Abschließend muß jedoch darauf aufmerksam gemacht werden, daß die beiden Größen Verkehrsleistung und Abfertigungszeit als kohärente Maßeinheiten, also als nicht voneinander unabhängige Einheiten angesehen werden müssen, weil sich in beiden die interne Arbeitsgeschwindigkeit der Zentraleinheit und die spezifischen Arbeitsgeschwindigkeiten der Funktionsgruppen der Datenverarbeitungsanlage auswirken.

2.3.1.3 Die Beschränkung der Leistung von Datenverarbeitungsanlagen durch die Eingabegeräte

So wie das schwächste Glied die Festigkeit einer Kette bestimmt, so begrenzt auch die langsamste Funktionsgruppe der Datenverarbeitungsanlage deren Arbeitsgeschwindigkeit und damit zugleich die Abfertigungszeit für eine Verarbeitungsaufgabe. Moderne Datenverarbeitungsanlagen arbeiten heute mit internen Rechengeschwindigkeiten, die der Verarbeitung von rund 10^6 Zeichen in der Sekunde entsprechen. Diese Geschwindigkeit wird bisher noch von keinem Peripheriegerät erreicht. Wie Tab. 1 zeigt, liegen deren Arbeitsgeschwindigkeiten erheblich unter der Rechengeschwindigkeit der Zentraleinheit. Um dem Datenfluß einer Zentraleinheit mit der angegebenen Rechengeschwindigkeit zu entsprechen, wäre bei den in Tab. 1 angegebenen Arbeitsgeschwindigkeiten der Eingabeeinheiten z. B. der gleichzeitige Einsatz von fünf Magnetbandeinheiten, von 400 Lochkartenlesern oder die Benutzung von 50 000 Eingabeschreibmaschinen erforderlich.

Lochkartenleser	bis 2500 Zeichen/Sekunde
Lochstreifenleser	bis 2500 Zeichen/Sekunde
Tastatur/el. Schreibmaschine	ca. 20 Zeichen/Sekunde
Magnetband	ca. 180 000 Zeichen/Sekunde
Markierungsleser	ca. 30 Belege/Minute
Magnetschriftleser	ca. 26 Belege/Sekunde
Klarschriftleser	ca. 500 Zeichen/Sekunde
Handschriftleser	ca. 500 Ziffern/Sekunde
Datenfernübertragung	ca. 2500/5000 Zeichen/Sekunde

Tab. 1: Die Arbeitsgeschwindigkeiten verschiedener Eingabegeräte nach *Ohmann* [334, S. 186] und *Ganzhorn* und *Walter* [37, S. 38–46].

Den Bremseffekt, der durch die eklatanten Geschwindigkeitsunterschiede zwischen Zentraleinheit und Peripheriegeräten verursacht wird, demonstriert *Sutherland* recht anschaulich, indem er den Arbeitsablauf unter einer Zeitlupe betrachtet, die um den Faktor: 1 Million verlangsamt: „Anstatt 1 Million Rechenoperationen in der Sekunde lassen wir den Computer nur noch eine in der Sekunde ausführen. Der Fernschreiber, der normalerweise 10 Anschläge in der Sekunde macht, bringt es in unserem Zeitlupentempo nur noch auf 1 Anschlag am Tag. Anders ausgedrückt: Erhält ein Computer seine Daten von einer geübten Schreibkraft, so ergeht es ihm wie einem Mann, der jeden Morgen einen Buchstaben eines an ihn gerichteten Telegrammtextes erhält" [140, S. 53].

Dieses Beispiel wirkt naturgemäß besonders kraß, weil *Sutherland* das langsamste aller Eingabegeräte heranzieht. Das Mißverhältnis ist bei Geräten wie Lochkarten- und Lochstreifenlesern nicht so spürbar, weil deren Arbeitsgeschwindigkeit zwei Zehnerpotenzen höher liegt. Abgesehen von der Magnetbandeinheit, dem schnellsten aller Eingabegeräte, besteht demnach ein Leistungsunterschied in der Größenordnung des Faktors Hundert.

Die Ursache dieses Leistungsunterschiedes ist in der prinzipiell unterschiedlichen Wirkungsweise der Zentraleinheit einerseits und der der Peripheriegeräte andererseits zu suchen. Die Zentraleinheit einer Datenverarbeitungsanlage ist nach ihrem Aufbau ein Schaltwerk zur Verarbeitung von Schaltvariablen, die physikalisch durch digitale, elektrische Signale dargestellt sind. Elektrische Schaltwerke arbeiten intern praktisch trägheitsfrei; elektrische Signale pflanzen sich in ihnen mit Lichtgeschwindigkeit fort.

Die Peripheriegeräte sind dagegen elektromechanische Konstruktionen. Die Arbeitsgeschwindigkeiten solcher Konstruktionen können, wie *Haas* darlegt, aufgrund der den mechanischen Bauteilen eigenen trägen Masse und wegen der durch die Bewegung initiierten Kräfte nur in gewissen Grenzen gesteigert werden [323, S. 144ff]. Die Verschleißempfindlichkeit der mechanischen Bauteile wirkt sich an sich schon nachteilig auf die Zuverlässigkeit mechanisch wirkender Geräte aus; bei gesteigerten Geschwindigkeiten macht sich der Verschleißeffekt in wesentlich stärkerem Maße bemerkbar, so daß auch unter diesem Aspekt dem Wunsch nach höheren Geschwindigkeiten rationale Grenzen gesetzt werden.

Von einer anderen Seite her setzen die mechanischen Eigenschaften der Datenträger den Bemühungen um die Leistungssteigerung der Peripheriegeräte Widerstand entgegen. Ein typisches Beispiel für diesen Zusammenhang ist der Lochstreifen, dessen geringe Festigkeit die bei starker Beschleunigung im Transportvorgang auftretenden Kräfte nicht aufzunehmen vermag.

Verzögernd auf die Eingabe wirkt endlich noch der eigene Arbeitsrhythmus einzelner Eingabegeräte. Ein Kartenleser z. B. kann nicht zu jedem beliebigen Zeitpunkt seines eigenen Arbeitsrhythmus eingekuppelt werden, sondern nur zu einem genau definierten und eng tolerierten Zeitpunkt. Kommt ein Kupplungsbefehl nicht innerhalb dieses sehr kleinen Zeitraumes, so muß der nächste Kupplungszeitraum abgewartet werden.

Diese wenigen Beispiele müssen genügen, um die Grenzen der möglichen Leistungssteigerung aufzuweisen, deren Ursachen in konstruktiven Zusammenhängen und in der Arbeitsweise der Eingabegeräte zu finden sind. Zwar gelang es, durch Heranziehen anderer Konstruktionsprinzipien z. B. die Lesegeschwindigkeit von Lochkarten- und Lochstreifenlesern zu steigern. Die größten Fortschritte wurden jedoch bei den Magnetbandeinheiten erzielt, deren Geschwindigkeit heute wenigstens an die Größenordnung der internen Geschwindigkeiten heranreicht. Dieser Erfolg ist nicht zuletzt dadurch zu erklären, daß bei den Magnetbandeinheiten die Schreib- und Lesebaugruppe nach rein elektrischen Prinzipien funktioniert und nur die Transport-Baugruppen nach elektromechanischen Prinzipien. In diesen Baugruppen werden nur umlaufende Bewegungen realisiert und keine oszillierenden Bewegungen, die wesentlich schwieriger zu beherrschen sind. Die Tatsache, daß das Magnetband ein kontinuierliches und flexibles Medium ist, erleichtert zusätzlich die Realisierung von Bewegungsabläufen.

2.3.1.4 Wege zur Steigerung der Eingabeleistung von Datenverarbeitungsanlagen

Parallel zu den Bemühungen, die Arbeitsgeschwindigkeiten der Eingabegeräte weiter zu steigern, liefen Überlegungen, die schwierige Eingabesituation durch anderweitige Vorkehrungen zu verbessern. Ansetzen mußten diese Überlegungen am technischen Aufbau der Datenverarbeitungsanlage und an der Art, wie diese betrieben wird. Es können deshalb zwei Wege eingeschlagen werden, um die Eingabeleistung zu steigern: der erste Weg führt über technische Änderungen bzw. Verbesserungen an der Datenverarbeitungsanlage und der zweite über besondere Formen der Programmierung. Wenn auch hier beide Wege so beschrieben werden, als ob sie voneinander unabhängig seien, so darf nicht verschwiegen werden, daß z. B. die Kanaltechnik ebenso bestimmte Konsequenzen bezüglich der Programmierung zur Folge hat, wie umgekehrt die Technik der Programmüberlappung bestimmte Voraussetzungen an den technischen Aufbau der Datenverarbeitungsanlage stellt.

2.3.1.4.1 Leistungssteigerung durch technische Maßnahmen

2.3.1.4.1.1. Eingabepufferung

Die erste Lösung zur Verbesserung der Eingabesituation durch technische Änderungen an der Datenverarbeitungsanlage selbst sind die Eingabepuffer. Eingabepuffer sind kleine Speicher mit Wortlänge, auch Register genannt, die zwischen die Zentraleinheit und das angeschlossene Eingabegerät eingeschaltet werden. Die Funktion des Eingabe-Pufferspeichers ist es, Daten mit der langsamen Geschwindigkeit des Eingabegerätes aufzunehmen und sie der Zentraleinheit zur Verfügung zu stellen, die sie mit der ihr eigenen höheren Geschwindigkeit aus dem Puffer entnimmt. Danach – und das während der Zeit, in der die Zentraleinheit das gerade übernommene Datum verarbeitet – wird das nächste Datum vom Peripheriegerät an den Pufferspeicher übergeben. Aus dieser kurzen Beschreibung des Prinzips der Pufferspeicher läßt sich zugleich erkennen, daß die Eingabepufferung den maximalen Nutzeffekt dann erreicht, wenn die Eingabezeit gleich der Verarbeitungszeit in der Zentraleinheit ist.

Zusätzlich zu dieser Funktion des Geschwindigkeitsausgleiches zwischen Zentraleinheit und Peripheriegerät ist den Pufferspeichern die Aufgabe übertragen, die Eigentakte von Zentraleinheit und Eingabegeräten aufeinander abzustimmen. Jede Art von Eingabegerät besitzt einen eigenen Arbeitstakt, der normalerweise nicht mit dem der Zentraleinheit übereinstimmt. Nimmt man nicht synchronisierbare Frequenzen für die Arbeitstakte an, liegen die Taktintervalle von Zentraleinheit und Eingabegerät in einer zufälligen Phasenfolge; diese Form der Zusammenarbeit wird als asynchrone Arbeitsweise bezeichnet. Dadurch werden in der Zentraleinheit Leerzeiten verursacht, die die zeitliche Nutzung ungünstig beeinflussen.

Die Einschaltung der Eingabepuffer ermöglicht zusätzlich eine synchrone Arbeitsweise, also eine Abstimmung der Arbeitstakte aufeinander und bewirkt so eine Verbesserung der zeitlichen Nutzung der Zentraleinheit.

Noch eine dritte Art von Abstimmung geschieht in den Pufferspeichern, nämlich die Abstimmung durch Informationswandlung. Die Eingabegeräte übertragen seriell in den Pufferspeicher, jeweils zeichenweise hintereinander. In der Zentraleinheit dagegen wird wortweise, also jeweils eine Gruppe zusammengehöriger Zeichen gleichzeitig, verarbeitet. Bei der Eingabe müssen deshalb die zusammengehörigen Zeichen zu einem Wort verbunden werden können. Diese Informationswandlung wird meist von einer Code-Umsetzung begleitet, weil die Eingabegeräte mit jeweils typischen Codes arbeiten, die nicht mit dem in der Zentraleinheit verwendeten einheitlichen Code identisch sind. Wegen des hohen baulichen Aufwandes ist die Eingabepufferung bevorzugt bei großen Anlagen angewendet worden.

2.3.1.4.1.2 Kanaltechnik

Der durch die Diskrepanz der Arbeitsgeschwindigkeiten von Zentraleinheiten und Peripheriegeräten verursachten mißlichen Eingabe-Situation konnte erst durch die Einführung des Prinzips der Ein- und Ausgabekanäle wirksam begegnet werden. Dazu war allerdings eine Modifikation der ursprünglichen Konzeption der Datenverarbeitungsanlagen erforderlich. Die klassischen Datenverarbeitungsanlagen arbeiten alle seriell; d. h., die einzelnen Funktionsgruppen einer Anlage wurden nacheinander nach Weisung des Steuerwerkes tätig.

Der neue Grundgedanke der Kanaltechnik ist nun der, die verschiedenen Funktionsgruppen der Datenverarbeitungsanlage so auszurüsten, daß sie mit beschränkter Selbständigkeit gleichzeitig nebeneinander arbeiten können. Zur Realisierung dieses Gedankens bedarf es der sogenannten Nebensteuerungen, mit denen alle Funktionsgruppen der Datenverarbeitungsanlage einzeln ausgestattet werden müssen. Ein übergeordnetes Hauptsteuerwerk muß durch ein als Betriebssystem bezeichnetes Organisationsprogramm die Tätigkeit der Nebensteuerungen und der diesen untergeordneten Funktionsgruppen sinnvoll leiten. In dieser Konzeption einer Datenverarbeitungsanlage werden, ebenfalls über eine eigene Nebensteuerung, auch die externen Speicher angeschlossen, die nach Zugriffszeit und Kapazität zu einer Hierarchie sekundärer und eventuell tertiärer Speicher zusammengefügt werden. Sekundär- und Tertiärspeicher werden meist als externe Speicher ausgeführt. Abb. 1 zeigt den Aufbau einer Datenverarbeitungsanlage nach hierarchischem Prinzip.

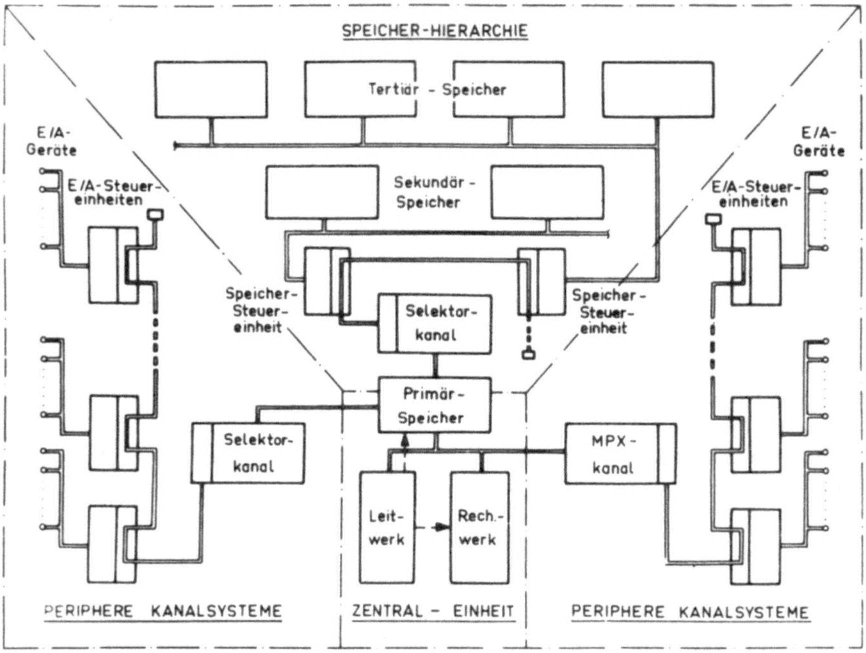

Abb.1 Aufbau einer Datenverarbeitungsanlage nach dem hierarchischen Prinzip.
Aus: *Ganzhorn* und *Walter* [37, S. 14].

Die Modifikation des Prinzips der seriellen Arbeitsweise aller Funktionsgruppen zum hierarchischen Prinzip und der Ausstattung mit Kanälen, das eine annähernd zeitlich parallele Arbeitsweise der Funktionsgruppen gestattet, fällt mit der Einführung der sog. 3. Generation der Datenverarbeitungsanlagen zusammen.

Ganz allgemein kann ein Kanal als eine Einrichtung zur Herstellung einer Verbindung zwischen Zentraleinheit einerseits und Peripheriegerät und/oder Externspeicher andererseits bezeichnet werden. Technisch gesehen, besteht ein Kanal zunächst einmal aus dem Übertragungskabel und einigen anderen Bauelementen zur Datenübertragung, die zur Herstellung der elektrischen Verbindung zwischen Zentraleinheit und Peripheriegerät erforderlich sind. Das Übertragungskabel ist einheitlich so aufgebaut, daß alle Arten von Peripheriegeräten mit den zugehörigen Nebensteuerungen über den im Normblatt DIN 66020 genormten Standard-

Anschluß (standard-interface) mit ebenfalls genormten Steckern angeschlossen werden können. Abb. 2 zeigt schematisch diese Form des Anschlusses. Der Kanal verfügt als selbständige Funktionsgruppe über eigene Pufferspeicher, die Kanalregister, sowie über eine eigene Nebensteuerung, die hier Kanalsteuerung genannt wird.

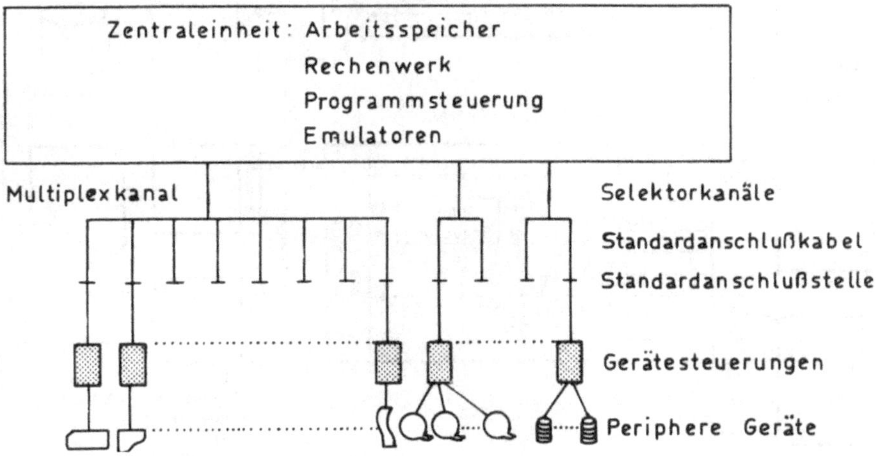

Abb. 2 Anschluß peripherer Geräte an eine Zentraleinheit über Kanäle.
Nach: *Geikowski* und *Schmidt* [204, S. 141].

Mit diesem technischen Aufbau und einer entsprechenden Programmierung wird der Kanal zu einer Einheit, die auf Anstoß durch die Zentraleinheit selbständig Ein- und Ausgabevorgänge vornehmen kann, ohne die Zentraleinheit irgendwie zu belasten oder deren Tätigkeit durch Warten auf den Abschluß eines Eingabevorganges zu verzögern.

Die Zentraleinheiten moderner Datenverarbeitungsanlagen sind mit einer unterschiedlichen Zahl von Kanälen ausgerüstet. Der Standardanschluß gestattet die freie Wahl der anzuschließenden Peripheriegeräte. Die Kanäle werden in zwei Formen ausgeführt, die eine nahezu vollkommene Geschwindigkeitsanpassung gestatten. Die Bauform des Selektorkanals (auch Normalkanal) stellt die Verbindung zwischen der Zentraleinheit und einem einzelnen Eingabegerät her. Diese Verbindung bleibt für die gesamte Dauer der Übertragung bestehen; erst nach Abschluß der Übertragung wird die Verbindung zu einem anderen Peripheriegerät hergestellt. Abb. 3 zeigt Aufbau und Anschluß eines Selektorkanals. Die maximal in der Zeiteinheit übertragbare Datenmenge wird nur durch die Kanalkapazität bestimmt. Selektorkanäle sind danach prädestiniert für den Anschluß schneller Eingabegeräte wie z. B. Magnetbandeinheiten.

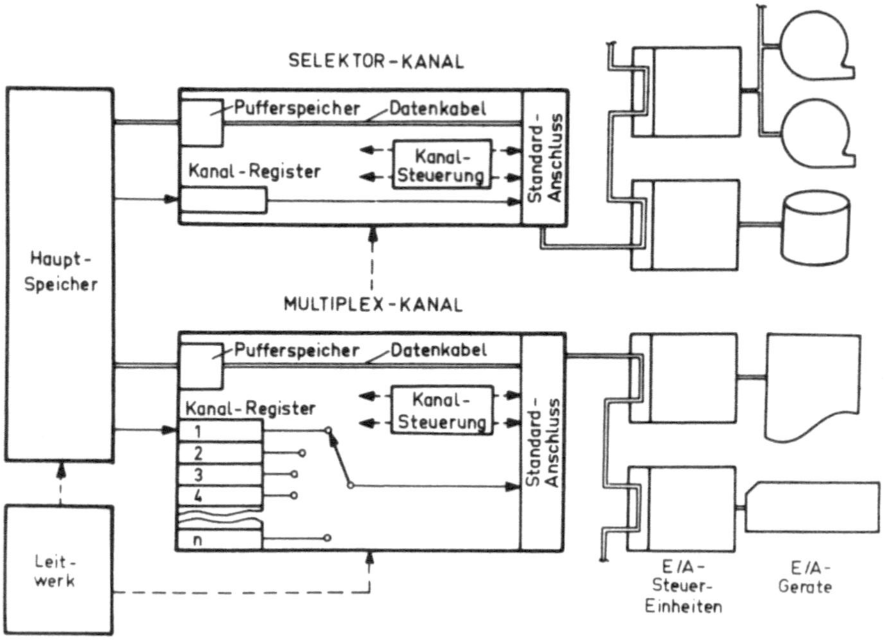

Abb. 3 Aufbau eines Selektor- und eines Multiplexkanals.
Aus: *Ganzhorn* und *Walter* [37, S. 19].

Multiplexkanäle, deren Aufbau ebenfalls in Abb. 3 zu sehen ist, sind dagegen für den Anschluß einer größeren Zahl von langsamen Eingabegeräten bestimmt. Multiplexkanäle gestatten das schnell aufeinanderfolgende Anschließen einer großen Zahl von Unterkanälen des Multiplexkanals. An jedem dieser Unterkanäle, die mit eigenen Kanalregistern ausgestattet sind, kann ein langsames Peripheriegerät angeschlossen werden. Durch die hohe Arbeitsgeschwindigkeit des Multiplexkanals wird der Datenfluß in den Unterkanälen so gesteuert, daß – aus der Sicht des Benutzers – eine großen Zahl von Eingabegeräten scheinbar gleichzeitig mit der Zentraleinheit verbunden ist.

Multiplexkanäle sind deshalb in erster Linie für den Anschluß langsamer Peripheriegeräte geeignet; jedoch kann auch ein schnelles Eingabegerät angeschlossen werden, das dann nach Art der Selektorkanäle allein mit hoher Geschwindigkeit mit der Zentraleinheit verkehrt. Diese als Stoßbetrieb bezeichnete Verkehrsweise wird automatisch – wenn kein langsames Peripheriegerät angeschlossen ist – oder durch einen entsprechenden Programmbefehl bewirkt.

Von der Seite der Datenverarbeitungsanlagen her leistet das Kanalprinzip einen entscheidenden Beitrag zur Lösung des Eingabeproblems. Überdies besitzen die mit Ein- und Ausgabekanälen ausgestatteten Anlagen besondere Vorzüge hinsichtlich der Möglichkeit, die Nutzung der Anlage z. B. durch Multiprogrammierung zu verbessern. Diese oder andere Betriebsformen wiederum wirken auf die Datenerfassung insofern zurück, als aus der Betriebsform der Datenverarbeitungsanlage bestimmte Bedingungen für die Dateneingabe abzuleiten sind. Eingehendere Darstellungen über die Technik der Ein- und Ausgabekanäle und die besonderen Fragen der Programmierung geben *Padegs* [259, S. 59–78] sowie *Ganzhorn* und *Walter* [37, S. 18–29].

2.3.1.4.2 Leistungssteigerung durch programmorganisatorische Maßnahmen

2.3.1.4.2.1 Programmierte Magazine

Als Weg zur Erhöhung der Eingabeleistung wurde z. B. von *Pesch* 1960 die Programmtechnik der programmierten Magazine beschrieben [260]. Die Eingabe-Pufferspeicher einer Datenverarbeitungsanlage sind nur für eine geringe Kapazität, meist nur für die Länge eines Wortes, ausgelegt. Die Grundidee der programmierten Magazine sieht vor, die Kapazität der Eingabepufferspeicher dadurch zu erweitern, daß ein kleinerer Teil des Arbeitsspeichers zur Erweiterung der Pufferkapazität herangezogen wird. Dieser, für Eingabe- und Ausgabe getrennt vorgesehene Arbeitsspeicherbereich, wird durch eine entsprechende Adressierung eindeutig definiert. Durch geeignete Programmierung werden sowohl Eingabepuffer als auch Magazin mit Eingabedaten gefüllt, was eine Beschleunigung des Eingabevorganges besonders in den Fällen ergibt, in denen Daten aus verschiedenen Eingabegeräten in die Zentraleinheit zu übertragen sind. Ein zyklisch ablaufender Programmteil überwacht den Datenbestand in Eingabepuffer und Magazin und sorgt, sobald dort Kapazität durch Entnahme von Daten durch das Rechenwerk frei geworden ist, für die Übernahme neuer Daten aus den Eingabegeräten in das Magazin.

Da die Zahl der anzulegenden Magazine frei gewählt werden kann, ist das Verfahren der programmierten Magazine sehr anpassungsfähig und gestattet eine bessere Abstimmung der Arbeitsgeschwindigkeiten von Zentraleinheit und Peripheriegeräten auch dann noch, wenn infolge beträchtlicher Schwankungen in der Länge der einzugebenden und zusammengehörigen Datengruppen eine große Elastizität in der Eingabepufferung gefordert werden muß.

2.3.1.4.2.2 Programmüberlappung

Einen anderen Weg zum Ausgleich der Geschwindigkeitsdifferenz zwischen Zentraleinheit und Peripheriegeräten geht das Verfahren der Programmüberlappung. Hier ist der Grundgedanke der, Eingabevorgänge während der Zeit abzuwickeln, in der Bearbeitungsvorgänge in der Zentraleinheit ablaufen. Mit diesem Verfahren wird neben einer „scheinbaren" Verbesserung der Eingabeverhältnisse eine Verkürzung der Gesamtlaufzeit eines Datenverarbeitungsvorganges und zugleich eine bessere zeitliche Nutzung der Datenverarbeitungsanlage bzw. ihrer Funktionsgruppen erreicht.

In einfachster Form wird die Überlappung so herbeigeführt, daß im Verarbeitungsprogramm ein spezieller Befehl etwa die Leseeinheit startet, das Verarbeitungsprogramm fortgesetzt wird bis die Leseeinheit angelaufen ist und erst dann der eigentliche Lesebefehl für das zur Verarbeitung benötigte Datum gegeben wird. Durch diese auch process overlap genannte Programmtechnik wird die Anlaufzeit des Peripheriegerätes für Verarbeitungsoperationen in der Zentraleinheit benutzt.

Das von *W. K. Schmidt* beschriebene Zeitmultiplex-Prinzip, das für die Ein- und Ausgabe im mikroprogrammierbaren IBM-System/360 Modell 20 benutzt wird, ist eine leistungsfähigere Variante des eben dargestellten Überlappungsprinzipes und gestattet den parellelen Betrieb mehrerer Ein- und Ausgabeeinheiten [281].

Der erreichbare Grad der Überlappung ist natürlich vom Bearbeitungsvorgang und insbesondere vom Verhältnis der Dauer von Eingabe- und Bearbeitungsvorgang und der Häufigkeit der Ein-/Ausgabevorgänge abhängig.

Die Technik der Programmüberlappung bringt trotz eines etwas höheren Aufwandes in der Anlagenausstattung (zusätzliche Ein-/Ausgaberegister) und in der Programmierung Vorteile, weil sich die zeitliche Ausnutzung der Datenverarbeitungsanlage insgesamt merklich verbessert. So beobachteten *Evers* und *Leipold*, daß die Laufzeit eines kommerziellen Programmes im allgemeinen zwei- bis dreimal kürzer ist, wenn Ein- und Ausgaben und Verarbeitung gleichzeitig ablaufen [193, S. 221].

2.3.2 Der Einfluß der Betriebsformen der Verarbeitung auf die Eingabe in Datenverarbeitungsanlagen

2.3.2.1 Die Betriebsweisen der Verarbeitung

Die Datenverarbeitungsanlage als das maschinelle Hilfsmittel der Datenverarbeitung verarbeitet Daten nach einem Programm. Das Programm als Folge von Anweisungen, in der das zu bearbeitende Problem für die automatische Bearbeitung aufbereitet ist, muß die für die Aufgabenstellung vorgeschriebene Abfertigungszeit berücksichtigen. Damit wird also festgelegt, zu welchem Zeitpunkt ein Datum zu verarbeiten ist. Innerhalb der Datenverarbeitungsanlage ergeben sich danach zwei Alternativen für die Organisation der Verarbeitung: die Daten werden entweder im schritthaltenden Betrieb sofort verarbeitet oder im schubweisen Betrieb erst zu einem späteren Zeitpunkt. Wegen seiner Bildhaftigkeit wird hier das von *Piloty* bevorzugte Begriffspaar „schritthaltende“ und „schubweise“ Verarbeitung verwendet [121, S. 1102/1103]. Die Bezeichnung schubweise Verarbeitung wird im gleichen Sinne wie die oft benützten Ausdrücke Stapelarbeit (batch-mode) oder Stapelbetrieb und sequentielle Datenverarbeitung verstanden. Als gebräuchliche Synonyme für schritthaltende Verarbeitung stehen die Bezeichnungen real-time-Verarbeitung oder Echt-Zeit-Verarbeitung.

2.3.2.1.1 Die schubweise Verarbeitung

Die schubweise Verarbeitung – auch Stapelverarbeitung genannt – ist die einfachste Organisationsform der maschineninternen Verarbeitung. Sie ist im Prinzip von der konventionellen Lochkartentechnik übernommen und findet auch heute noch weitgehend Anwendung. Charakterisieren läßt sich die schubweise Verarbeitung als eine Verarbeitungsform, bei der gleichartige Daten, die den gleichen Verarbeitungsschritten zu unterwerfen sind, zu Stapeln gesammelt werden und im Stapel gleichzeitig, aber in einer vorbestimmten Ordnung hintereinander den gleichen Arbeitsgängen wie Sortieren, Mischen und Verarbeiten unterworfen werden. Die Ergebnisse werden in Form von Datenträgerstapeln oder Listen ausgegeben.

Der schubweise Betrieb führt auch bei Datenverarbeitungsanlagen mit hohen Verkehrsleistungen notwendig zu langen Abfertigungszeiten, weil ein frisch entstandenes Datum erst dann verarbeitet werden kann, wenn ein Stapel gleichartiger Daten aufgelaufen ist. Die sofortige Verarbeitung von Daten kann aber nicht sinnvoll sein, wenn für jede neue Bearbeitung die Datenverarbeitungsanlage umgerüstet werden muß. Deshalb ist es erforderlich, ein entstandenes Datum auf einem Datenträger oder in anderen Speichern zwischenzuspeichern, bis ein entsprechend hoher Stapel angesammelt ist. Da bei schubweiser Verarbeitung die Daten sequentiell zugeführt werden, werden hier Datenträger- und Speicherformen angewandt, die für eine sequentielle Verarbeitung besonders geeignet sind. Es werden vorzugsweise Lochkarten, Lochstreifen und Magnetbänder gewählt. Aus solchen Datenträgern können Daten nur in einer durch die Speicherposition vorgegebenen Reihenfolge und meist auch nur in einer bestimmten Vorzugsrichtung in die Datenverarbeitungsanlage eingelesen werden. Dafür erfordern diese Datenträger aber, wie ein von *Billing* angestellter Vergleich zeigt, einen wesentlich geringeren Aufwand je gespeichertem bit gegenüber den Speichern mit wahlfreiem Zugriff [11, S. 476]. Als Nachteil der genannten Datenträgerformen ist anzumerken, daß bei schubweiser Verarbeitung die im Stapel befindlichen Daten nicht zugänglich sind.

Der schubweise Betrieb hat eine ziemlich ungleichmäßige Auslastung der verschiedenen Funktionsgruppen einer Datenverarbeitungsanlage zur Folge. Diese unerwünschte Situation ist darauf zurückzuführen, daß der zyklische Gesamtvorgang in aufeinanderfolgende Einzelschritte aufgelöst ist, die jeweils nur eine Funktionsgruppe zeitweilig auslasten.

Die Stapelarbeit ist durch eine nahezu exakt gleiche Zyklusdauer und durch die nahtlose Folge der Zyklen gekennzeichnet. Minimale Differenzen können entstehen in der Tätigkeitszeit der Zentraleinheit, wo sich evtl. unterschiedliche Arbeitszeiten durch Besonderheiten der Verarbeitungsaufgabe ergeben. Da die Zentraleinheit ohnehin die schnellste Funktionsgruppe der Datenverarbeitungsanlage ist, wirken sich diese Unterschiede jedoch nur minimal aus.

2.3.2.1.2 Die schritthaltende Verarbeitung

Die schritthaltende Verarbeitung als Betriebsweise einer Datenverarbeitungsanlage ist dadurch gekennzeichnet, daß ein zu verarbeitendes Datum unmittelbar nach seiner Entstehung ohne Verzögerung in die Datenverarbeitungsanlage gelangt und das Ergebnis sofort nach der Verarbeitung des Datums zur Auswertung zur Verfügung steht.

Die schritthaltende Betriebsweise ergibt eine äußerst kurze Abfertigungszeit für ein Datum. Die Länge der Abfertigungszeit ist nur abhängig von der Geschwindigkeit, mit der das Datum der Datenverarbeitungsanlage zugeführt, dort verarbeitet und wieder ausgegeben wird. Da eine möglichst kurze Abfertigungszeit das oberste Ziel der schritthaltenden Betriebsweise ist, wird meist auf die Aufzeichnung des Datums auf einem Datenträger oder in einem Speicher verzichtet, um damit den für diesen Arbeitsgang erforderlichen Zeitaufwand zu vermeiden. Da die Reihenfolge der eintreffenden Daten nicht geordnet ist, müssen zur evtl. system-intern erforderlichen Speicherung großräumige Speicher mit wahlfreiem Zugriff verwendet werden. Zu diesem Zwecke werden heute Platten-, Magnetstreifen- und Trommelspeicher benutzt.

Bei schritthaltendem Betrieb ergeben sich hinsichtlich der Nutzung der Datenverarbeitungsanlage und ihrer Funktionsgruppen die gleichen Verhältnisse wie bei schubweiser Verarbeitung, jedoch entstehen, bedingt durch die eventuelle zeitliche Unregelmäßigkeit im Anfall eines Datums, Leerzeiten, in denen die Gesamt-Datenverarbeitungsanlage das Eintreffen des nächstfolgenden Datums erwartet. Die Größe dieser Leerzeit ergibt sich aus dem Rhythmus des Datenanfalles. Dabei sind zwei verschiedene Formen zu unterscheiden:

a) der Datenanfall ist gleichmäßig. Diese Situation ist z. B. in Anwendungsfällen wie der Prozeßsteuerung gegeben oder herbeizuführen.

b) der Datenanfall ist ungleichmäßig. Diese Verhältnisse sind z. B. bei Auskunftssystemen gegeben.

Im Fall des gleichmäßigen Datenanfalles sind für die Eingabesituation folgende Möglichkeiten denkbar:

aa) Die Abfertigungszeit der Datenverarbeitungsanlage (entsprechend der Zeit für die Durchführung eines Bearbeitungszyklus) und der zeitliche Abstand zwischen dem Eintreffen zweier aufeinanderfolgender Daten ist gleich groß. Dann wird der Betrag der Leerzeit zu Null. Die Dateneingabe kann ohne Verzögerung erfolgen.

ab) Die Abfertigungszeit ist größer als der zeitliche Abstand zwischen dem Eintreffen zweier aufeinanderfolgender Daten. Die Leerzeit nimmt einen Betrag, der größer als Null ist, an. Auch in diesem Fall kann die Dateneingabe unverzüglich vorgenommen werden; die Datenverarbeitungsanlage tritt gewissermaßen bis zum Eintreffen des Datums „auf der Stelle".

ac) Die Abfertigungszeit ist kleiner als der zeitliche Abstand zwischen dem Eintreffen zweier aufeinanderfolgender Daten. In diesem Falle entsteht keine Leerzeit, vielmehr bildet sich eine Warteschlange, die sich auch über eine längere Zeit hinweg nicht selbsttätig abbaut. Eine unmittelbare Dateneingabe ist nicht möglich, sondern bewirkt nur eine Verlängerung der Warteschlange.

Bei schritthaltendem Betrieb mit ungleichmäßigem Datenanfall muß die Abfertigungszeit unbedingt kleiner sein als im Mittel die Zeit zwischen dem Anfall einer größeren Zahl eintreffender Daten. Die Dateneingabe wird dann u. U. auf eine Warteschlange treffen. Durch eine Untersuchung der auflaufenden Warteschlange, z. B. nach dem von *Nolle* beschriebenen Verfahren, ist dann zu prüfen, ob die sich bildende Warteschlange eine für den jeweiligen Anwendungsfall zulässige Länge nicht überschreitet [254, S. 526 ff]. Der effektive Ablauf wird dann zeigen, daß sich zwischen den Bearbeitungszyklen unregelmäßige Leerzeiten bilden, deren Größe sich zwischen Null und einem endlichen Betrage bewegt.

In der Betriebsform der schritthaltenden Verarbeitung unterscheidet *Piloty* noch die Form der echten und die der unechten Schritthaltung [121, S. 1102/1103]. Als echte Schritthaltung definiert er den Fall schritthaltender Verarbeitung, bei dem sich im Datenverarbeitungssystem jeweils nur ein Datum befindet und der nächstfolgende Vorfall erst begonnen wird, wenn der vorhergehende fertig bearbeitet ist. In dieser Betriebsart wird die Dateneingabe nur dann berührt, wenn die Abfertigungszeit kleiner als die Zeit zwischen dem Anfall von zwei Daten ist: dann ist eine Warteschlangenuntersuchung erforderlich. Unter unechter Schritthaltung versteht *Piloty* die Situation, daß sich im Datenverarbeitungssystem mehrere Vorgänge gleichzeitig befinden, also einen Fall parallelen oder überlappten Betriebes. In diesem Fall ist für die Dateneingabe ebenfalls eine Warteschlangenuntersuchung erforderlich.

2.3.2.1.3 Die optimale Abstimmung von Betriebsweise und Form der Dateneingabe

Die ausführliche Diskussion der beiden Betriebsweisen mußte der nun anzustellenden Untersuchung vorangestellt werden, die die möglichen Kombinationen von Betriebsweise und Formen der Dateneingabe zu prüfen hat. Die Kombinationen müssen insbesondere daraufhin untersucht werden, ob bestimmte Kombinationen besondere Vorzüge aufweisen und deshalb für die Gestaltung des Datenerfassungsvorganges richtungweisend sind. Grundsätzlich sind alle Kombinationen möglich, und unter Berücksichtigung von erforderlichem Aufwand und erzielbarer Abfertigungszeit sind die Kombinationen wie folgt zu beurteilen:

a) Die Kombination von schritthaltender Verarbeitung und direkter Eingabe ergibt die kürzeste Abfertigungszeit. Hinsichtlich des technischen und programmorganisatorischen Aufwandes ist diese Kombination zweifellos die aufwendigste; ihre Anwendung wird deshalb für solche Fälle bevorzugt, bei denen es auf kürzeste Abfertigungszeit ankommt. Für die Datenerfassung ist deshalb auch die Schnelligkeit, mit der das zu erfassende Datum in die Datenverarbeitungsanlage gelangt, der dominierende Faktor für die Gestaltung des Erfassungsvorganges. Dazu sind die Geräte der direkten Dateneingabe zu wählen.

b) Die Kombination von schritthaltender Verarbeitung mit indirekter Eingabe führt zu wesentlich größeren Abfertigungszeiten. Diese Kombination hat erfahrungsgemäß den Vorteil des wesentlich geringeren Aufwandes in der Peripherie der Datenverarbeitungsanlage als bei der Kombination von schritthaltender Verarbeitung und direkter Eingabe. Diese Feststellung gilt besonders dann, wenn zwischen Ort der Datenentstehung und Ort der Datenverarbeitung beträchtliche Entfernungen zu überwinden sind.
Führt der ungleichmäßige Datenanfall schon zur Bildung einer Warteschlange in der Dateneingabe – was nur in solchen Anwendungsfällen zulässig ist, in denen an die Abfertigungszeit keine extrem hohen Anforderungen gestellt werden – wird die Kombination von indirekter Dateneingabe und schritthaltender Verarbeitung eine sehr sinnvolle und kostengünstige Kombination sein. Für die Datenerfassung bedeutet diese Kombination, daß an die Gestaltung des Erfassungsvorganges nur maßvolle Forderungen hinsichtlich der Schnelligkeit in der Durchführung gestellt werden, und daß die Datenerfassung das Datum aufgezeichnet auf einem Datenträger zur Eingabe bereitzustellen hat.

c) Die Kombination von schubweiser Verarbeitung mit indirekter Eingabe ist nach Definition der schubweisen Verarbeitung die der Definition entsprechende Form der Dateneingabe. Da die schubweise Verarbeitung stets zu sehr langen Abfertigungszeiten des Datenverarbeitungssystems führt, also nur für solche Anwendungsfälle infrage kommt, in denen der verstreichenden Zeit keine besondere Bedeutung zukommt, ist auch der Zeitbedarf für die Erstellung eines Datenträgers zur Eingabe ohne schwerwiegenden Einfluß. Die indirekte Eingabe ist deshalb der schubweisen Verarbeitung sowohl hinsichtlich der Abfertigungszeit als auch hinsichtlich des Aufwandes angemessen. Die Datenerfassung steht deshalb auch nicht unter Zeitdruck und der Datenerfassungsvorgang kann deshalb vorwiegend unter anderen Gesichtspunkten gestaltet werden.

d) Die Kombination von schubweiser Verarbeitung mit direkter Eingabe ist nicht sinnvoll, weil die schubweise Verarbeitung per Definition die Herstellung von Datenträgern und deren Ansammlung zu Stapeln voraussetzt, mithin die indirekte Eingabe als Form der Eingabe impliziert.

Zusammenfassend läßt sich aus der Untersuchung der verschiedenen Kombinationen sagen, daß sich die Datenerfassung sowohl der direkten als auch der indirekten Eingabe zu bedienen hat. Beide Eingabeformen sind im Fall der schritthaltenden Verarbeitung unter dem Aspekt der zulässigen Abfertigungszeit zu prüfen. Für Anwendungsfälle mit schubweiser Verarbeitung der Daten ist die Form indirekter Eingabe über Datenträger die allein mögliche Kombination.

2.3.2.2 Ein- und Mehrprogrammbetrieb

Die bisherigen Überlegungen zur Betriebsweise galten unter der Bedingung, daß jeweils nur ein einzelnes Programm – schubweise oder schritthaltend – bearbeitet wird. Bei dieser Form der Nutzung einer Datenverarbeitungsanlage mußte man sich allerdings damit abfinden, daß die verschiedenen Funktionsgruppen der Anlage nur zwischen 10 und 30% zeitlich genutzt werden. Diese unbefriedigende Situation hatte ihren Ursprung einerseits in der mit zunehmender Steigerung der inneren Arbeitsgeschwindigkeit immer einschneidender spürbaren Langsamkeit der Peripheriegeräte. Der zweite Ursprung liegt in der speziellen Natur der bearbeiteten Programme: nach *Beck* beträgt die zeitliche Auslastung der Zentraleinheit bei wissenschaftlichen Aufgaben 30%, bei Aufgaben im Handel und Gewerbe dagegen nur 8% [176, S. 541].

Anfangs der fünfziger Jahre wurde aus der Einsicht in diese Verhältnisse der Gedanke aufgegriffen, die Nutzung der Datenverarbeitungsanlage durch die gleichzeitige Bearbeitung mehrerer Programme in einer Anlage zu steigern. Dazu bot sich die Kombination der Verarbeitung eines rechenintensiven wissenschaftlichen Programmes gleichzeitig mit einem ein-/ausgabe-intensiven kommerziellen Programm geradezu an. Allgemein formuliert, sollte also die Auslastung durch die simultane Bearbeitung mehrerer Programme, die die verschiedenen Funktionsgruppen einer Anlage in unterschiedlichem Maße zeitlich beanspruchen, gesteigert werden. Dieser Grundgedanke wurde unter den Bezeichnungen Simultanarbeit und Multiprogramming propagiert.

Für die Dateneingabe bei Mehrprogrammbetrieb sind in erster Linie die festliegenden Betriebsweisen der Verarbeitungsprogramme bestimmend. Der retardierende Einfluß der beschränkten Eingabegeschwindigkeit wird insbesondere bei indirekter Eingabe durch den auch bei Mehrprogrammbetrieb wirkenden Überlappungseffekt nicht voll spürbar. Dafür ist aber eine Wartezeituntersuchung von erheblich größerer Bedeutung, weil der Einfluß des Betriebssystems auf die zeitliche Abwicklung der Verarbeitung schwieriger zu durchschauen und in seiner Wirkung vorher abzuschätzen ist.

Eine besonders hochentwickelte Form des Mehrprogrammbetriebes ist der sogenannte Time-Sharing-Betrieb. Als Time-Sharing versteht man heute eine Betriebsweise der Anlage, die es ermöglicht, daß die Datenverarbeitungsanlage für viele Benutzer mit verschiedenen Programmen gleichzeitig so arbeitet, daß sich die Benutzer gegenseitig nicht behindern. Dadurch entsteht für jeden Benutzer der Eindruck, die Anlage arbeite für ihn alleine.

Dabei sind die Anlagen im Time-Sharing-Betrieb so eingerichtet, daß jeder Benutzer auf einen allgemein zugänglichen Bestand an Standardprogrammen und evtl. auch an Daten zurückgreifen kann, der in der Anlage gespeichert ist. Zur besseren und gleichmäßigeren Auslastung laufen in der Regel zusätzlich noch ein oder mehrere Programme im „Hintergrund", die nicht unter Kontrolle der externen Benutzer stehen.

Vom Grundgedanken her ist der Time-Sharing-Betrieb auf das unmittelbare Zwiegespräch zwischen Mensch und Datenverarbeitungsanlage angelegt. Deshalb wird für die Dateneingabe die Form der Direkteingabe bevorzugt anzuwenden sein. Als Eingabegeräte dienen Eingabetastaturen, insbesondere Eingabeschreibmaschinen oder Fernschreiber sowie Bildschirmgeräte.

Geräte zum Einlesen von Datenträgern, und hier in erster Linie Lochkarten- oder Lochstreifenleser, dürften als Eingabemittel nur für die Eingabe von Programmen bzw. Programmteilen sowie für die Eingabe von größeren Dateien wegen der – im Vergleich zur manuellen Eingabe – höheren Eingabegeschwindigkeit und der verringerten Fehlerquote von Bedeutung sein. Unter dem Kostenaspekt ist die höhere Eingabegeschwindigkeit besonders dort wichtig, wo bei Datenfernübertragung die Übertragungsdauer ins Gewicht fällt.

Eine Datenverarbeitungsanlage für Time-Sharing-Betrieb muß bereits bei der Planung so ausgelegt sein, daß jeder angeschlossene Teilnehmer ohne spürbare Verzögerung den Dialog mit der Datenverarbeitungsanlage aufnehmen kann. Diese Bedingung behält selbst dann ihre Berechtigung, wenn einzelnen Benutzern eine Priorität im Zugang zur Anlage eingeräumt wird. Hinsichtlich des Zeitpunktes der möglichen Eingabe sind also keine Behinderungen zu erwarten, es sei denn, daß mit Verzögerungen beim Aufbau einer Verbindung zur Fernübertragung durch den einzelnen Benutzer gerechnet werden muß.

Vor Einführung des Mehrprogrammbetriebes und insbesondere des Time-Sharing-Betriebes war eine Reihe von Voraussetzungen zu erfüllen; besondere Schwierigkeiten bereitete die Systemprogrammierung. Dafür verbesserte sich aber beim einfachen Mehrprogrammbetrieb die zeitliche Nutzung der Funktionsgruppen nach den Beobachtungen von *Weide* auf 30 bis 60% gegen 10 bis 30% bei Einprogrammbetrieb [161, S. 98].

Bei den komplexen Aufgabenstellungen für die Betriebssysteme wurden diese Verbesserungen freilich nicht auf Anhieb erreicht. Man mußte zunächst beobachten, daß die effektive Nutzung in starkem Maße durch eine maschineninterne Bürokratie beeinträchtigt wurde. Diese Schwierigkeiten traten besonders bei Betriebssystemen für die Benutzung von Anlagen im Vielfachzugriff zu Tage.

Auf der SHARE-Tagung Anfang 1967 wurde zugegeben, daß die Zentraleinheit mit bis zu 94% mit reinen Verwaltungsarbeiten belegt wurde und der produktiven Rechenarbeit dementsprechend wenig Zeit verbleibt. Dieses Mißverhältnis war nach Ansicht von *Schuff* auf grundsätzliche Schwierigkeiten solcher Betriebssyteme zurückzuführen [287].

3 Methoden und Mittel der Datenerfassung

3.1 Die Methoden der Datenerfassung

Jede Gestaltungsaufgabe bedarf einer Vorstellung von idealtypischen Modellen für das zu gestaltende Objekt; die Gestaltung unter den Bedingungen der realen Umwelt muß sich diesen Modellen soweit als möglich annähern. Auch für die Gestaltung des Vorganges Datenerfassung müssen modellgleiche Methoden entwickelt werden unter Berücksichtigung aller den Ablauf des Vorganges determinierenden Größen.

Vereinbarungsgemäß verbindet der Vorgang Datenerfassung den Betriebsprozeß als den Ursprung der Daten mit der Datenverarbeitungsanlage, der die Daten zum Zwecke einer durch die Verarbeitungsaufgabe bestimmten Auswertung zugeführt werden. Der Datenerfassungsvorgang umfaßt die beiden Teilphasen Datenermittlung und Datenweitergabe.

Die Methoden der Datenerfassung als die Vorbilder für die Realisierung des Datenerfassungsvorganges können durch die Kenngröße Abfertigungszeit beurteilt werden. Diese wird jetzt aber zur Bewertung des Gesamtsystems herangezogen, das die Behandlung der Daten vom Zeitpunkt ihres Ursprunges bis zu dem Zeitpunkt, an dem das gewünschte Ergebnis vorliegt, umfaßt.

Die Verarbeitungsaufgabe diktiert die einzuhaltende Abfertigungszeit und damit zugleich die Betriebsweise der Datenverarbeitungsanlage. Aus den Betriebsweisen – schubweise oder schritthaltend – folgen wiederum die adäquaten Formen der Dateneingabe, für die die alternativen Formen der direkten Eingabe einerseits und die der indirekten Eingabe anderseits eingeführt wurden. Der schritthaltenden Verarbeitung eines Problemes entsprach hinsichtlich der Abfertigungszeit optimal die direkte Eingabe, der schubweisen Verarbeitung hingegen die indirekte Eingabe.

Bei den meisten Datenverarbeitungsaufgaben ist die Situation gegeben, daß der Ursprungsort der Daten und der Ort der Datenverarbeitung nicht zusammenfallen, sondern vielmehr eine mehr oder weniger große Wegstrecke voneinander entfernt liegen. Aus dieser Gegebenheit resultiert die Notwendigkeit, die Daten vom Ursprungsort zum Verarbeitungsort weiterzugeben. Gestattet die Verarbeitungsaufgabe für die Überwindung der Entfernung eine große Abfertigungszeit, können dazu langsam wirkende Vorgehensweisen und Hilfsmittel gewählt werden. Bei kurzen Abfertigungszeiten müssen entsprechend schnell wirkende Verfahren benutzt werden.

Für die Weitergabe von Daten stehen zwei vom Prinzip her unterschiedliche Methoden zur Verfügung. Die erste dieser Methoden ist die Methode des körperlichen Transportes von Daten. Diese Methode ist an das Vorhandensein von Datenträgern als den materiellen Trägern der immateriellen Daten gebunden. Das Datum muß dazu am Ursprungsort auf einem Datenträger fixiert und der Datenträger dann vom Ursprungsort zum Verarbeitungsort transportiert werden. Weil der Transport eines einzelnen Datenträgers nur in Sonderfällen vertretbar ist, wird man stets für einen Transportvorgang mehrere oder viele Datenträger zusammenkommen lassen. Am Verarbeitungsort können die Daten dann grundsätzlich im Wege der indirekten Eingabe der Datenverarbeitungsanlage zugeführt. werden. Da die Methode der Weitergabe von Datenträgern ohnehin einen gewissen Zeitaufwand erfordert, muß diese Methode eine große Abfertigungszeit verursachen, die zudem noch in starkem Maße entfernungsabhängig ist. Die Methode des körperlichen Transportes von Datenträgern wird deshalb auch nur bei Datenverarbeitungsaufgaben angewandt werden können, die eine große Gesamt-Abfertigungszeit gestatten. Die in dieser Weise weitergegebenen Daten dürften bevorzugt indirekt eingegeben werden und nicht direkt, was grundsätzlich auch möglich wäre. Die Form der indirekten Eingabe liegt auch deshalb nahe, weil die Daten bereits auf Datenträgern fixiert sind. Die zweite Methode der Datenweitergabe muß – im Vergleich zur Methode des körperlichen Transportes von Datenträgern – einen sehr schnellen Ablauf des Transportvorganges ermöglichen. Dazu bietet sich die Nutzung aller Möglichkeiten der modernen Nachrichtentechnik an. Durch diese Übermittlungstechniken können Daten in Form elektrischer Signale über Leitungen oder drahtlos mit einer Geschwindigkeit weitergegeben werden, die etwa an die Lichtgeschwindigkeit herankommt. Unter dem Oberbegriff „Datenübertragung“ stehen heute eine Reihe ausgereifter Verfahren zur Verfügung, die den Besonderheiten der Weitergabe von Daten Rechnung tragen und die technischen Eigenschaften der verfügbaren Übertragungswege mit großer Verbreitung (Fernschreib- und Fernsprechleitungen) berücksichtigen. Die Übermittlungsdauer von Daten ist bei der Weitergabe durch Datenfernübertragung nur von den benutzten Übertragungswegen und -techniken abhängig; die Weglänge ist praktisch ohne Einfluß. Insgesamt ergibt sich daraus eine kurze Abfertigungszeit für die Erledigung der Teilphase Datenweitergabe und damit auch für die Gesamt-Datenverarbeitungsaufgabe, wenn die Daten direkt eingegeben und schritthaltend verarbeitet werden.

Nach diesen Überlegungen können für die Gestaltung des Datenerfassungsvorganges unter dem dominierenden Aspekt der Abfertigungszeit zwei Methoden beschrieben werden, deren erste eine sehr kurze, deren zweite eine vergleichsweise große Abfertigungszeit zur Folge hat.

3.1.1 Die direkte Datenerfassung

Die erste Methode, die als direkte Datenerfassung bezeichnet wird, kombiniert die „schnelle" Direkteingabe, in der Regel verbunden mit schritthaltender Verarbeitung, mit der gleichfalls „schnellen" Datenübertragung zum Typ des Datenerfassungsvorganges mit sehr kurzer bzw. kürzester Abfertigungszeit. Die Methode der direkten Datenerfassung kann durch folgenden Ablauf beschrieben werden: am Ursprungsort wird ein Vorgang, Ereignis oder Zustand beobachtet und aus der Beobachtung das Datum gebildet. Das Datum wird am Daten-Ursprung oder in dessen nächster Umgebung etwa durch Eintasten in eine Tastatur fixiert. Die Teilphase der Datenermittlung ist damit abgeschlossen. Das Eintasten in die Tastatur ist gleichzeitig als Übergabe des Datums in die Teilphase Datenweitergabe anzusehen, die Tastatur selbst als die „Sendestelle" des Datenübertragungssystems. Der Vorgang der Datenweitergabe durch das Übertragungssystem wird durch einen Sendebefehl ausgelöst und das Datum dadurch vom Ursprungsort aus direkt in die Datenverarbeitungsanlage eingegeben und so der Verarbeitung zugeführt.

Die direkte Datenerfassung als Methode ergibt sicher die kürzeste Abfertigungszeit für ein Gesamtsystem der Datenverarbeitung. Sie ist, wie die Erfahrung gezeigt hat, allerdings angesichts der erforderlichen Ausstattung und Betriebsweise und nicht zuletzt wegen der Datenübertragungseinrichtung auch die aufwendigste Methode. Sie wird deshalb in den Anwendungsfällen gewählt werden können, in denen die kürzeste Abfertigungszeit das oberste Gestaltungsprinzip für den Datenerfassungsvorgang ist. Für die Methode der direkten Datenerfassung spricht auch, daß dabei die geringste Wahrscheinlichkeit besteht, daß Daten verloren gehen oder verfälscht werden, weil mit Abschluß der Stufe Fixierung jede menschliche Einwirkung ausgeschaltet ist; mit technischen Störungen muß natürlich gerechnet werden, obwohl deren Einfluß hier noch ausgeklammert wurde.

3.1.2 Die indirekte Datenerfassung

Mit indirekter Datenerfassung wird die Methode bezeichnet, die die Erstellung des Datenträgers am Ursprungsort der Daten, den Transport des Datenträgers zum Ort der Verarbeitung und die indirekte Dateneingabe über diesen Datenträger oder über einen neu gewonnenen Datenträger vorsieht. In Verfolgung dieser Methode ergibt sich für den Datenerfassungsvorgang der folgende Ablauf: Das Ereignis oder der Zustand wird am Prozeß, dem Ursprungsort, beobachtet und danach das Datum gebildet. Das Datum wird mit einem der später zu besprechenden Mittel der Datenfixierung auf einen Datenträger aufgebracht. Der Datenträger wird unmittelbar anschließend, eventuell aber auch erst zu einem späteren Zeitpunkt gemeinsam mit weiteren Datenträgern durch Boten oder durch Fördermittel zum Ort der Datenverarbeitung weitergegeben. Dort werden die Datenträger so lange gesammelt, bis die für einen bestimmten Bearbeitungsprozeß erforderlichen Datenträger vollständig beieinander sind und/oder bis eben dieser Arbeitsgang in der Reihenfolge der Arbeitsgänge auf der Datenverarbeitungsanlage ablaufen kann.

Die so skizzierte Methode der indirekten Datenerfassung ist ein Vorgang mit sehr großer Abfertigungszeit. Diese Methode wird also nur in den Anwendungsfällen zulässig sein, in denen die Ergebnisdaten erst geraume Zeit nach dem Entstehen der Daten verfügbar sein müssen. Erfahrungsgemäß hat sie aber den Vorzug der kostengünstigsten Lösung hinsichtlich der erforderlichen Anlage und läßt außerdem die Alternative der Datenverarbeitung außer Haus zu. Da in vielen Betrieben wenigstens teilweise die zur Weitergabe der Datenträger erforderlichen Förderanlagen vorhanden sind, erübrigen sich auch die hierfür notwendigen Investitionen. Eine weitere Schwäche dieser Methode – neben der Abfertigungszeit – ist in der Gefahr zu sehen, daß Datenträger und damit Daten im Ablauf des Vorganges verloren gehen können. Ein solcher Verlust kann in nahezu jeder Phase des Datenerfassungsvorganges deshalb eintreten, weil der Ablauf nicht vor unabsichtlichen oder mutwilligen Eingriffen geschützt werden kann.

3.1.3 Die Gestaltung des Datenerfassungsvorganges durch Kombination beider Methoden der Datenerfassung

Die beiden angeführten Methoden der Datenerfassung waren unter dem dominierenden Aspekt der zulässigen bzw. erreichbaren Abfertigungszeit entwickelt worden. Ein Industrieunternehmen, das sein Handeln an wirtschaftlichen Kriterien zu prüfen hat, wird wohl in den seltensten Fällen die Datenerfassung für sich nach dem Vorbild einer idealtypischen Methode gestalten können. Neben die wirtschaftlichen Erwägungen tritt die absolute Notwendigkeit, unternehmensspezifischen Umständen Rechnung zu tragen. So ist z. B. verständlich, daß ein Unternehmen, das eine räumliche Einheit darstellt, die Datenerfassung in anderer Weise organisieren wird als ein Unternehmen, das zusammen mit einer Zahl von über das Land verteilten Tochterbetrieben eine Einheit bildet. Gerade das Beispiel des Unternehmens mit Zweigbetrieben ist geeignet, zu zeigen, wie unter Berücksichtigung von betrieblichen und wirtschaftlichen Gesichtspunkten die Datenerfassung in besonderer Weise, abweichend von den typischen Methoden, gestaltet werden kann.

Für ein Unternehmen mit einer großen Zahl entfernter Lieferläger würde sich der Ablauf des Datenerfassungsvorganges z. B. folgendermaßen darstellen. In den Außenlagern werden die Daten synchron auf Lochstreifen erfaßt. Die Lochstreifen werden über Tag gesammelt, vorzugsweise nachts über Fernschreiber an die Zentrale übermittelt und dort wiederum auf Lochstreifen aufgezeichnet. Dieser Lochstreifen wird am nächsten Morgen sogleich verarbeitet und gibt noch am

Vormittag der Unternehmensleitung eine Übersicht über die Auslieferung des Vortages in sämtlichen Lieferlagern.

Von den Methoden her betrachtet, liegt hier eine Kombination aus Elementen beider Erfassungsmethoden vor, eine Verbindung der „langsamen" Datenfixierung auf Datenträgern mit der „schnellen" Datenfernübertragung und anschließender, wiederum „langsamer" indirekter Eingabe. Sicher ist diese Lösung hinsichtlich der Abfertigungszeit für die Unternehmensleitung akzeptabel, denn diese hat gewisse Führungszahlen am Vormittag des folgenden Tages zur Verfügung. Andrerseits ist diese Lösung hinsichtlich des erforderlichen Aufwandes aber auch sehr günstig, weil zur Datenübertragung der billigste aller möglichen Wege unter Einsatz des wahrscheinlich ohnehin schon vorhandenen Fernschreibers als Weitergabe-Einrichtung eingeschlagen wurde.

Ein anderes Beispiel für die Kombination von Elementen beider Erfassungsmethoden sind die meist unter den Bezeichnungen Datenerfassungssystem oder Datenerfassungsanlage bekannten Datensammelanlagen. Diese Anlagen ermöglichen die dezentrale Eingabe in bereichsweise zentralisierte Geräte zur Gewinnung von Datenträgern. Im Prinzip kann man sich derartige Anlagen als Aufteilung z. B. eines Lochers in eine Tastatur (Eingabeeinheit) und ein Lochaggregat (Einheit zur Datenfixierung) vorstellen, wobei beide Teile elektrisch miteinander verbunden bleiben. Mehrere solcher Eingabeeinheiten werden in einem Unternehmensbereich aufgestellt und gemeinsam an die Locheinheit angeschlossen. Dort werden die eingetasteten Daten in der Reihenfolge ihres Eintreffens bei der Locheinheit z. B. auf einem Lochstreifen fixiert.

Hier handelt es sich um die Einschaltung der „schnellen" Datenübertragung in den an sich „langsamen" Vorgang der Datenträgergewinnung. Der Vorteil dieser Lösung liegt auf der Hand: Die Datenträger bleiben außerhalb der Betriebsebene, sind damit vor Beschädigung und Verlust geschützt. Durch die bereichsweise zentrale Aufstellung des Lochers vereinfacht sich die Weitergabe der Daten. Diese Gestalt des Datenerfassungsvorganges wäre optimal, wenn der Streifenlocher unmittelbar neben der Datenverarbeitungsanlage angeordnet werden könnte, so daß eine Weitergabe völlig entfiele und der Lochstreifen nur noch dem Locher entnommen und in den an die Datenverarbeitungsanlage angeschlossenen Streifenleser einzulegen wäre.

Diese beiden Beispiele mögen genügen, um zu zeigen, daß unter realen Bedingungen der Datenerfassungsvorgang aus Elementen beider Erfassungsmethoden so gestaltet werden kann, daß ein günstiger Kompromiß zwischen den Bedingungen der Verarbeitungsaufgabe, den betrieblichen Besonderheiten und wirtschaftlichen Forderungen zustande kommt. Für die Gestaltung im Einzelfall gibt es vermutlich so viele Varianten, wie es Anwendungssituationen gibt.

3.2 Die Mittel der indirekten Datenerfassung

Indirekte Datenerfassung bedeutet Dateneingabe durch Datenträger. Zur indirekten Datenerfassung werden deshalb einerseits Hilfsmittel erforderlich, die die Fixierung der ermittelten Daten auf Datenträgern gestatten. Da diese Fixierung in der Regel am Betriebsprozeß als Ursprung der Daten vorgenommen werden soll, sind andrerseits auch Hilfsmittel erforderlich, die den Transport der Datenträger vom Datenursprung bis zur Datenverarbeitung bewerkstelligen. Ergänzend zu der anschließenden Übersicht über die in den beiden Funktionen Fixierung und Weitergabe einsetzbaren Mittel werden noch Geräte behandelt, die die Konvertierung von Datenträgern ermöglichen.

3.2.1 Die Fixierung von Daten auf Datenträgern

3.2.1.1 Maschinell lesbare Datenträger

3.2.1.1.1 Fixierung in Lochschrift

Zur Eingabe in Datenverarbeitungsanlagen sind Lochkarte und Lochstreifen die am weitesten verbreiteten Datenträgerformen. In beiden Formen werden Daten dadurch fixiert, daß Lochungen in durch den verwendeten Code bestimmten Positionen auf dem Datenträger angebracht werden. Die Ziffernlochkarte und unter bestimmten Bedingungen auch die Normallochkarte sind zwar für ein geübtes Auge lesbar, doch ist der Lochstreifen ebenso wie die Lochkarte mit sprachlichen Daten als nur maschinell lesbar anzusehen.

Auf eine weitläufige Vorstellung von Lochkarte und Lochstreifen (Lochband) kann hier wohl verzichtet werden zugunsten des Hinweises auf entsprechende Veröffentlichungen. Über die Lochkarte orientieren Schriften wie z. B. die von *Bode* [12], *Kühlewind* und *Schwedler* [81] und *Pärli* [116]. Über die Lochstreifen unterrichten Arbeiten von *Bürger* und *Leonhard* [15], *Eicken* [29] und eine vom Mathematischen Beratungs- und Programmierungsdienst herausgegebene Broschüre [90]. Ausgiebig werden beide Datenträger als Erfassungsmedien schließlich auch in dem Buch von *Mrachacz* und *Bauer* behandelt [105, S. 25–119].

Als Datenträger haben Lochkarte und Lochstreifen jeweils bestimmte Vorzüge und Nachteile zugleich. Darüber wurde zeitweise eine heftige Diskussion geführt, die sich hauptsächlich an der beschränkten Speicherkapazität der Lochkarte und an der nicht gegebenen Sortierbarkeit des Lochstreifens entzündete; das Sortierproblem hat aber heute durch die verbesserten Techniken der maschineninternen Sortierung an Bedeutung verloren. Kostenargumente spielen in der Diskussion um Lochkarte oder Lochstreifen gleichfalls mit. Für das gespeicherte Datum werden von *Haas* für den Fall des Lochstreifens Kosten in Höhe von DM 10^{-4}, für den Fall der Lochkarte von DM $5.\ 10^{-5}$ angegeben [323, S. 141]. In diesem Preisverhältnis von 1:50 (Lochstreifen : Lochkarte) spiegelt sich außer dem Kostenunterschied des Datenträger-Rohmaterials die Preisgünstigkeit der Geräte zur Erzeugung von Lochstreifen und die etwa siebenmal höhere Speicherdichte des Lochstreifens gegenüber der Lochkarte.

Für die Zwecke der Datenerfassung können sowohl für Lochkarten als auch Lochstreifen Anwendungsschwerpunkte erkannt werden, an denen jeweils spezifische Eigenarten den Bedingungen der Datenerfassung entgegenkommen. Ganz allgemein kann gesagt werden, daß die Lochkarte als Einzeldatenträger bevorzugt dort benutzt wird, wo Daten am Ursprungsort und in kleinen Mengen zu erfassen sind. Die Lochkarte wird weiterhin dann angewandt, wenn Datenträger in einem Belegkreislauf mitlaufen; sie gehen dann vorgelocht oder anderweitig vorbereitet in den Kreislauf hinein, werden am Ort der Datenenstehung ergänzt und gelangen dann unmittelbar zur Verarbeitung. Der Einschaltung des Datenträgers Lochkarte in den Belegkreislauf kommt eine spezifische Eigenschaft der Lochkarte entgegen: die Möglichkeit, durch einen entsprechenden Aufdruck in der Lochkarte Urbelegeigenschaften und Datenträgereigenschaften zu kombinieren. Entsprechend der Form des Aufdruckes werden insbesondere Normallochkarten mit Kopfzeile, Verbundlochkarten und die später noch ausführlicher zu besprechenden Zeichenlochkarten unterschieden.

Für die Verwendung von Lochkarten spricht auch die Tatsache, daß bei geringem Datenanfall einfache und einfachste Hilfsmittel zur Datenfixierung benutzt werden können. Bei Zeichenlochkarten genügt dazu ein weicher Bleistift. Lochkarten mit vorgestanzter Lochung können mit einem einfachen Taschenlocher gelocht werden. Einfache und sehr einfache Geräte gestatten auch das Lochen von Normallochkarten.

Erschwert wird die Benutzung von Lochkarten durch deren Empfindlichkeit gegen unsachgemäße Behandlung und gegen Verschmutzung, durch die Gefahr des Verlustes einzelner Karten aus Stapeln, sowie durch die zumindest in der Einführungszeit auftretenden Schwierigkeiten, die Mitarbeiter an dieses doch anspruchsvollere Aufzeichnungsmittel heranzuführen und zur erforderlichen Sorgfalt anzuhalten.

Der Lochstreifen hat dagegen in der Datenerfassung überall dort seinen Platz, wo am Ort der Datenentstehung Datenträger in großen Mengen als Nebenprodukt bei der Benutzung von Büromaschinen, Meßgeräten und anderen Anlagen gewonnen werden können. Hier hat sich der Lochstreifen einwandfrei gegen die Lochkarte als Datenträger durchgesetzt. Die Ursache dafür liegt einmal im unterschiedlichen Preisniveau der Lochkarten- und Lochstreifen-erstellenden Geräte. Zum anderen ist der technische Aufwand, der für die Zufuhr von Einzelbelegen wie Lochkarten getrieben werden muß, im Vergleich zur vergleichsweise einfachen Zufuhr des kontinuierlichen Mediums Lochstreifen wesentlich höher.

Neben dem Vorteil der synchronen Gewinnung des Lochstreifens wirkt sich seine große Speicherfähigkeit – ein voll ausgelochter Lochstreifen in Standardlänge faßt rd. 125.000 Zeichen –, die geringere Empfindlichkeit gegen Klima und Verschmutzung, die vergleichsweise geringeren Kosten des Lochaggregates und nicht zuletzt die Unmöglichkeit des Verlustes einzelner Daten aus dem Verbund des Lochstreifens positiv aus. Da Lochstreifen in Abmessungen und Codes standardisiert sind, können bei gleichem Code reibungslos Geräte verschiedener Hersteller benutzt werden. Bei Verwendung des Fünf-Kanal-Codes kann der Lochstreifen auf allen Einrichtungen der Fernschreibtechnik eingesetzt werden, so daß er unmittelbar zur Datenfernübertragung über Fernschreiber herangezogen werden kann.

Die fehlende Sortierbarkeit des Lochstreifens, ein wichtiges Argument gegen seine Anwendung, kann durch die Verwendung von sogenannten Lochstreifenkarten hergestellt werden. Die rd. 50 mm hohe Lochstreifenkarte ist wie der Lochstreifen „endlos", jedoch durch Querperforation in Abschnitte beliebiger Länge zur Aufnahme von zwischen 47 und 165 Zeichen teilbar. Lochstreifenkarten werden leporelloartig gefaltet geliefert und geben kaum Zuführungsprobleme auf, lassen sich aber durch die etwa doppelte Breite gegenüber dem Lochstreifen ähnlich wie eine Lochkarte zu einem Vordruck gestalten, als Einzelbeleg in den Belegkreislauf einschalten und wie eine Lochkarte weiterverarbeiten. Durch ihre geringe Höhe lassen sich Lochstreifenkarten wie Lochkarten zu recht flachen Karteien zusammenfassen. Die Lochstreifenkarte kompensiert also auch die beschränkte Möglichkeit, Beschriftungen auf den Lochstreifen anzubringen: der normale 1 Zoll breite Lochstreifen kann allenfalls eine einzige, parallel zur Lochung laufende Schriftzeile aufnehmen.

Der Lochkarte wird oft ihre auf die 80 oder 90 Stellen des Standardformates von 187,3 × 82,55 mm begrenzte Kapazität angekreidet. Auch das im neuen IBM-System/3 benutzte kleinere Kartenformat von 82,5 × 67 mm hat mit 96 Spalten eine nur um 20% größere Speicherkapazität. Es sind jedoch zahlreiche Anwendungsfälle bekannt, für die auch kleinere Speicherkapazitäten durchaus hinreichen. Hier empfiehlt sich u. U. der Einsatz von Drittel-Karten, die aus entsprechend perforierten Karten im Standardformat gewonnen werden. Diese Drittel-Karten werden z. B. als Etiketten zur Warenauszeichnung in Handelsbetrieben verwendet und konkurrieren mit den speziellen Lochetiketten-Systemen, von denen am Schluß dieses Abschnittes noch zu sprechen sein wird.

Für die Datenfixierung auf Lochkarten werden die schon aus der Lochkartentechnik wohlbekannten Lochaggregate benutzt; eine detaillierte Darstellung ist deshalb hier wohl nicht erforderlich. Es gibt dort die Gruppe der Handlocher, die von sehr einfachen Bauformen nach Art der Taschenlocher (wie z. B. der port-a-punch) bis zu leistungsfähigen Ausstattungen für die Fixierung numerischer und sprachlicher Daten mit Programmsteuerung und Nummernprüfung reichen;

die bekanntesten und am stärksten verbreiteten Modelle wie der IBM-Kartenlocher 29 besitzen allerdings keine gepufferte Eingabe.

Die Mengenleistung aller handbedienter Locher ist durch die Eintastgeschwindigkeit der Bedienungskraft begrenzt, die sich u. U. noch durch gewisse Totzeiten, die aus dem Zeitbedarf für Maschinenfunktionen resultieren, reduziert. Deshalb kommt auch eine geübte Locherin mit einem ungepufferten Motorlocher erfahrungsgemäß über eine Leistung von 120 bis 150 Karten/Stunde nicht hinaus.

Den seit 1968 von UNIVAC und seit Ende 1970 auch von IBM angebotenen Lochern mit Eingabepuffer wird dagegen von UNIVAC eine um 30 bis 40% höhere Mengenleistung zugeschrieben. Obwohl bisher kein exakter Leistungsvergleich bekannt wurde, scheint das große Interesse, das sich in rd. 20 000 installierten UNIVAC-Geräten spiegelt, die Vorzüge der gepufferten Locher zu bestätigen.

Diese besitzen einen Speicher, in dem die eingetasteten Daten zwischengespeichert werden. Erkannte Falscheintastungen werden durch „Überschreiben" im Speicher korrigiert. Der Stanzvorgang wird ausgelöst, wenn die Bedienungskraft auf den nächsten Beleg weiterschaltet und läuft parallel zum Eintasten der Daten des folgenden Beleges ab. Funktionen wie Duplizieren, Springen und Nullen-Einsteuern laufen ebenfalls mit elektronischer Geschwindigkeit ab.

Aus diesen Eigenschaften folgen als Vorteile der gleichmäßigere Arbeitsablauf mit höherer Mengenleistung und – wegen der Korrekturmöglichkeit im Speicher – eine wesentlich kleinere Zahl von Fehlkarten, was sich ebenfalls positiv auf die Mengenleistung auswirkt.

Die eingabegepufferten Locher werden als Locher-/Prüfer-Kombination mit und ohne Schreibeinrichtung zu Kaufpreisen bzw. Mieten angeboten, die sie nicht nur von der Leistung, sondern auch vom Preis her als scharfe Konkurrenten der später noch zu besprechenden Magnetband-Beschriftungsgeräte ausweisen.

Zur Fixierung von Daten auf Lochkarten kommen auch Doppler und Lochschriftübersetzer infrage. Doppler mit einer Stundenleistung von rd. 6 000 Karten werden z. B. zum Vorlochen von Karten benutzt, um das Volumen der zu erfassenden Daten zu reduzieren. Für besondere Aufgabenstellungen wie die Arbeitszeiterfassung werden spezielle Zeitlocher angeboten, die als Kombination der herkömmlichen Stechuhr mit einem Kartenlocher die unmittelbare Fixierung von Datum und Uhrzeit auf einer Karte vornehmen.

Zum Einlesen von Lochkarten stehen Lochkartenleser zur Verfügung, die für Stundenleistungen zwischen 9000 und 120 000 Karten ausgelegt werden.

Für die Fixierung von Daten auf Lochstreifen gibt es nur wenige einfache Handlocher-Bauformen, die vielfach eine aus der bekannten Fernschreibmaschinen-Tastatur abgeleitete Konstruktion aufweisen. Für sie gilt, wie für die Handlochung von Lochkarten, die Beschränkung der Mengenleistung auf die Eintastgeschwindigkeit von wenigen Zeichen/Sekunde. Diese Lochstreifenlocher werden neuerdings durch Zufügen von Nummernprüfeinrichtung und Einbau einer Lochstreifenprüfeinrichtung zu vollständigen Erfassungs- und Prüfeinheiten ausgebaut, so daß besondere Prüfplätze wie beim Kartenlochen nicht mehr erforderlich sind. Wesentlich höhere Lochleistungen von maximal 300 Zeichen je Sekunde erreichen die von Datenverarbeitungsanlagen gesteuerten Streifenlocher. Lochstreifenlesegeräte erbringen je nach Leseprinzip (mechanisch, fotoelektrisch, dielektrisch) Leistungen bis zu maximal 2000 Zeichen in der Sekunde.

Viele der lochstreifenverarbeitenden Geräte können hinsichtlich der Kanalzahl und der Streifenbreite umgestellt oder mit Zusätzen umgerüstet werden und meist auch mit einfachen Mitteln für die Bearbeitung von Lochstreifenkarten eingerichtet werden. Zum Einlesen der vereinzelten Lochstreifenkarten dienen Lochstreifenleser mit einer entsprechenden Zusatzeinrichtung.

Am Schluß dieses Abschnittes über die Datenfixierung in Lochschrift sollen noch einige Sonderformen behandelt werden. Als eine dieser Sonderformen sind die Etiketten-Lochkarten der bekannten Systeme Kimball und Dennison angesprochen. Derartige Etiketten-Lochkarten werden bevorzugt in Einzelhandelsbetrieben zum Auszeichnen der Ware verwendet. Beim Bezahlen an der Kasse werden die Etiketten von der Ware abgetrennt und später zur maschinellen Lagerbuchführung und für statistische Auswertungen herangezogen.

Die Etikettenkarten werden mit einer Kapazität von bis zu 29 Stellen in Lochschrift ausgeführt und können beim Lochen gleichzeitig mit einem Klarschrifttext bedruckt werden. Zur Fixierung gibt es spezielle Lochaggregate, die auch die Beschriftung vornehmen. Die Eingabe in die Locher geschieht von Hand, in einem Fall auch lochstreifengesteuert mit einer Leistung von 175 Etiketten je Minute.

Die Etikettenleser sind durchweg recht unempfindlich gegen den Erhaltungszustand der Etiketten; sehr stark beschädigte Etiketten werden vorher in einer Dupliziereinrichtung gedoppelt. Die Leser lesen mit einer Geschwindigkeit von etwa 60 Etiketten pro Minute und setzen die gelesenen Daten meist auf Lochstreifen, seltener auf Normal-Lochkarten um. Es gibt aber auch Leser zum online-Betrieb mit Computern.

In den letzten Jahren zeichnet sich eine neue Entwicklung auf dem Gebiet der Etiketten ab. Die Kimball-Etiketten sind „dreisprachig“ geworden, indem jetzt neben Lochung und Klartext noch eine Magnetspur angebracht ist, die zur schnellen Lesung an der Ladenkasse geeignet ist. Von anderen Firmen (Dennison, Olivetti) sind andere Formen magnetischer Aufzeichnung auf Etiketten vorgestellt worden. Weil alle diese Formen der Fixierung zur unmittelbaren Eingabe grundsätzlich geeignet sind, wird von ihnen später noch zu sprechen sein.

Mehr der Vollständigkeit halber ist an dieser Stelle noch auf die Ausweiskarten mit Lochungen und auf die Kleinkarten hingewiesen, die z. B. in den Datensammelanlagen des Arzneimittelhandels zur Eingabe von Artikel- und Mengendaten verwendet werden. Beide Formen, die in einem Aufsatz von *W. Tietz* [294] ausführlich beschrieben sind, werden allgemein zur Erfassung von Konstant- oder Festwerten benutzt. Dabei sind die Daten in den Ausweiskarten im Lochkartencode oder einem Fünfer-Code fixiert; die Kleinkarten tragen wegen des Übertragungsverfahrens die Daten in einem 2 mal 1 aus 4-Code. Auf diese Formen werden wir bei der Eingabe von Festwerten im Zuge der direkten Datenerfassung noch einmal zurückkommen.

3.2.1.1.2 Magnetische Fixierung

Die Bedeutung des Datenträgers Magnetband ist begründet durch seine sehr große Kapazität, seine Geschwindigkeit und seine Preiswürdigkeit. Deshalb wird das Magnetband in großem Umfang als externer, sequentieller Speicher der Datenverarbeitungsanlage verwendet. Für die Verwendung als Medium zur Eingabe und Ausgabe spricht insbesondere die hohe Arbeitsgeschwindigkeit, die das Magnetband weit über die gebräuchlichen Datenträger Lochkarte und Lochstreifen hinaushebt.

Daten werden auf Magnetbändern durch punktuelle Magnetisierung von Ferritpartikeln fixiert, die in der Metalloxydschicht enthalten sind, mit der das meist 1/2 Zoll breite tragende Kunststoff- oder Metallband überzogen ist. Die Aufzeichnung eines Zeichens erfolgt – ähnlich wie beim Lochstreifen – sprossenweise in mehreren (6 bis 10) Spuren, die der Bewegungsrichtung des Magnetbandes parallel laufen, mit einer Schreibdichte zwischen 80 und 800 Zeichen je Zentimeter Magnetband. Die Schreib-/Lesegeschwindigkeit (auch Impulsfrequenz genannt) liegt zwischen 7500 und 340 000 Zeichen je Sekunde.

Bis vor wenigen Jahren konnten Magnetbänder nur in unmittelbarer Verbindung mit der Datenverarbeitungsanlage über eine Steuereinheit betrieben werden. Die Fixierung von Daten auf Magnetbändern war also nur mittelbar möglich. Seit 1965 werden nun auf dem Markt Geräte zur unmittelbaren Fixierung von Daten auf Magnetband angeboten, die in ihrer Funktion in unmittelbarem Wettbewerb zu den konventionellen Karten- bzw. Streifenlochern und -prüfern stehen. Das Angebot solcher Magnetband-Beschriftungsgeräte und -systeme erreicht heute eine schwer zu übersehende Vielfalt, und deshalb soll hier der Versuch einer systematischen Ordnung des Angebotes unternommen werden.

Unter dem Aspekt des Aufzeichnungsmediums Magnetband, auf dem die Daten fixiert werden, ist zu unterscheiden zwischen Anlagentypen, die unmittelbar in entsprechender Zeichendichte auf ein kompatibles 7- oder 9-Spur-Magnetband aufzeichnen und solchen Anlagen, die in nicht unmittelbar kompatibler Form aufzeichnen. Als Aufzeichnungsmedium werden bei diesen Typen normale Bänder in kurzen Bandlängen mit geringeren Zeichendichten sowie spezielle Bandkassetten oder normale Tonband-Kassetten benutzt. Es ist klar, daß bei allen Anlagen, die auf nicht kompatiblem Band aufzeichnen, ein nachgeschalteter Umsetzungs-Arbeitsgang erforderlich ist, der das Überspielen der kurzen Bandstücke auf ein normales Eingabeband, u. U. eine Zeichenkonzentration und ein Umschlüsseln auf den Spurmodus der benutzten Datenverarbeitungsanlage besorgt. Dazu dienen entweder spezielle Umsetzungsgeräte, die unabhängig von der Datenverarbeitungsanlage betrieben werden, oder spezielle Lesegeräte, die direkt als Eingabeeinheit ausgeführt sind. Vom Systemaufbau her gesehen, muß zwischen selbständigen Eingabeplätzen und größeren (Teilnehmer-)Systemen unterschieden werden, bei denen eine Vielzahl von Eingabeplätzen die erfaßten Daten auf einem zentralen Magnetband gekennzeichnet aufreihen. Es kommt dem Wunsch nach Dezentralisierung entgegen, daß einige dieser Systeme den Anschluß der Eingabeplätze an die zentrale Aufzeichnungseinheit auch über gewisse Entfernungen gestatten; so ist z. B. in einem Falle der Anschluß von max. 30 Eingabeplätzen über eine bis zu 1000 m lange Ringleitung möglich.

Für das starke Vordringen der Magnetband-Erfassung sind verschiedene Gründe maßgeblich. Bemerkenswert war in erster Linie die Vielseitigkeit der Anlagen, die die Funktionen Eingabe, Prüfen und Suchen von alphanumerischen und/oder numerischen Daten in variierbarer Blocklänge in sich vereinigen. Als gleichwertiges Argument wirkt die Leistungsfähigkeit, die sich aus dem Zusammenwirken von höheren Eintastgeschwindigkeit, dem wesentlich schnelleren Springen und Duplizieren, aus dem automatischen Null-Auffüllen und aus der unmittelbaren Korrektur eines erkannten Fehlers ergibt. Die vielseitigen Programmierungsmöglichkeiten mit u. U. gleichzeitigem Zugriff auf mehrere Eingabeprogramme sowie die weitgehenden Prüfmöglichkeiten einschließlich der Nummernprüfung runden das positive Bild ebenso wie die Anschlußmöglichkeiten von Eingabeeinheiten für andere Datenträger, Ausgabeeinheiten wie Schreibmaschine oder Drucker und für Datenfernübertragung ab.

Natürlich schlagen sich Leistungsfähigkeit, Vielseitigkeit und Ausbau der Systeme voll in den geforderten Kauf- oder Mietpreisen nieder, so daß sich jeder Anwender reiflich überlegen muß, welche Eigenschaften seine Erfassungsanlage unbedingt besitzen muß. Die Vorteile der Magnetband-Erfassung im Vergleich zu der mit ungepufferten Kartenlochern können nach den vorliegenden Erfahrungen als erwiesen gelten. Es hat sich gezeigt, daß ungepufferte Locher und Prüfer nach Art des IBM 29 und IBM 59 im Verhältnis 4 bis 5 zu 3 durch Magnetbanderfassungsgeräte abgelöst werden können. Das Ablösungsverhältnis für gepufferte Kartenlocher ist nicht bekannt, dürfte aber jedenfalls nicht so günstig für die Magnetbanderfassung sein.

Der Vorteil der mehrfachen Benutzungsmöglichkeit des Magnetbandes ist in jedem Fall gegeben. Die hohe Geschwindigkeit der Magnetbandeingabe – rd. 30 mal so groß wie die Geschwindigkeit der Kartenleser – steigert den Datendurchsatz durch die gegebene EDV-Kapazität und ergibt, wie der Bericht von *Bersin* zeigt, eine Kapazitätssteigerung von etwa 20%, wenn die Erfassungseinrichtung auch zur Steuerung eines off-line-Druckers eingesetzt wird [313].

Neue Entwicklungen auf dem Gebiet der Magnetband-Erfassungssysteme versprechen noch größere Flexibilität bei der Erfassung und eine Vereinfachung der Verarbeitung erfaßter Daten. Seit kurzem werden Systeme mit mehreren Eingabeplätzen gebaut, die über eine Magnetplatte als Zwischenspeicher vor der Aufzeichnung auf Magnetband arbeiten. Jedem Eingabeplatz wird ein eigener Speicherbereich zugeteilt, dessen Größe sich dem jeweiligen Bedarf anpaßt. Dieses Konzept besitzt zwei Vorzüge: einmal ergibt sich eine Sortierung der erfaßten Daten nach Arbeitsgebieten, zum anderen können Daten nahezu gleichzeitig von einer Stelle erfaßt und einer zweiten geprüft werden. Geprüfte Daten sind so noch schneller verfügbar. Auf die Erleichterung, die dieses Konzept bei der Pflege und dem Änderungsdienst von Dateien bietet, sei schließlich auch hingewiesen; für diese Aufgabe wird jedoch ein System, das unmittelbar auf Wechselplatten aufzeichnet und in den USA bereits vorgestellt wurde, die günstigste Lösung sein.

Den Abschluß dieser Darlegungen über die direkte Fixierung von Daten auf Magnetband muß eine kritische Anmerkung bilden, weil dieses neue Verfahren mit großer Begeisterung und unkritisch aufgenommen wurde. Es kann nicht an der Tatsache vorbeigegangen werden, daß die „Datenerfassung direkt auf Magnetband" nur eine Variante des Prinzips der Erstellung eines Datenträgers nach einem Urbeleg in einem zweiten Arbeitsgang ist und damit dem Verfahren der nachträglichen Herstellung des maschinengerechten Datenträgers Lochkarte voll vergleichbar ist. Diese Vorgehensweise war früher schon als aufwendig und zeitraubend bewertet worden. Die Befürworter der Datenfixierung auf Magnetband verweisen zwar darauf, daß die Arbeit an Magnetband-Beschriftungseinheiten wesentlich angenehmer ist als die an Kartenlochern. Dadurch ergäben sich auch keine personellen Engpässe im Lochersaal mehr, weil die Tätigkeit des Magnetband-Beschriftens mit der einer normalen Stenotypistin verglichen werden könne und für diese Tätigkeit leichter Arbeitskräfte zu finden wären. Ferner wird auf die erzielbare Leistungssteigerung verwiesen, die gegenüber dem Kartenlochen und -prüfen 25 bis 30% betragen soll. Es bedarf aber stets einer Prüfung, unter welcher Bedingung die Datenfixierung auf Magnetband im Vergleich zur Fixierung auf Lochkarten wirtschaftlich ist, weil der Aufwand für die Magnetband-Bechriftungsgeräte und die zugehörigen Einlesegeräte merklich über dem für die entsprechenden Lochkartengeräte liegt.

Schließlich soll hier noch kurz auf die *Magnetkontokarte* als Eingabedatenträger hingewiesen werden. Das Magnetkonto ist als typisches Medium der Abrechnungsanlagen der mittleren Datentechnik bekannt. Die Auseinandersetzung mit dem Datenträger Magnetkonto erscheint deshalb angebracht, weil solche Abrechnungsanlagen als intelligentes Terminal mit eigener Daten-Erstverarbeitung eingesetzt werden. Auch werden sie als selbständige Anlage zur Datenträger-Ausgabe in offline-Zusammenarbeit mit großen Datenverarbeitungsanlagen verwendet.

Die Magnetkontokarte ist eine herkömmliche Konto- oder Karteikarte, auf die auf der Rückseite oder an den Rändern der Vorderseite ein Magnetstreifen aufgeklebt oder aufgedruckt ist. Beim Einzug der Kontokarte wird der Inhalt des Magnetstreifens in den internen Speicher der Abrechnungsanlage übertragen, dort mit den neu eingegebenen Daten zusammen verarbeitet, der neue Saldo wieder in den Magnetstreifen der Karte übertragen und die Kontokarte ausgeworfen.

Die Kombination der Vorzüge der maschinell lesbaren magnetischen Datenfixierung in 200 bis 500 Speicherstellen mit der visuell lesbaren Aufzeichnung auf der Kontokarte (magnetisch und visuell lesbare Aufzeichnungen müssen nicht unbedingt identisch und von gleicher Länge sein) verleiht der Magnetkontokarte eine große Vielseitigkeit. *Heinrich* beschreibt ihre Qualitäten mit folgenden Merkmalen:

„1. Kontokarte konventioneller Art als visuell lesbarer, manuell zugriffsbereiter Datenspeicher
2. Maschinell lesbarer Datenträger und Datenspeicher für konstante und variable Arbeitsdaten
3. Speicher für Programme und Unterprogramme
4. Speicher für Datenakkumulation“ [215, S. 122/123].

Im Rahmen der Datenerfassung ist die Stellung der Magnetkontokarte so zu sehen, daß es sich bei ihr um eine besondere Datenträgerform handelt, die zur Eingabe in Abrechnungsanlagen verwendet wird. Diese Abrechnungsanlagen übernehmen bereits eine gewisse Vorverarbeitung der Daten und führen nur einige wenige wichtige Daten direkt in die Datenverarbeitungsanlage ab. Die Abrechnungsanlagen, die für alle Arten von Buchungsaufgaben bevorzugt dezentral eingesetzt werden können, erfüllen damit eine besondere Aufgabe, nämlich die der Datenerfassung mit sofortiger teilweiser Verarbeitung der erfaßten Daten und die Aufgabe der Weitergabe bestimmter Daten, die für die „große“ Datenverarbeitung als Führungszahlen oder anderweitig Verwendung finden. Sie übernehmen also eine Eingabefunktion und bewirken zugleich eine Entlastung der Datenverarbeitungsanlage sowohl in der Speicher- als auch in der Verarbeitungsfunktion. Nicht zuletzt durch die relativ einfache Programmierung der Abrechnungsanlagen wird die Möglichkeit eröffnet, solche Anlagen auch zu Sonderauswertungen und für ähnliche Aufgaben einzusetzen, deren Programmierung für die Datenverarbeitungsanlage zu aufwendig wäre.

3.2.1.2 Maschinell und visuell lesbare Datenträger

Die Nachteile der Datenfixierung in Lochschrift lenkten frühzeitig das Interesse auf das Problem, die gebräuchlichen Schriften für Eingabegeräte der Datenverarbeitungsanlagen lesbar zu machen. Nun haben aber Schriftzeichen gleicher Bedeutung unterschiedliche Erscheinungsformen, die durch die verwendete Schriftart, durch die Drucktechnik, das benutzte Vervielfältigungsverfahren und nicht zuletzt durch auftretende Druckmägel bedingt sind. Diese Formenvielfalt der Schriftzeichen kann zwar von dem sehr flexiblen menschlichen Sehsystem bewältigt werden, nicht aber von irgendwelchen Lesegeräten; diese müßten das menschliche Sehsystem nachbilden und dazu über die Assoziationsfähigkeit des menschlichen Gehirns verfügen.

Das Problem der maschinellen Erkennung von Schriftzeichen ist jedoch aus einsichtigen Gründen leichter zu lösen, wenn die Erkennung erstens durch die Verwendung stilisierter Schriftzeichen und zweitens durch die Beschränkung des Vorrats der maschinell zu lesenden Zeichen vereinfacht wird. Dieser Weg wird konsequent in den modernen Verfahren der Klarschriftlesung verfolgt.

Die Einsicht in die komplexen Schwierigkeiten der maschinellen Klarschrifterkennung ließ die Konstrukteure zunächst auf einen Ausweg verfallen: auf die zusätzliche externe Codierung der Klarschriftzeichen mit maschinell leicht lesbaren Zusatzzeichen. Ein früher Vertreter dieses Weges ist die Siemag-Schrift, bei der jeder Klarschriftbuchstaben in einer Kopf- und einer Fußzeile durch mehrere kleine Strichmarken codiert ist, die allein zur maschinellen Erkennung dienen.

Vorher wurde aber eine Entwicklungsrichtung eingeschlagen, die statt der Schriftzeichenerkennung die Positionserkennung eines einzigen Zeichens realisiert, wobei der Position des Zeichens eine bestimmte Bedeutung zugeordnet ist. Dieses technisch wesentlich einfacher zu beherrschende Verfahren wird heute durch die Techniken der Zeichenlochkarte und des Markierungsbeleges repräsentiert.

Alle diese zunächst nur angedeuteten Verfahrens-Typen gehorchen der kennzeichnenden Bedingung, daß die auf Datenträgern dieser Klasse fixierten Daten sowohl für den Menschen als auch für bestimmte Arten von Eingabegeräten lesbar sind.

3.2.1.2.1 Zeichenlochkarten

Die Zeichenlochkarte ist eine Variante der normalen Lochkarte. Daten werden auf der Zeichenlochkarte dadurch fixiert, daß mit einem bestimmten Schreibstift Markierungen in den Feldern (Zeichenstellen) eines Markierungsgitters angebracht werden. Diese Markierungen, die Daten durch die Position der Markierung im Gitter codieren, werden entweder durch Zeichenlocher gelesen und in Lochungen in der gleichen Karte umgesetzt oder mit einem der kürzlich auf den Markt gekommenen Dokument-Lesegeräte gelesen und z. B. auf Lochstreifen oder Magnetband ausgegeben.

Für die Lesetechnik des Zeichenlochers sind verschiedene Methoden bekannt. Das IBM-Mark-Sensing-Verfahren arbeitet mit Markierungen durch einen graphithaltigen Bleistift, ebenso das Bull-Fotolecteur-Verfahren; beide erkennen den Hell-Dunkel-Unterschied zwischen Bleistiftmarkierung und Lochkarte. Dagegen magnetisiert das Bull-Magnetolecteur-Verfahren die Markierungen, die mit einem ferrithaltigen Stift aufgebracht wurden und liest die Feldstärken-Änderungen. Das IBM-Verfahren benutzt zum Lesen den gebräuchlichen Kartendoppler mit einer Zusatzeinrichtung, mit der rd. 6000 Karten in der Stunde verarbeitet werden können. Das Bull-Verfahren benötigt besondere Lesegeräte, die angeschlossene Kartenstanzer steuern und in denen in einem Durchlauf die Markierungen einer Kartenseite mit bis zu 9000 Karten je Stunde gelocht werden.

Der neuentwickelte Motorola-Dokument-Leser liest optisch in einem Durchlauf Lochungen und Bleistiftmarkierungen bei beliebigem und wechselndem Abstand der Schriftmarken. Die Leistung beläuft sich umschaltbar auf 10 bzw. 105 Zeichen je Sekunde; das Gerät kann nicht nur zum Lesen von Kartenformaten, sondern auch für Bogen benutzt werden und on-line und off-line betrieben werden.

Die Form der manuellen Fixierung mit einem Bleistift ist bestechend einfach, geht allerdings auf Kosten der Zahl der je Lochkarte fixierbaren Daten, weil die Breite einer Zeichenstelle zwei bis drei Lochstellen überdeckt. Deshalb können je Karte maximal nur 40 oder gar 27 Zeichen je Kartenseite aufgebracht werden. Da das Leseverfahren grundsätzlich nur die Position einer Markierung erkennt und danach die Bedeutung des Zeichens bestimmt, ist die äußere Form der Markierung nicht erheblich. In der Praxis werden je nach Hersteller der Lesegeräte als Markierung einfache Striche, kreis- und kreuzförmige Markierungen und auch Ziffern benutzt; es hat sich als nützlich erwiesen, an jeder Zeichenstelle deren Bedeutung durch einen Aufdruck anzugeben.

Die Zeichenlochkarte wird üblicherweise nur zur Erfassung numerischer Daten eingesetzt, um die Markierungsarbeit nicht unnötig zu erschweren. Die manuelle Fixierung geht naturgemäß nicht mit großer Schnelligkeit vor sich; die Notwendigkeit, die Längskanten der Zeichenlochkarten den Lesegeräten zuliebe schonend zu behandeln, verlangsamt die Handhabung der Zeichenlochkarte weiter.

Die Zeichenlochkarte wird deshalb bevorzugt zu Erfassungsaufgaben einzusetzen sein, die durch örtlich geringen Datenanfall und geringe Frequenz der Fixierung zu kennzeichnen sind. Dafür eröffnet die Zeichenlochkarte aber einen weiten Spielraum beim Einsatz in Belegkreisläufen, wenn alle Möglichkeiten der Vorbereitung – etwa durch Vorlochen und Lochschriftübersetzen oder durch Vorlochen und Umdrucken – ausgeschöpft werden.

3.2.1.2.2 Markierungsbelege

Die Markierungsbelege sind insofern der Zeichenlochkarte verwandt, als auch bei ihnen die Lesegeräte die Bedeutung einer Markierung aus deren Position im Markierungsgitter ermitteln. Der Markierungsbeleg ist also gleichfalls ein Beleg, auf dem Ziffern bzw. verschlüsselte Begriffe durch Aufbringen einer Markierung an bestimmter Position fixiert werden. Die Bedeutung der Positionen ist durch einen frei wählbaren Code festgelegt, nach dem der Markierungsleser die Bedeutung der angestrichenen Markierungsstelle erkennt und die Information in Lochkarten, Lochstreifen oder direkt in die Zentraleinheit der Datenverarbeitungsanlage ausgibt.

Der Markierungsbelegleser erkennt beim Durchlauf des Beleges den Helligkeitsunterschied zwischen dem zum Beleg hin ausgestrahlten Licht und dem vom Beleg bzw. vom Markierungsstrich reflektierten Licht. Um eine eindeutige Erkennung zu gewährleisten, müssen also die Markierungen in einer nicht reflektierenden Farbe vorgenommen werden. Es eignen sich dazu normale, weiche Bleistifte, aber auch das verstärkte Minus-Zeichen einer Schreibmaschine oder eines Schnelldruckers. Die Qualität des für den Beleg verwendeten Papiers, das Belegformat und die Qualität des farbigen Aufdruckes müssen bestimmten Anforderungen genügen.

Wegen mancher Schwierigkeiten, die in früheren Jahren bei der Benützung der Zeichenlochkarten aufgetreten waren, hat der Markierungsbeleg als Mittel der Datenerfassung lange Zeit nicht die rechte Würdigung erfahren; ein Beitrag von *J. Bauldreay* beschäftigt sich eingehend mit den Ursachen der bestehenden Vorurteile und mit den Gründen, die für eine neue Bewertung dieses Verfahrens sprechen [170]. Diese Neuorientierung wurde möglich durch die verbesserten Leistungen der Lesegeräte, ihre höhere Betriebs- und Lesesicherheit und durch die Erkenntnis, den Benutzungsschwierigkeiten der Markierungsbelege durch entsprechende Formulargestaltung begegnen zu können. Für die Verwendung der Markierungsbelege im kommerziellen Bereich spricht nicht zuletzt die Tatsache, daß das Ausfüllen eines solchen Beleges kaum problematischer ist als das Ausfüllen eines Lottoscheines.

Die Gestaltung der Markierungsbelege für die Zwecke der Datenerfassung ist kaum Beschränkungen unterworfen. Die Zahl der verfügbaren Markierungsstellen kann allerdings in den meisten Fällen nicht voll ausgenutzt werden, da eine gewisse Zahl von Markierungsstellen durch den als Erläuterung erforderlichen Aufdruck verloren geht. Zu berücksichtigen ist bei der Formulargestaltung auch die verfahrenstypische Lesetechnik, z. B. des IBM-Lesers bzw. des ICL-Lesers. Der ICL-Leser liest beim Durchlauf des Beleges sämtliche der 16 maximal in der Zeile möglichen Markierungen, der IBM-Markierungsleser dagegen nur bis zu 3 Markierungen je Wort.

Für die korrekte Verarbeitung der Markierungsbelege ist eine gewisse Qualität der Strichmarken wichtig. Der IBM-Leser ist mit einer Einrichtung versehen, die die Lesbarkeit der Markierungen in die Qualitätsstufen: gut, unsicher und schwach unterscheidet. Es kann nun vorgesehen werden, welche Markierungsgüte beim Lesen noch anerkannt werden soll und welche nicht. Damit kann bei bedeutsamen Daten durch Anlegen eines scharfen Qualitätsmaßstabes sichergestellt werden, daß nur einwandfreie Markierungen maschinell gelesen werden, zweifelhafte Markierungen dagegen zur visuellen Kontrolle durch den Bedienenden ausgesteuert werden. Daten untergeordneter Bedeutung im selben Formular können durch entsprechende Einstellung des Lesers auch bei „schwacher“ Markierung noch anerkannt werden und damit die Fehlerquote und die Zahl der Rückweisungen in vernünftigen Grenzen gehalten werden.

Die Lesegeräte der IBM verarbeiten nur Belege in der Standardgröße 215 × 280mm, etwas kleiner als das Normformat A 4, die in 50 Zeilen zu je 2 mal 10 Spalten (d. s. 2 Worte oder 4 Halbworte), also insgesamt 1000 Markierungspositionen eingeteilt sind. Lesegeräte anderer Hersteller sind demgegenüber im Belegformat flexibler: der zum ICL-System 1900 gehörende Belegleser 8301 verarbeitet Belege in der Größe von maximal 315 × 215mm bis minimal 138 × 75mm mit maximal rd. 1200 Zeichen pro Beleg. Einen ähnlichen Bereich bestreicht der Dataterm 3 – Leser von Teleprint: die Beleggröße bewegt sich zwischen maximal 304 × 457mm und minimal 76 × 127mm bei einer Kapazität von maximal 1600 Zeichen pro Beleg.

Die Leseleistung der Markierungsleser ist natürlich von der Beleggröße und der Zahl der zu lesenden Zeichen abhängig; praktisch ist sie in der Größenordnung von rd. 2000 Belegen pro Stunde und darüber zu suchen.

Die Bedeutung des Markierungslesens für die Datenerfassung demonstriert eine von *Hoffmann* beschriebene Leistungsuntersuchung der Bundespost [216]. Danach ist die Leistung eines Markierungslesers der Leistung von 7 Lochplätzen bzw. 14 Loch- und Prüfplätzen gleich. Im Kostenvergleich zeigt sich, daß der Markierungsleser bei einer Monatsmiete von ca. DM 2100,– nur etwa ein Sechstel der Kosten verursacht, die das Kartenlochen der selben Datenmenge auf Schreiblochern verursachen würde.

Die Fixierung der Daten auf dem Datenträger Markierungsbeleg geht – sieht man einmal von der u. U. möglichen Vorbereitung des Beleges auf einem Drucker ab – in jedem Fall langsam vor sich, weil sowohl das Aufsuchen der zu markierenden Position eine gewisse Zeit beansprucht als auch das Markieren sorgfältig vorgenommen werden muß. Der Vorgang der Datenfixierung selbst ist also nicht als besonders vorteilhaft anzusehen, obwohl nur einfachste und überall verfügbare Hilfmittel wie weiche Bleistifte benötigt werden. Dennoch wird der Markierungsbeleg als Datenträger bei der Datenerfassung wegen seiner unbestreitbaren Vorzüge als Urbeleg, der gleichzeitig Datenträger ist und kostengünstig maschinell gelesen werden kann, an Bedeutung gewinnen, wenn für die Beleggestaltung genügend Sorgfalt und Kenntnis aufgewandt werden. Der Markierungsbeleg wird in den Fällen anzuwenden sein, in denen gleichartige Daten an einer Vielzahl von Entstehungsorten in kleinen Mengen und mit geringer Frequenz zu erfassen sind. Erfaßt werden können numerische Daten und sprachliche Daten, die entsprechend zu verschlüsseln sind.

3.2.1.2.3 Magnetschriftbelege

Der erste Lösungsansatz für das Problem der maschinellen Schriftzeichenerkennung waren die sogenannten Magnetschriften, von denen zwei in Abb. 4 wiedergegeben sind.

Magnetschriftbelege sind Belege, die mit einer Beschriftung versehen sind, die mit einer magnetisierbaren Farbe gedruckt wird. Zum Lesen werden die Schriftzeichen magnetisiert. Sie sind so gestaltet, daß sich ein bestimmtes und unverwechselbares magnetisches Feld ergibt, das im Lesegerät abgetastet wird. Die Erkennungslogik des Lesegerätes ordnet den typischen Spannungsverläufen das betreffende Zeichen zu.

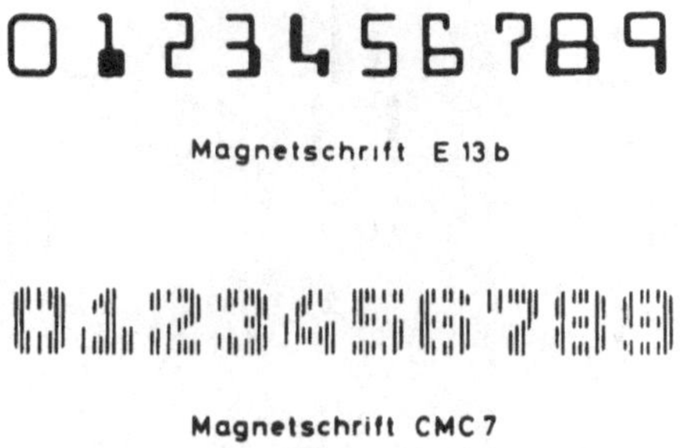

Abb. 4 Magnetschriften E 13 B und CMC 7 [SEL].

Da in den Vereinigten Staaten der Zahlungsverkehr weitgehend bargeldlos abgewickelt wird, zeigte sich gerade in den Banken zuerst ein großes Bedürfnis nach maschinellen Leseverfahren. In diesem speziellen Anwendungsfall ist die Entwicklung eines Leseverfahrens insofern erleichtert, weil eine Beschränkung des Zeichenvorrats auf die zehn Ziffern von Null bis Neun und einige wenige Sonderzeichen gut durchzusetzen war. Auf Empfehlung der American Bankers Association (ABA) wurde als erste die Magnetschrift E 13 B eingeführt. Sie ist nach ISO genormt und umfaßt nur die Ziffern von Null bis Neun sowie vier Sonderzeichen.

Im europäischen Bankwesen hat die von der französischen Firma Bull entwickelte Magnetschrift CMC 7 Eingang gefunden, wenn auch nicht die gleiche Verbreitung wie die E 13 B-Schrift in den Vereinigten Staaten erfahren. Die nach DIN 66007 genormte Schrift CMC 7 umfaßt die Ziffern von Null bis Neun, vier Sonderzeichen sowie die 26 Zeichen des Alphabets.

Die Zeichen der Magnetschriften werden mit einer ferrithaltigen magnetisierbaren Farbe gedruckt und vor dem Durchlauf durch die Leseeinheit magnetisiert. Im Lesekopf werden beim Durchlauf der Zeilen magnetisierter Zeichen Spannungen induziert, deren Verlauf für das jeweilige Schriftzeichen typisch ist.

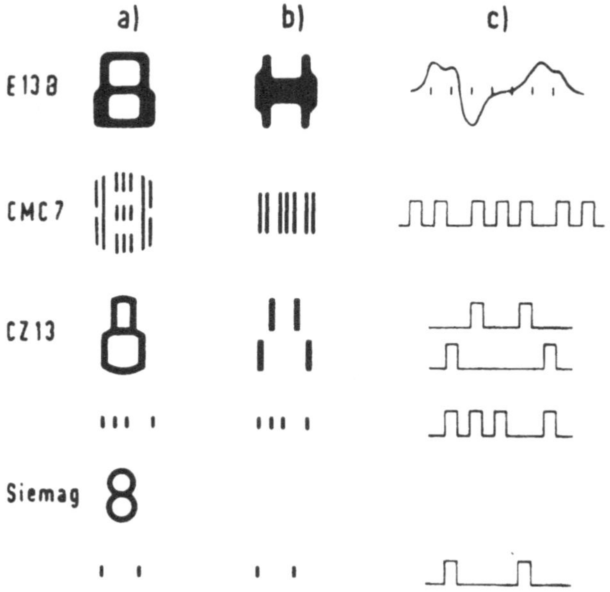

Abb. 5 Druckbild und Erkennungsverfahren eines Zeichens in verschiedenen Schriftarten für maschinelle Lesung [SEL].

Dabei werden zwei Arten der Verschlüsselung verwendet. Bei der Magnetschrift E 13 B wird eine analoge Verschlüsselung benutzt. Die Magnetschrift CMC 7 dagegen ist wie auch z. B. die Klarschrift CZ 13 digital verschlüsselt. In der Abb. 5 zeigt die Spalte a) ein Zeichen in verschiedenen Schriftarten. Spalte b) der Abbildung demonstriert den Informationsgehalt des Zeichens für die maschinelle Lesung und Spalte c) schließlich den zeichentypischen Spannungsverlauf, der in der Erkennungslogik ausgewertet wird.

Die Zeichen der Analogschriften sind grundsätzlich so entworfen, daß sie durch den Spannungsverlauf des magnetischen Feldes eindeutig erkennbar sind. Aus dieser Technik folgt unmittelbar die Notwendigkeit, beim Druck der Zeichen unbedingt auf einen exakten Abdruck der Zeichenkontur zu achten.

Die Zeichen der digital verschlüsselnden CMC 7-Schrift sind aus sieben vertikalen Strichen gebildet, die in zwei verschieden großen Abständen nebeneinander stehen. Die Folge der unterschiedlichen Strichabstände zwischen den sieben Strichen eines Zeichens ist typisch für jedes Zeichen. Beim Lesen wird der Rhythmus der Folge von großem und kleinem Strichabstand als typische Impulsfolge aufgenommen und dem Zeichen zugeordnet. Diese Form binärer Codierung hat im Vergleich zur analogen Verschlüsselung der E 13 B-Schrift den Vorteil, daß sie den Bau einfacherer und deshalb auch weniger kostspieliger Lesegeräte ermöglicht.

Die Lesegeräte für Magnetschriften erreichen die beachtliche Leseleistung von maximal 3000 Zeichen pro Sekunde und besitzen in der Regel zusätzlich eine Sortiereinrichtung. In dieser Kombination können als Richtwert bis zu 90 000 einzeilige Belege in der Stunde verarbeitet werden. Die Ausgabe von den Lesegeräten erfolgt teils on-line in die Rechenanlage, teils off-line auf Lochkarten, Lochstreifen oder Magnetband. Die Fehlersicherheit der Magnetschrift-Verfahren, die ja speziell für den Bankbetrieb von großer Bedeutung ist, kann nach den Ergebnissen von Versuchen der Deutschen Bundespost beurteilt werden, von denen *Dietrich* berichtet hat und deren Ergebnisse in Tab. 2 wiedergegeben sind [189, S. 318].

	E 13 B Magnetschrift	CMC 7 Magnetschrift	CZ 13 Klarschrift
Rücküberweisungen je 1000 Zeichen	0,51 . . . 0,72	0,26	0,056
Lesefehler je 1 Mio Zeichen	2,2 . . . 51,5	0,65	0,25

Tab. 2 Lesesicherheit bei verschiedenen Schriftarten

In diesen Versuchen, in denen auch die Klarschrift CZ 13 berücksichtigt wurde, wurden für die Magnetschriften E 13 B und CMC 7 Ergebnisse beobachtet, die allerdings dem Vergleich mit denen der optischen Lesung nicht standhalten. Deshalb können die beim Lesen von Magnetschriften auftretenden Fehlerquoten im Vergleich mit der verfügbaren Alternative Klarschriftlesung nicht befriedigen. Diese Beurteilung gilt in gleichem Maße für die von *de Beauclair* untersuchte Fälschungssicherheit der Magnetschriften [173]. Der so oft betonte Vorteil der Magnetschrift-Verfahren, nämlich die Unempfindlichkeit der Magnetisierung gegen Verschmutzung und starke mechanische Beanspruchung der Belege, wird von der Beobachtung beeinträchtigt, daß die Leseköpfe der Magnetschriftleser oft durch kleinste Eisenteilchen irritiert werden, die aus dem mechanischen Abrieb der benutzten Maschinen, von der Papierherstellung bis zur Belegverarbeitung, in oder auf den Beleg gelangen.

Ein entscheidender Nachteil der Magnetschrift als Mittel der Datenerfassung bleibt aber die Tatsache, daß wegen der Lesemaschinen immer nur eine Schriftzeile am unteren Rand des Beleges beschriftet werden kann. Nur einzelne Lesegeräte erlauben das Lesen einer zweiten Zeile, ebenfalls am unteren Belegrand, in einem zweiten Durchlauf. Die mögliche Zahl der auf einem Beleg mit Magnetschrift zu fixierenden Daten ist damit durch das Belegformat auf die Länge von einer oder zwei Zeilen beschränkt und beträgt in der Regel 30 bis 40 Zeichen je Zeile. Hierbei wirkt sich außerdem aus, daß die Zeichen der Magnetschrift mit einer Schrittweite von 8 Zeichen pro Zoll geschrieben werden müssen; die Klarschriften werden im Vergleich dazu mit 10 Zeichen pro Zahl geschrieben. Der zweite gravierende Nachteil der Magnetschriften ist der, daß zur Datenfixierung besondere Codierdrucker erforderlich sind. Die Verwendung der Magnetschrift wird deshalb auf bestimmte Benutzer beschränkt sein, für die sich die Anschaffung dieser Geräte lohnt. Die Geräte für das Schreiben von Magnetschrift müssen einerseits auf die spezifische Schrittweite und andrerseits auf das spezielle und ziemlich teuere Einmal-Ferritfarbband eingerichtet sein. Eine Reihe der - artiger Geräte wird heute auf dem Markt angeboten. Es handelt sich dabei einmal um spezielle Codierdrucker, die teilweise mit einem hohen Bedienungskomfort wie Sichtanzeige zur Kontrolle, Repetiereinrichtung für das wiederholte Eingeben des gleichen Datums und Druckstellen für Konstantwerteingabe ausgestattet sind. Außerdem werden Varianten der normalen Büromaschinen, wie Addier-, Saldiermaschinen und Registrierkassen mit besonderen Druckwerken für die CMC 7-Schrift eingesetzt. Die Druckleistung aller dieser Geräte findet ihre Grenzen in der auf wenige Zeichen pro Sekunde beschränkten Eintastgeschwindigkeit des Eingebenden. Höhere Leistungen sind nur durch Buchdruck, durch kartengesteuerte Drucker und nicht zuletzt Schnelldrucker zu erzielen; letztere werden von Bull zum Anschluß z. B. an die Bull Gamma 10 bzw. Gamma 30 angeboten. Dieser Schnelldrucker schreibt 18 000 Zeilen stündlich mit 120 Druckstellen.

Zur Abrundung der Ausführungen über die Magnetschriftbelege soll noch kurz über die Siemag-Magnetschrift berichtet werden, die Abb. 6 zeigt. Die Siemag-Schrift gehört zu den Digitalschriften. Im Gegensatz zur CMC 7-Schrift ist hier allerdings die digitale Codierung nicht in das Druckbild des Zeichens eingebaut, sondern in Form kleiner Striche in zusätzliche Kopf- und Fußzeilen verlegt. Diese Form externer Codierung entbindet von der Notwendigkeit, die Gestaltung des Druckbildes der Zeichen an der Lesetechnik der Lesegeräte zu orientieren und erst in zweiter Linie auf die Lesbarkeit durch das menschliche Auge zu achten.

Abb. 6 Siemag-Magnetschrift

Die Siemag-Schrift wird maschinell durch Auszählen der Code-Markierungen gelesen. Das Leseverfahren ist selbstprüfend, weil die Fußzeile nur zur komplementären Codedarstellung benutzt wird.

Die Siemag-Schrift kann mit normalen Büromaschinen, Schreibmaschinen, Registrierkassen usw., die mit den entsprechenden Schrifttypen und Farbbändern ausgerüstet sind, auf die Belege aufgebracht werden. Die Lesemaschinen schaffen etwa 320 Zeichen je Sekunde oder rd. 11 000 Belege je Stunde.

Die Grundidee der Siemag-Schrift ist neuerdings von der amerikanischen Firma Potter Instrument Co. wieder aufgegriffen worden. Von dort wurde vorgeschlagen, Karten im bekannten Lochkartenformat in Klarschrift mit zusätzlicher magnetisierbarer Codierung von je 4 Punkten oberhalb und unterhalb des Klarschriftzeichens zu bedrucken. Jede Karte soll maximal 70 Zeichen je Zeile aufnehmen. Über diesen Vorschlag sind aber noch keine weiteren Einzelheiten bekannt geworden.

3.2.1.2.4 Klarschriftbelege

Die maschinelle Erkennung maschinengeschriebener Klarschrift ohne externe Codierung erfordert aus den bereits dargelegten Gründen die Verwendung stilisierter und speziell hierfür entworfener Schriften, um eine eindeutige Unterscheidung der Zeichen zu ermöglichen. Diese Schriften sind so ausgelegt, daß sie mit Druckwerken normaler Schrittweite geschrieben werden können und nicht – wie die Magnetschrift – Druckwerke größerer Schrittweite erfordern.

Die Lesetechniken sind heute allgemein foto-elektrisch: durch einen scharf gebündelten Lichtstrahl wird das auf dem Datenträger fixierte Zeichen abgetastet und der Hell-Dunkel-Unterschied zwischen dem dunklen Zeichen und dem hellen Grund in elektrische Signale umgeformt. Die von einer Reihe von Firmen entwickelten Schriftarten sind auf die zur Erkennung dieser Signale und die anschließende Umsetzung in die Bedeutung des Zeichens notwendigen charakteristischen Merkmale hin gestaltet. Die Abbildungen 7 und 8 zeigen als Beispiele die von Firmenseite entwickelten optisch lesbaren Schriftarten, deren Zeichenvorrat sich teilweise nur auf numerische Zeichen (CZ 13), teils auf numerische und alpha-Zeichen (IBM 1428) erstreckte.

Abb. 7 Optische Schrift SEL – CZ 13 [SEL]

Abb. 8 Optische Schrift IBM 1428.

Auf der Basis dieser und anderer stilisierten Schriftformen wurde in internationaler Gemeinschaftsarbeit die inzwischen nach DIN 66008 genormte alphanumerische Schrift OCR-A geschaffen, deren Zeichenvorrat in Abb. 9 wiedergegeben ist.

Für die Erkennung der elektrischen Signale bzw. Signalfolgen wurden verschiedene Verfahren vorgeschlagen und realisiert. Von diesen haben sich das Verfahren der Vertikalstrichanalyse und das Matrizenverfahren durchgesetzt. Die Vertikalstrichanalyse erkennt die Zeichen durch Bestimmung des für das Zeichen typischen Anteils vertikaler Strichelemente (als Signalfolge), die sich in zehn rechteckigen Feldern eines über das Zeichen gelegten Rasters befinden. Die Zeichen der OCR-Schrift A sind, wie auch die der Schrift CZ 13 so aufgebaut, daß sich jedes Zeichen in mindestens 2 vertikalen Strichelementen von anderen Zeichen unterscheidet.

Das sog. Matrix-Verfahren, die von IBM angewandte Erkennungstechnik, wertet die flächenhafte Verteilung der Hell-Dunkel-Werte aus, die für jedes Zeichen typisch ist. Die foto-elektrisch gewonnenen Signale werden auf 45, durch ein Raster gebildeten Flächenelementen flächenmäßig und nach Spannungswerten quantisiert und zur Erkennung herangezogen. Dieses technisch aufwendigere Verfahren hat im Vergleich zur Vertikalstrichanalyse den Vorteil, daß es leichter zur Erkennung nicht nur von Ziffern, sondern auch von Buchstaben benutzt werden kann. Es kann außerdem leichter zum Lesen verschiedener Schriftarten in einem Leser (multifont-reading) herangezogen werden, wenn für jede Schriftart die entsprechende Erkennungslogik vorhanden ist.

Die Lesesicherheit der optischen Leseverfahren ist, wie aus Tab. 2 für die Schrift CZ 13 zu entnehmen war, wesentlich besser als die der Magnetschriftverfahren. Nach den von *de Beauclair* und *Gaede* mitgeteilten Beobachtungen über die Fehlerrate beim Lesen der IBM-407-1-Schrift mit dem Sortierleser IBM 1418

0123456789
ABCDEFGHIJKLM
NOPQRSTUVWXYZ

Abb. 9 Optische Schrift OCR-A [SEL].

zeigten sich nur noch 0,16‰ Lesefehler im Vergleich zu den 0,25‰, die vorher für die CZ 13-Schrift angegeben waren [175, S. 106]. Für die OCR-Schrift A, die durch die Normung zweifellos in den nächsten Jahren starke Verbreitung finden dürfte, sind noch keine Werte für die Fehlersicherheit bekannt geworden; aufgrund der Erkennungstechnik dürften aber mindestens gleichwertige Ergebnisse zu erwarten sein. Die Ergebnisse dürften eher besser sein, weil dieser Schriftform durch Ergänzung der Vertikalstrichanalyse um eine Analyse der Anteile horizontaler Strichelemente selbstprüfbar ist.

0123456789

ABCDEFGH
IJKLMNOP
QRSTUVWX
YZ*+,-./

Abb. 10 Optische Schrift OCR-B [SEL].

Die OCR-Schrift A und die noch nicht genormte OCR-Schrift B, deren Zeichenvorrat Abb. 10 zeigt, sind auf eine Teilung von 10 Zeichen auf 25 mm angelegt und lassen normale Drucktoleranzen zu. Diese Toleranzen können mit den meisten der zur Zeit auf dem Markt angebotenen Druckeinrichtungen vom Buchdruck über Schreibmaschinen, Saldier- und Buchungsmaschinen, Schnelldruckern von Datenverarbeitungsanlagen, aber auch mit so einfachen Hilfsmitteln wie den von den Adressiermaschinen her bekannten Metall- und Kunststoff-Druck-Matern eingehalten werden, zumal die Normung verschiedene Schrifthöhen vorsieht.

Für die Fixierung von Daten im Zuge der Datenerfassung bedeutet das im Vergleich zu den Magnetschriften eine ungeheuere Erleichterung, weil die meisten Maschinen mit Drucktypen dieser Schriftart ausgerüstet werden können. In der praktischen Arbeit haben sich allerdings gewisse Schwierigkeiten gezeigt, weil die Klarschriftlesung hinsichtlich der Qualität des Druckbildes, der Lage der Druckzeile und der Papierqualität ziemlich hohe Ansprüche stellt. So wird z. B. die Lesbarkeit der Zeichen durch die starke Tränkung frischer Farbbänder oder Drucktücher ebenso wie durch deren zu lange Verwendung verschlechtert. Der exakten Papierführung kommt wie der sauberen Justierung der Druckwerke gleichrangige Bedeutung zu. Derartige Schwierigkeiten sind aber wenigstens teilweise durch entsprechende Programmierung der Leser aufzufangen. So ermöglicht z. B. die SWAMJ-Software des Interscan-Zeichenlesers einen gewissen Lernprozeß des Zeichenlesers, durch den z. B. gleichbleibende Druckmängel auf Belegen ausgeglichen werden können. Beim Auftreten stark verschmutzter Belege hat sich die Auswertung auch des infraroten Spektralbereiches des Lichtes (z. B. im SEL-Lesegerät) zur Zeichenlesung als günstig erwiesen, weil damit der Einfluß der Verschmutzung weitgehend unterdrückt wird.

Die Lesegeräte für maschinell beschriftete Klarschriftbelege werden in verschiedenen Ausführungen gebaut. In der am weitesten verbreiteten Form lesen diese Klarschriftleser eine oder zwei Zeilen auf Einzelbelegen. Andere Bauformen sind für das Lesen von Journalstreifen ausgelegt, einige für das Lesen ganzer Druckseiten. Die Lesegeschwindigkeit, die bei Klarschriftlesern von der Transportgeschwindigkeit der Belege zu trennen ist, reicht von 500 Zeichen pro Sekunde bis zur Spitzenleistung von rd. 3600 Zeichen pro Sekunde für einen Journalstreifenleser. In die auf die Basis Zeile bzw. Beleg je Stunde bezogenen Leistungsangaben geht natürlich die Abmessung des Beleges sowie die Zeichenzahl je Zeile stark ein; deshalb sei zur Orientierung die Maximalleistung von 92 000 Belegen je Stunde bei einer Lesezeile auf dem Belegformat DIN A 7 genannt.

Die Leseleistung der Klarschriftleser ist naturgemäß darauf abzustimmen, ob der Leser im on-line- oder im off-line-Betrieb mit der Datenverarbeitungsanlage zusammenarbeitet. Im off-line-Betrieb wird die Spitzenleistung nur dann sinnvoll sein, wenn die Ausgabe des Lesers, für die meist wahlweise Lochkarten-, Lochstreifen- oder Magnetbandeinheiten vorgesehen sind, entsprechend leistungsfähig ist. Im on-line-Betrieb gilt diese Beschränkung selbstverständlich nicht.

Die Klarschriftleser für Einzelbelege werden weitgehend zugleich mit Sortiereinrichtung mit bis zu 15 Fächern ausgeführt. Hier macht sich in der Höchstleistung die Beschränkung in der Transportleistung drosselnd bemerkbar. Welche Schwierigkeiten dabei zu überwinden sind, zeigt das Kostenverhältnis von Lese- und Erkennungseinrichtung und Transport- und Sortiereinrichtung, das sich nach *Seifert* etwa auf 1:2 beläuft [131, S. 37].

Insgesamt gesehen ist der Mietaufwand für Klarschriftlese- und Lesesortiergeräte z. Z. noch ziemlich hoch: die Monatsmieten bewegen sich für Hochleistungsgeräte für optische Zeichen- und Markierungslesung im Bereich von DM 15 000,– bis DM 18 000,–; „langsamere" Geräte sind für Monatsmieten in der Größenordnung von DM 3000,– bis DM 5000,– erhältlich. Von verschiedenen amerikanischen Firmen werden neuerdings Leser in Remote-Technik angeboten; hier wird eine zentrale Erkennungslogik von mehreren dezentralen Lesestationen beschäftigt. Die vergleichsweise hohen Kosten für den Erkennungsteil verteilen sich so auf mehrere Lesestationen.

Trotz der hohen Kosten dürfte die Klarschriftlesung die Technik der Datenerfassung sein, der für die Zukunft sehr große Bedeutung beizumessen ist. Die Überlegenheit des Klarschriftleseverfahrens ist offensichtlich, weil zur Datenfixierung Geräte herangezogen werden können, die die Daten in einer maschinell und zugleich visuell lesbaren Schrift fixieren. Diese Geräte sind aber die gängigen Büromaschinen, die dazu nur mit den entsprechenden Drucktypen auszurüsten sind. Die Messeberichte zeigen, daß die Büromaschinenindustrie bereits weitgehend in ihrem Angebot darauf Rücksicht genommen hat.

Der Klarschriftbeleg als Datenträger wird in der Datenerfassung nur dann sinnvoll sein, wenn große Mengen von Belegen mit relativ viel auszuwertenden Daten anfallen. Als Richtwert für die Grenze des wirtschaftlichen Einsatzes nennt *Seifert* den Wert „von 10 000 Belegen pro Tag mit etwa 30 Zeichen pro Beleg" [131, S. 40]. Der wirtschaftliche Einsatz eines Beleglesers sollte insbesondere dann möglich sein, wenn der Belegleser wie z. B. der Leser IBM 1287 in der Lage ist, mehrere verschiedene Schriftarten sowie auch Markierungsbelege zu lesen, weil innerhalb eines Unternehmens eine rationelle Datenerfassung wahrscheinlich niemals nur mit einer einzigen Art von Datenträgern durchzuführen ist.

Abschließend sei noch ein Beispiel der Klarschriftlesung angeführt, das zeigen soll, daß diese Technik nicht nur auf die Lesung von Papierbelegen eines beliebigen Formats beschränkt ist. Die Bundespost muß jeden Monat 5–6 Millionen-Gesprächszähler ablesen. Das Ablesen der Zähler durch Postbeamte ist eine mühsame und fehlerträchtige Arbeit. Heute werden die Zählerstände fotografiert und die Fotos mit der Sonderkonstruktion eines Klarschriftlesegerätes im on-line-Betrieb gelesen und ausgewertet. Diese Maschine liest ca. 30 000 Zählerstände stündlich und bewältigt so das gesamte Pensum in einschichtigem Betrieb. Wenn sich auch kaum eine vergleichbare Aufgabenstellung im Bereich der Industrieunternehmen finden dürfte, so mag dieses Beispiel wenigstens einen Fingerzeig auf die Möglichkeiten geben, die mittels der Klarschriftlesung durch die Phantasie der Organisatoren noch erschlossen werden können.

Die Erkennung handgeschriebener Zeichen wirft im Vergleich zur Erkennung maschinengeschriebener Zeichen weitaus größere Schwierigkeiten auf, weil den Zeichen der Handschrift die durch Stilisierung gewonnenen sicheren Unterscheidungsmerkmale der Maschinenschrift in der Regel fehlen. In erster Linie wird diesen Schwierigkeiten durch die Verpflichtung, bestimmte Schreibregeln zu beachten, begegnet. Flankierend dazu wird die Individualität beim Eintragen der Zeichen durch im Zeichenfeld angebrachte Hilfspunkte, Hilfslinien und Raster eingeschränkt. Es wurden auch Versuche angestellt, die Einhaltung der Schreibmuster durch eine tintenabstoßende Imprägnierung der Papierfläche außerhalb des vorgeschriebenen Rasters zu erzwingen.

Mit derlei Maßnahmen ist es möglich, den beschränkten Handschrift-Zeichenvorrat der zehn Ziffern und einiger Sonderzeichen maschinell lesbar zu machen. Die Belege werden fotoelektrisch gelesen, die Erkennung erfolgt durch Analyse der Helligkeitsverteilung über den Elementen des Erkennungsrasters oder nach dem aufwendigeren Verfahren der Konturverfolgung. Nach Angaben von *Ganzhorn* und *Walter* können mit den Verfahren der Konturverfolgung vorschriftsmäßig geschriebene Ziffern mit hundertprozentiger Sicherheit bei einer Leseleistung von etwa 300 Ziffern je Sekunde verarbeitet werden [37, S. 46].

Im Alltagsbetrieb wird man dagegen mit einer gewissen Fehlerquote beim Lesen von handschriftlichen Ziffern rechnen müssen. In einem kürzlich veröffentlichten Beitrag geben *Fahrlander* und *Bell* nach Beobachtung eines monatlichen Durchsatzes von 33 000 Belegen eine durchschnittliche Fehlerquote von 0,5% an [194, S. 29]. Eine noch höhere Fehlerrate mußten *Tillmann* und *Mann* beobachten: nach einer Anlaufzeit von 2 Monaten traten immerhin noch an 1% der Belege sachliche Fehler und Substitutionen auf, und 2% der Belege wurden zur online Korrektur zurückverwiesen [296]. In beiden zitierten Berichten wird auf die Bedeutung einer intensiven Schreibschulung hingewiesen und darauf aufmerksam gemacht, daß die Schreibdisziplin nach einiger Zeit nachläßt und eine partielle Nachschulung erfordert.

Das Lesen von Handschriften dürfte die eleganteste Lösung des Datenerfassungsproblemes sein, weil die Fixierung von Daten auf diese Weise ohne besondere Hilfsmittel durchgeführt werden kann. Es kann als sicher angenommen werden, das die jetzt noch geltenden Beschränkungen des Zeichenvorrates fallen werden und die Erkennungssicherheit verbessert wird. Ebenso dürften die Leser hinsichtlich Anordnung und Zahl der Lesezeilen flexibler werden; die zur Zeit vorgestellten Lesegeräte für seitenweises Lesen lassen schon eine größere Anpassungsfähigkeit bezüglich der Lage der Schriftzeilen auf der Seite erkennen. Für die Vereinigten Staaten werden jedenfalls sehr optimistische Prognosen für die zukünftige Verbreitung der Klarschriftlesegeräte gestellt.

3.2.1.3 Die synchrone Gewinnung von Datenträgern

Eine sicher sehr rationelle Art, Daten auf Datenträgern zu fixieren, ist die synchrone Erstellung von Datenträgern durch entsprechend ausgerüstete Büromaschinen, die an sich schon zur Durchführung bestimmter Arbeiten eingesetzt werden. Solche mit Maschinen durchgeführte Arbeiten sind in jedem Unternehmen in großer Zahl zu finden. Man denke dabei an buchhalterische Arbeiten, an Korrespondenz und Fakturierung, die sich alle schon seit langem der mittlerweile klassischen Büromaschinen verschiedener Art bedienen. Rüstet man diese Maschinen so aus, daß sie entweder parallel zur normalen Funktion einen Datenträger erstellen oder so, daß die von ihnen verarbeiteten Daten und die erarbeiteten Ergebnisdaten in einer maschinell lesbaren Form fixiert werden, dann ist damit ein sehr günstiger Weg zur Gewinnung von Datenträgern gefunden .

Wie die Messeberichte oder einschlägigen Handbücher zeigen, werden heute nahezu sämtliche Arten rechnender und/oder schreibender Büromaschinen in einer Ausstattung angeboten, die die synchrone Gewinnung von Datenträgern ermöglicht: Schreibmaschinen, Addier- und Saldiermaschinen, Drei- und Vierspezies-Rechenmaschinen, Anlagen der mittleren Datentechnik und die in Geldinstituten benutzten Schalterquittungs- und Belegsicherungsmaschinen. Es handelt sich dabei vorwiegend um Kombinationen, die aus bewährten Grundmodellen der klassischen Büromaschinen heraus weiterentwickelt sind und durch Ein- oder Anbau einer entsprechenden Einheit zum Fixieren von Daten auf Datenträgern ergänzt wurden.

Die Übertragung der Daten aus der Büromaschine, z. B. in einen angeschlossenen Streifenlocher, wird durch ein Programm gesteuert, das teils intern, teils extern auf auswechselbaren Programmkarten-, -streifen oder -bändern gespeichert ist.

Diese Programmierungsmöglichkeit ist für die Synchrontechnik ein sehr wichtiges und ihre Wirtschaftlichkeit mitbestimmendes Merkmal, weil sie eine weitgehend automatisierte Arbeitsweise ermöglicht. Das Bearbeitungsprogramm enthält Befehle für Maschinenfunktionen, wie z. B. Zeilensprung und Wagenrücklauf, wie auch für den eigentlichen Arbeitsablauf (z. B. lochen oder nicht-lochen).

Das Festverdrahten eines Programmes ist natürlich nur dann sinnvoll, wenn eine Maschine ständig für den gleichen Arbeitsgang eingesetzt wird. Ist diese Voraussetzung nicht gegeben, dann muß auf eine freie und einfache Programmiermöglichkeit der Einrichtung gedrängt werden, um bei unvermeidlichen organisatorischen Änderungen flexibel zu sein.

Je nach Art der auszuführenden Arbeiten kann es durchaus sinnvoll sein, die Anlagen zur synchronen Datenträgergewinnung zusätzlich mit Einheiten auszurüsten, die das Einlesen ergänzender Daten, z. B. aus den Karten einer Ziehkartei, gestatten.

Die parallele Ausgabe aus den Büromaschinen kann heute praktisch auf alle Arten von Datenträgern erfolgen: auf Lochkarten und Lochstreifen, Magnetbänder, in Magnet- oder Klarschrift. Bevorzugt wird heute aus früher bereits dargelegten Gründen der Lochstreifen vor der Lochkarte; das Magnetband als synchron gewonnener Datenträger ist ebenso wie der Ausdruck in maschinenlesbarer Klarschrift stark im Vordringen. Dominierende Vertreter der Synchrontechnik-Erfassungsgeräte sind Addier- und Saldiermaschinen, Schreibmaschinen und aus diesen abgeleitete und teilweise mit Recheneinheiten ausgestattete Organisationsautomaten, Fakturier- und Buchungsmaschinen und nicht zuletzt die Anlagen der mittleren Datentechnik.

Die synchrone Datenträgergewinnung ist mit den hier nur skizzenhaft angeführten Geräten als weitgehend technisch gelöst anzusehen. Wenn derartige Maschinen heute noch nicht in großer Breite eingesetzt sind, dann ist das vielfach auf die mit der Einführung verbundenen organisatorischen und auch – wenigstens vorübergehend – finanziellen Probleme zurückzuführen. Daß auf dem Wege der synchronen Gewinnung von Datenträgern organisatorische Verbesserungen und eine günstige Gestaltung der Kostenverhältnisse erreichbar sind, kann nach den vorliegenden Erfahrungen als erwiesen angesehen werden.

Im Vergleich zu diesen Anwendungen, die vornehmlich dem Verwaltungsbereich eines Unternehmens zuzurechnen sind, ist die synchrone Gewinnung von Datenträgern in anderen Bereichen der Unternehmen noch weniger verbreitet. In stärkerem Maße finden allmählich Waagen, die das Ergebnis der Wägung in Klarschrift oder als Lochung ausgeben, Verbreitung. Auch für die Aufzeichnung von Meßwerten an Meßeinrichtungen mit starkem Datenanfall setzt sich die synchrone Datenträgergewinnung durch. Bei meßtechnischen Anwendungen ist es allerdings erforderlich, daß das zu erfassende Datum durch entsprechende Meßwertgeber digital, d. h. als Folge von Impulsen erzeugt werden kann. Diese Feststellung ist ein Appell an die Meßtechnik, weil die Überzahl der Meßgeräte noch den Meßwert in analoger Form anzeigt. Auf dem Felde der Erfassung von Meß- und Zählwerten, speziell im Bereich der Produktion, liegen sicher noch viele unerschlossene Möglichkeiten, die mit technischer Phantasie ohne notwendig großen Aufwand genutzt werden können. Dazu bedarf es allerdings auch einer rechtzeitigen Berücksichtigung der für die Datenerfassung geltenden Bedingungen bei der Konstruktion der Meßgeräte und Maschinen.

In Handelsbetrieben sind die Registrierkassen die typischen Anlagen zur synchronen Datenträgergewinnung. In einer ersten Entwicklungsstufe wurden in den letzten 10 Jahren die herkömmlichen elektro-mechanischen Kassen mit Einrichtungen zur Aufzeichnung der eingestasteten Daten und der Kassenvorgänge auf Datenträgern versehen. Dabei wurde zunächst der Lochstreifen als Aufzeichnungsmedium benützt; in den letzten Jahren wird jedoch der maschinenlesbare Klarschrift-Journalstreifen und neuerdings die Magnetbandkassette bevorzugt.

In den nächsten Jahren sind zweifellos einige interessante Entwicklungen von der Registrierkasse mit synchroner Aufzeichung in Richtung auf ausgefeilte Kassensysteme zur Datenerfassung zu erwarten. Diese Fragen werden später in Verbindung mit den Mitteln der direkten Datenerfassung behandelt werden. Die Entwicklungstendenzen sind zu charakterisieren mit den Stichworten: Etikettenlesung mit stationären und beweglichen Lesegeräten, Zusammenfassung einer größeren Zahl von Kassen zu einem Datensammelsystem mit zentraler Fixierung der Daten, Steuerung der Kassier-Vorgänge durch die Steuereinheit des Sammelsystems und stecker-kompatible Verbindung von Sammelsystem und Rechner zur Verarbeitung der Daten.

Abschließend sei noch auf eine völlig andere Anwendung der Synchrontechnik für die Gewinnung und Verarbeitung von Datenträgern aufmerksam gemacht: auf das quasi zeitsimultane Umdrucken und Vorlochen von Verbundkarten.

Das bekannte Ormig-Umdruckverfahren zur Herstellung der in der Fertigung benötigten Belege wird in einer entsprechenden Anlage so modifiziert, daß in den vom Umdruckoriginal abgezogenen Belegen in Form von Verbundkarten zusätzlich die Solldaten in maximal 70 Stellen Lochschrift fixiert werden. *Walther* und *Stüdemann* haben den Einsatz einer solchen Anlage beschrieben, die erfahrungsgemäß ca. 3000 umgedruckte und vorgelochte Verbundkarten je Arbeitstag durchzusetzen vermag [303].

3.2.1.4 Die Gewinnung von Datenträgern in Datensammelanlagen

3.2.1.4.1 Datenerfassungsstationen

Mit dem Begriff Datensammelanlagen werden hier Gerätekombinationen zur Datenerfassung in unterschiedlichen Ausbaustufen angesprochen. Die einfachste Form der Datensammelanlagen sind die Datenerfassungsstationen, deren Aufgabe lediglich in der Sammlung eingegebener Daten auf einem Datenträger besteht. Datenerfassungstationen werden am Ursprung der Daten bzw. in dessen näherer Umgebung aufgestellt und von den am Prozeß tätigen Arbeitskräften zur Datenfixierung benutzt. Diese bereichsweise Zentralisierung gestattet den Einsatz hochwertiger Fixierungseinrichtungen, weil die Datenerfassungsstation einem größeren Benutzerkreis dient. Voraussetzung dazu ist natürlich, daß dieser Benutzerkreis nicht so groß gewählt wird, daß die Wegezeiten zur Datenerfassungsstation zu groß werden. Beim Einsatz derartiger Datenerfassungsstationen in Fertigungsbetrieben sieht man je eine solche Station für einen Meisterbereich vor; zur Erfassung der Anwesenheitszeit bei gleitender Arbeitszeit müssen Erfassungsstationen in genügender Zahl an den Zugängen zur Arbeitsstätte aufgestellt werden.

Bei den Olivetti-RP-Erfassungsstationen sind z. B. folgende Eingabemöglichkeiten vorgesehen: Kartenleser (für 80stellige Lochkarten), Tastatur, Zeituhr, Zähler, Konstantwerteingabe aus Speichern der Datenerfassungsstation sowie u. U. auch synchrone Impulseingabe aus Meßinstrumenten und entsprechend ausgestatteten Waagen. Die eingegebenen Daten werden auf einem 6-Kanal-Lochstreifen und gleichzeitig von einem Drucker auf einem Kontrollstreifen fixiert. Zu der durch Druckausgabe bereits gegebenen Möglichkeit der Sichtkontrolle durch die Eingebenden treten automatisch wirkende Kontrollen durch die Datenerfassungsstation selbst: so ist die Eingabe nur möglich, wenn eine bestimmte Reihenfolge der zusammengehörigen Daten eingehalten wird; die Eingabe bestimmter Datenarten kann z. B. durch Formatkontrollen gesperrt werden.

Einzelne Ausstattungen des hier beschriebenen Systems sehen auch Rechenwerke in der Datenerfassungsstation vor, so daß eine gewisse Vorverarbeitung der Daten bereits innerhalb der Datenerfassungsstation erfolgen kann.

Die abschließende Verarbeitung der erfaßten Daten benutzt den in der Datenerfassungsstation gewonnenen Lochstreifen, der in einem gewissen Rhythmus der Station entnommen wird. Leider muß der von Olivetti benutzte 6-Kanal-Lochstreifen mit Rechtecklochung häufig für die weitere Verarbeitung erst noch konvertiert werden.

Die Datenerfassungsstation einer anderen Herstellerfirma (Interpuls-Wessinger), die ähnlich aufgebaut ist und die die Eingabe über Tastatur, Ausweis- und Etikettenleser vorsieht, fixiert die Daten auf einem in einer Kassette untergebrachten Magnetband. Diese Anlage wurde jedoch erst kürzlich vorgeführt, so daß über technische Einzelheiten noch keine Veröffentlichungen vorliegen.

Datenerfassungsstationen bieten viele Vorteile für die Erfassung von Daten, die nicht sofort für die Datenverarbeitung verfügbar sein müssen, sondern erst z. B. nach Schichtschluß oder am folgenden Arbeitstag verarbeitet werden. Diese Datenerfassungsstationen sind vergleichsweise preisgünstig und werden als technisch selbständige Einheiten durch Ausfall anderer Einheiten nicht funktionsunfähig. Sie befreien die Arbeitskräfte von aller Schreibarbeit, die sonst mit der Fixierung von Daten verbunden ist. Die Fixierung in der Datenerfassungsstation unterliegt einer zweifachen Kontrolle, nämlich der Sichtkontrolle durch den Bedienenden und einer automatischen Kontrolle, die vorwiegend die Eingabe nicht zutreffender Daten bzw. die Eingabe von Daten in falscher Reihenfolge blockiert. Der Nachteil, daß der Eingebende sich für jeden Eingabevorgang zur Datenerfassungsstation begeben muß, kann durch eine zentrale oder verkehrsgünstige Aufstellung einigermaßen aufgefangen werden, zumal Datenerfassungsstationen ja ohnehin bei einem Datenanfall sinnvoll eingesetzt werden, der dem Umfange nach nicht groß und außerdem unregelmäßig ist.

3.2.1.4.2 Datenerfassungsanlagen

Im Gegensatz zu den Datenerfassungsstationen übernehmen die Datenerfassungsanlagen zusätzlich zur Funktion der Datenfixierung auf Datenträgern die Funktion der Datenweitergabe. Aus Gründen der gewählten Übertragungstechnik sind jedoch die zu überwindenden Entfernungen teilweise sehr beschränkt, so daß u. U. nicht die gesamte Strecke zwischen Datenursprung und Datenverarbeitung überbrückt werden kann. Im letzteren Fall gestatten die Datenerfassungsanlagen bei dezentraler Dateneingabe dann nur eine bereichsweise Zentralisierung der Datenträgergewinnung.

Im Prinzip wird durch die Datenerfassungsanlagen eine dezentrale Eingabe von mehreren Eingabestationen auf ein gemeinsames, zentrales Gerät zur Fixierung von Daten auf Datenträgern bewerkstelligt. Bei allen diesen Anlagen, die *Rosch-*

mann in einer eigenen Gruppe zusammenfaßt, wird die Eingabe durch unterschiedliche und zum Teil flexible Kombinationen verschiedener Eingabegeräte vorgesehen: über Tastaturen, Schieberegister und Drehknöpfe, alle mit Sichtkontrolle, durch Lesen vorgelochter Lochkarten oder Ausweise, durch Übernahme gespeicherter Konstantwerte, aus Uhren und Zählern und bei einzelnen Typen auch aus digitalen Meßwertgebern [129, Blatt 9–11]. Die meisten Eingabestationen nehmen Kontrollfunktionen wahr, wie sie schon von den Datenerfassungsstationen her bekannt sind.

Datenerfassungsanlagen werden von verschiedenen Herstellern und in unterschiedlichen Größen und Ausführungen gebaut. Eine kleine Anlage, wie z. B. das japanische Ricoh-System M 200, faßt die Eingaben von 2 Eingabestationen auf einem gemeinsamen Streifenlocher zusammen.

Größere Anlagen wie die Friden Collectadata 30 und Siemens Telecollecta besitzen 20 und mehr Eingabestationen, von denen die Daten zum zentralen Streifenlocher über vieladrige Kabel oder Trägerfrequenzkabel mit Geschwindigkeiten von 30 Zeichen in der Sekunde (Friden) bzw. 20 Zeichen in der Sekunde (Siemens) übertragen werden. Für die Collectadata 30-Anlage wird eine Maximallänge für die Kabel von 3200 Metern angegeben.

Ähnliche Größen wie diese Anlagen kennzeichnen auch die älteren IBM 357 und IBM 1030 Datenerfassungsanlagen. Bei der Anlage IBM 357, die einen abgeänderten Kartenlocher zur Fixierung der Daten benützt, werden die Daten von maximal 20 Eingabestationen über besondere Koaxialkabel bzw. über freie Adern des werksinternen Fernsprechnetzes mit einer Geschwindigkeit von 18 bis 20 Zeichen je Sekunde übertragen. Die Entfernungen dürfen je Kabel die Länge von 5000 Metern nicht überschreiten. An die IBM 1030 Datenerfassungsanlage kann eine wesentlich größere Zahl von Eingabeeinheiten angeschlossen werden; die Übertragungsgeschwindigkeit beträgt 60 Zeichen pro Sekunde und die Übertragungswege dürfen 13 000 Meter Länge nicht überschreiten, wenn nicht besondere Signalumsetzer eingesetzt werden sollen. Die Datenweitergabe über Fernsprechleitungen unterliegt nicht den Vorschriften der Deutschen Bundespost, solange sie innerhalb der Grenzen eines Grundstückes erfolgt.

Datenerfassungsanlagen der hier beschriebenen Art sind bereits in größerer Zahl in Fertigungsbetrieben der Industrieunternehmen eingesetzt, obwohl der Aufwand für Vorbereitung und Installation nicht gerade klein ist. So mußten für das von *Lambeck* beschriebene Erfassungs-System ADELE im Werftbetrieb der Lufthansa, das aus 34 Eingabestationen besteht, die über vier Ringleitungen von zusammen 7500m Länge mit einer Zentrale verbunden sind, in dreijähriger Vorbereitungs- und Einführungszeit rd. 1,8 Millionen DM aufgewandt werden, davon etwa die Hälfte für die Hardware [233].

Datenerfassungsanlagen bringen ebenso wie die Datenerfassungsstationen dem Betrieb eine gewisse Befreiung von Schreibarbeit und erzwingen durch die Techniken der Eingabekontrolle einen besseren Grad an Korrektheit der eingegebenen Daten und erleichtern die Sammlung und die Weitergabe der auf Datenträgern fixierten Daten.

Gegenüber den Datenerfassungsstationen sind die Datenerfassungsanlagen zusammenhängende, technische Einheiten. Deshalb besteht bei den Datenerfassungsanlagen eine gewisse Gefahr der vollständigen Funktionsfähigkeit aller Eingabestationen, wenn die zentrale Einheit zur Fixierung der Daten oder die Steuereinheit für die Anlage ausfällt. Das Telecollecta-System sieht deshalb vorbeugend den parallelen Anschluß zweier Streifenlocher vor, von denen einer nur zum Einsatz beim Ausfall des anderen Lochers benutzt wird. Durch diese Schaltung werden Betriebsunterbrechungen der gesamten Anlage auch in den kurzen Zeiten vermieden, die für den gelegentlichen Spulenwechsel erforderlich sind.

Für die Steuerung der höher entwickelten und vielgliedrigen Datenerfassungsanlagen des hier behandelten Types sind recht aufwendige Steuereinrichtungen erforderlich, die von Ausbau und Leistungsfähigkeit in die Nähe von Klein- oder Kompaktrechnern rücken. Am Beispiel des kürzlich vorgestellten Betriebsdatenerfassungssystems X 1500 von Philips zeigt sich diese Entwicklungstendenz insofern recht deutlich, als der sogenannte Konzentrator, die zentrale Einheit dieses Systems, in zwei Versionen angeboten wird. Der normale Konzentrator steuert im wesentlichen den Abfragezyklus der angeschlossenen Eingabeeinheiten und die Übertragung zur Ausgabeeinheit. In höherer Ausbaustufe ist dieser Konzentrator um einen kleinen frei programmierbaren Rechnerteil mit maximal 32 K – 4 bit-Worten erweitert und übernimmt neben der Steuerung des Systems die Prüfung der eingegebenen Daten, verdichtet sie und kann die erfaßten Ist-Daten mit vorher eingegebenen Soll-Daten vergleichen.

Diese gesteigerte Leistungsfähigkeit schlägt sich naturgemäß in den Kosten für die Anlage nieder, und deshalb ist sehr sorgfältig zu prüfen, ob die Ausweitung der Aufgabenstellung für derartige Anlagen über die Aufgabe der Datensammlung hinaus in Richtung auf eine Vorverarbeitung der Daten rentabel ist.

3.2.1.4.3 Datensammlung über Fernsprech-Nebenstellenanlagen

Der hohe Entwicklungsstand moderner Fernsprech-Nebenstellenanlagen läßt auch den Datenverkehr in diesen nahezu in jedem Betrieb vorhandenen Einrichtungen zu. Damit ist der Nachteil aufgehoben, der die vorher besprochenen Datenerfassungsanlagen kennzeichnete: die Notwendigkeit einer eigenen Verkabelung, die nicht anderweitig nutzbar ist. Die Dichte der innerbetrieblichen Telefonnetze fordert geradezu dazu heraus, sie auch für die Datenerfassung zu verwenden, wenn die technischen Voraussetzungen gegeben sind. Diese Anlagen zur Datensammlung in Nebenstellenanlagen sind nun auch von der Bundespost zugelassen und werden von verschiedenen Herstellern wie IBM, SEL und Siemens angeboten.

Der Ablauf des Erfassungsvorganges läßt sich bei Einschaltung des innerbetrieblichen Telefonnetzes vergleichsweise einfach regeln. Zur Eingabe dient ein sowieso am Arbeitsplatz des Sachbearbeiters vorhandenes Telefon, das in herkömmlicher Weise zum Aufbau der Verbindung benützt und dann auf Datenverkehr umgeschaltet wird. Zur Dateneingabe ist der Tastfernsprecher mit 12 Tasten wegen der einfacheren Handhabung besonders geeignet; reicht er für spezielle Anwendungsfälle nicht aus, können einfache Telefonterminals benutzt werden, die den Tastfernsprecher um Eingabegeräte, wie Lochkarten- oder Plastikkartenleser, optische Anzeigen oder Belegdrucker, ergänzen. Über besondere Weichen sind auch die normalen Ein-/Ausgabegeräte wie Lochkarten- und Lochstreifenleser, Schnelldrucker und Magnetbandgeräte anschließbar. Die Kombination mit einem Bildtelefon ist sicherlich auch in bestimmten Anwendungssituationen reizvoll. Die Nebenstellenanlage selbst kann die eingegebenen Daten durch Hinzufügen von Kennzeichen für den eingebenden Teilnehmer mit Datum und Uhrzeit ergänzen und gewisse Kontrollen, etwa auf die Berechtigung zur Eingabe, vornehmen.

Wohl steht an dieser Stelle die Benutzung der Nebenstellenanlage als Datensammeleinrichtung im Vordergrund. Die Fairneß verlangt den Hinweis, daß man sie ebenso zur direkten Erfassung im on-line-Betrieb benutzen kann. Flexibilität und Ausbaufähigkeit des Systems ermöglichen sogar bei Einsatz entsprechender Ausgabegeräte wie Drucker oder Sprachausgabe einen Dialogbetrieb.

Die weitgehende Anpassungsfähigkeit der „datenfesten“ Nebenstellenanlagen qualifiziert diese gewiß als zukunftsträchtiges Mittel der Datenerfassung. Wir stehen heute erst am Beginn des Einsatzes dieser Art von Anlagen, die dem Organisator außerordentlich günstige Voraussetzungen zur Gestaltung des Erfassungsvorganges eröffnen.

3.2.1.4.4 Datensammlung in Anlagen mit speziellen Aufgaben

Zur Datenerfassung können auch Anlagen benutzt werden, die ursprünglich zu anderen Zwecken entwickelt wurden. Gemeint sind hier die sogenannten Fertigungszentralen oder Steuerzentralen, die der Fertigungssteuerung dienen und die Meßwertverarbeitungsanlagen, die zum Studium und zur Überwachung von Experimenten und Prozessen verwendet werden.

Beide Arten von Anlagen erfüllen die Funktion der Datenermittlung, die der Datenweitergabe zu einer zentralen Datenfixierung und nehmen gegebenenfalls auch ein gewisse Vorverarbeitung der Daten vor. Typisch für diese beiden Arten von Datensammelanlagen ist die Tatsache, daß bei ihnen die Phasen Beobachtung, Datenbildung und Datenfixierung nahezu völlig automatisiert sind. Diese Automatisierung wird durch den Einsatz von Meßwert- oder Impulsgebern erreicht, die am ablaufenden Prozeß angebracht werden und den Wert einer physikalischen Größe in ein elektrisches Signal oder in eine Impulsfolge umwandeln.

Die dabei auftretenden Probleme werden später noch in Verbindung mit der Direkteingabe von Analog- und Digitalwerten berührt werden.

3.2.1.4.4.1 Fertigungszentralen

Fertigungszentralen werden von *Korte* als „produktionsverbundene Betriebsbüros mit ihren Außenstellen, die einer zentralen kontinuierlichen automatisierten Fertigungsdatenerfassung und -auswertung mit dem wesentlichen Ziele einer permanenten simultanen Produktionsplanung, -überwachung, -steuerung und -abrechnung dienen , , . " definiert [77, S. 15]. Erst im Laufe der Entwicklung hat sich die in dieser Definition liegende umfassende Aufgabenstellung ergeben. Die ersten Fertigungszentralen wurden speziell zur Lenkung der Fertigung und Überwachung der Fertigungseinrichtungen gebaut, jedoch wurde bald erkannt, daß die Fertigungszentralen auch zur Behebung der Schwierigkeiten mit der Datenerfassung im Fertigungsbereich dienlich sein könnten. *Korte* selbst umreißt diese zusätzliche Aufgabe der Fertigungszentralen mit dem Hinweis, daß Fertigungszentralen neben der Erfüllung ihrer Funktion in der Fertigungssteuerung im Sinne der zeitlichen Zuordnung von Fertigungsgut und Fertigungseinrichtung auch geeignet seien, „das zwischen Datenentstehung und -auswertung bestehende Mechanisierungsvakuum zu schließen und an einer zentralen Stelle aktuelle, exakte Daten lückenlos und synchron zum Fertigungsgeschehen bereitzustellen" [77, S. 11].

Es ist ein charakteristisches Merkmal der Fertigungszentralen, daß die Daten soweit wie möglich selbsttätig durch sogenannte Impulsgeber erfaßt, über Leitungen an die Zentrale weitergegeben und dort in verschiedener Form sichtbar gemacht werden. Die auch kurz mit Geber bezeichneten Impulsgeber liefern im Zuge des Fertigungsablaufes auf einer Fertigungsanlage selbsttätig elektrische Signale, die für bestimmte Betriebszustände der Anlage oder für Leistungs- oder Verbrauchsverhältnisse charakteristisch sind. Mit dem Geberproblem als zentralem Problem der Fertigungszentralen beschäftigen sich eingehend *Korte* [77, S. 39–42] sowie *Sieper* und *Jacobs* [134, S. 24–31]. Soweit die Erfassung der Daten durch Impulsgeber nicht möglich oder wirtschaftlich ist, wird die Eingabe der Daten durch geeignete zusätzliche Eingabeeinrichtungen wie Tastaturen, Ausweisleser u. ä. vorgesehen.

In der Fertigungszentrale werden die eingegangenen Daten mit verschiedenen Mitteln angezeigt. Dazu werden sog. Linearzähler, Kreiszeiger, Lampenfelder, Ziffernanzeigen, Zähler, Diagramm- und Protokollschreiber in vielen Variationen benutzt.

Zum Zwecke der Datenerfassung können manche dieser Anzeigegeräte, die gleichzeitig Speicherfunktionen erfüllen, so eingerichtet werden, daß sie maschinell ab- oder ausgelesen werden können. Über diese Daten hinaus erforderliche Daten, wie z. B. Nummern der Fertigungseinrichtungen, Uhrzeit, Datum u. ä., werden über Zusatzeinrichtungen und Konstantengeber zugefügt und zusammen mit den anderen Daten in maschinell lesbaren Datenträgern fixiert.

Fertigungszentralen als Instrumente der Steuerung von Stückprozessen in der Fertigungstechnik haben im letzten Jahrzehnt eine stetige Entwicklung und Verbreitung erfahren und sind zunehmend für Zwecke der Datenerfassung ausgebaut worden. Über den neuesten Stand dieser Entwicklung unterrichtet eine Veröffentlichung von *Roschmann*, in der eine Systematik einen guten Überblick über den unterschiedlichen Entwicklungsstand und Ausbau der Anlagen aller Hersteller vermittelt [129].

3.2.1.4.4.2 Meßwerterfassungs- und -verarbeitungsanlagen

Die modernen Produktionsprozesse der Energie- und Verfahrenstechnik, gleichermaßen aber auch experimentelle Vorgänge wie z. B. die Weltraumversuche sind von hoher Komplexität und laufen teilweise auch mit sehr großen Geschwindigkeiten ab. Die Beobachtung bzw. das gründliche Studium derartiger Vorgänge, deren Kenntnis Voraussetzung ist für die Verbesserung oder gar Optimalgestaltung, wird erschwert durch eine große Zahl von Meßstellen und durch die Schnelligkeit, mit der eine große Zahl von Meßwerten aufgenommen werden muß. Eine Beobachtung solcher Vorgänge ist deshalb ohne spezielle Hilfsmittel gar nicht möglich.

Die Aufgabe, eine große Zahl von Meßwerten in sehr kurzen zeitlichen Abständen zu erfassen, kann Meßwerterfassungsanlagen übertragen werden. Diese Meßwertverarbeitungsanlagen einfachster Art, für die oft die englische Bezeichnung datalogger verwendet wird, bestehen aus Meßwertgebern, die am Prozeß oder an der Versuchsanlage angebracht sind, aus einem Analog-/Digital-Umsetzer, der immer dann erforderlich ist, wenn Meßwerte nur in analoger Darstellung anfallen, einem Verkehrsverteiler (auch Meßstellenumschalter genannt) und schließlich einer kleinen Datenverarbeitungsanlage, über die die erfaßten Meßwerte auf Datenträgern, meist Lochstreifen und Magnetbändern, fixiert werden.

Durch diesen relativ einfachen Aufbau werden im einfachsten Falle die Meßwerte nur unter Angabe von Meßstellen-Nummer und Uhrzeit protokolliert. Bei entsprechender Ausstattung und Programmierung können die erfaßten Meßwerte auch an Stelle vollständiger Aufzeichnung eine Verdichtung erfahren, indem Summen oder Mittelwerte gebildet werden, Wirkungsgrade errechnet und Energie- und Stoffbilanzen aufgestellt werden. Auf diese Weise können weitgehend automatisch die Kenntnisse gewonnen werden, die zum Studium der genauen Zusammenhänge eines komplexen Prozesses erforderlich sind.

Durch die Ausstattung mit einem „monitoring"-System ist es möglich, die Leistungsbreite einer Meßwertverarbeitungsanlage sinnvoll zu erweitern. Durch ein monitoring-System wird die Vielzahl der anfallenden „normalen" Meßwerte unterdrückt, dagegen werden aber diejenigen Meßwerte ausgegeben, die Abweichungen zeigen und/oder einen vorgegebenen Toleranzbereich überschreiten. Meßwertverarbeitungsanlagen mit Monitor sind für das Bedienungspersonal eine große Erleichterung bei der Führung des Prozesses; die Anwendung eines solchen Systems ist außerdem zur genauen Untersuchung von Störungen, die im Ablauf eines Prozesses auftreten, wertvoll.

Wegen des erforderlichen Aufwandes können Meßwertverarbeitungsanlagen wohl nur in wenigen Fällen ständig am gleichen Prozeß eingesetzt bleiben, sondern müssen zur Untersuchung immer neuer Abläufe benutzt werden. Sie müssen deshalb transportfähig und frei und leicht programmierbar gebaut werden; von AEG-Telefunken wurde kürzlich eine fahrbare Meßwertverarbeitungsanlage vorgeführt, die auch kurzzeitig gemietet werden kann.

3.2.1.5 Spezielle Geräte zur Fixierung geometrischer Daten

Geometrische Daten erfassen und beschreiben geometrische Formen. Geometrische Formen werden dargestellt in zweidimensionalen Zeichnungen (die zwei- oder dreidimensionale Körper darstellen) oder durch dreidimensionale Körper. Die technische Zeichnung, als ein Typ von Zeichnung, stellt einen Körper in orthogonaler Parallelprojektion dar und benutzt als Mittel der Darstellung gerade oder gekrümmte Linien, Sonderzeichen und numerische Daten zur Angabe der Abmessungen der dargestellten Körper.

Die datenverarbeitungsgerechte Beschreibung einer technischen Zeichnung in einer Zeichnungssprache (drafting language) erfordert einen spürbaren Zeitaufwand, weil die aus Linienzügen unterschiedlicher Art bestehende Darstellung zu diesem Zweck zunächst in eine Reihe von Koordinatenangaben aufgelöst werden muß; weiterhin müssen die Arten der Linien bestimmt werden, die zwei jeweils durch ihre Koordinaten angegebenen Punkte miteinander verbinden. Nun zählen aber technische Zeichnungen noch zu den Darstellungen, deren Geometrie mathematisch vergleichsweise einfach zu beschreiben ist, weil diese Darstellungen Maße enthalten und die Linienzüge mathematisch leicht definierbaren Funktionen folgen oder angenähert werden können.

Schwieriger dagegen ist die Geometrie von Kurven zu beschreiben, die z. B. als Verbindungslinie einer Folge von Meßwerten anfallen. Solche mathematisch nicht zu beschreibenden Geometrien werden dadurch erfaßt, daß eine große Zahl von Meßwerten abgenommen wird und diese Meßwerte mit mathematischen Methoden in besonderen Programmsystemen zu einem Näherungsmodell verarbeitet werden.

Es liegt auf der Hand, daß Arbeitsaufwand und Schwierigkeit der Erfassung geometrischer Daten wachsen, wenn statt einer zweidimensionalen Darstellung eine dreidimensionale zu programmieren ist, und wenn statt streng geometrischer Figuren solche Figuren zu beschreiben sind, die nach ästhetischen Kriterien gestaltet sind.

Zur Umgehung dieser Schwierigkeiten des manuellen Programmierens geometrischer Daten stehen heute verschiedene Einrichtungen zur Verfügung. Aus maßstäblichen Skizzen können geometrische Daten mit Hilfe der von z. B. *Pabst* beschriebenen Raster-Programmiereinrichtung erfaßt werden [258]. Wesentliches Element dieser Anlage ist das Eingabefeld, das unter einer Folie ein rechtwinkliges Gitter von druckempfindlichen Leitern enthält. Durch Druck mit einem Bleistift oder Kugelschreiber auf einem Kreuzungspunkt des Netzes wird ein Signal ausgelöst, das zur Bildung der Koordinaten dient, die in einem Lochstreifen digital fixiert werden. Über eine zusätzliche Tastatur können auch die Koordinaten von Orten zwischen den druckempfindlichen Kreuzungspunkten des Gitters erfaßt werden und zusätzliche Daten, wie z. B. Bauelement- oder Schaltungssymbole eingegeben werden. Das durch das 1 × 1 mm große Raster beschränkte Auflösungsvermögen dieser Erfassungsanlage wird durch Wahl des Maßstab-Faktors ausgeglichen.

Zur Erfassung der geometrischen Daten von zweidimensionalen Darstellungen, wie Zeichnungen, Bildern und Meßwertprotokollen, gibt es entsprechende Meß- oder Abtastmaschinen, die im Prinzip Umkehrungen der bekannten Zeichenmaschinen für die Arbeit in waagrechter und senkrechter Lage sind. Diese in den Beiträgen von *Lenners* [235] und *Walcher* und *Süß* [302] beschriebenen Anlagen besitzen einen von Hand oder elektromechanisch gesteuerten Abtastkopf, der optisch die Linien verfolgt, über eine Zähleinrichtung die Koordinatenwerte bestimmt, diese anzeigt und/oder in einem Datenträger (bevorzugt Lochstreifen) fixiert. Zusätzliche numerische Daten können über Schalter eingegeben und im Lochstreifen fixiert werden. Als Kontrolle werden gelegentlich alle im Lochstreifen enthaltenen Daten parallel zur Fixierung durch einen Blattschreiber in Klarschrift aufgezeichnet.

Der von Controls & Instruments vertriebene Graf/Pen nutzt zur Lagebestimmung des einen Kurvenzug verfolgenden, handgeführten Abtaststiftes ein akustisches Peilverfahren, das die Bestimmung der digitalen Koordinaten mit einer Genauigkeit von 0,35 mm ermöglicht. Dieses wegen seines einfachen Aufbaues preiswerte Gerät fixiert die Daten ebenfalls auf Lochstreifen.

Auch für das Abtasten von dreidimensionalen Vorlagen, wie z. B. Modellen im Karosseriebau, gibt es entsprechende Anlagen. Diese Modelle werden vielfach vom Entwerfenden aus Holz oder Gips gefertigt und bilden das Original in größerem oder kleinerem Maßstab ab; zudem weisen diese Modelle oft noch kleine Unebenheiten oder Ungleichmäßigkeiten auf. Mit Fühlern wird das Modell abgetastet und über eine Lagemeßeinrichtung die Koordinaten des Modells in allen drei Achsen festgestellt. Diese Koordinaten dienen als Stützwerte für die anschließende Berechnung der Interpolations- und/oder Glättungsebenen. Die Ergebnisse werden bei derartigen Abtastmaschinen, die für kleine Werkstücke ebenso wie auch z. B. für Autokarosserien in Originalgröße ausgelegt werden, in Lochstreifen fixiert. Einige dieser Abtastmaschinen, die in erster Linie zur Ermittlung und Fixierung geometrischer Daten dienen, können durch entsprechende Zusätze zu Meßmaschinen ausgebaut werden, mit denen die Kontrolle der Maßhaltigkeit von Werkstücken maschinell durchgeführt wird.

Schließlich können zur Erfassung geometrischer Daten auch die später noch zu besprechenden Bildschirmgeräte mit Lichtgriffel herangezogen werden. Für die praktische Arbeit mit dieser Technik der Erfassung ist es interessant zu wissen, daß hier nicht unbedingt exakte und gut ausgearbeitete Skizzen erforderlich sind, sondern daß bei entsprechender Programmierung eine Handskizze mit den wichtigsten Stützwerten genügt. Die saubere Durcharbeitung der Zeichnung wird dann, gegebenenfalls unterstützt durch ergänzende Eingaben über die Tastatur, von der Datenverarbeitungsanlage vorgenommen. Diese Art der Erfassung erfordert allerdings den direkten Zugriff zu einer großen Anlage.

3.2.2 Die Konvertierung von Datenträgern

Die Konvertierung von Datenträgern ist die maschinelle Übertragung der auf einem Datenträger fixierten Daten auf einen Datenträger anderer Art. Damit wird im wesentlichen die Absicht verfolgt, von einem hinsichtlich der Eingabegeschwindigkeit „langsamen" Datenträger auf einen „schnellen" Datenträger, in der Regel ein Magnetband, zu übertragen.

Das Prinzip der Konvertierung von Datenträgern ist an sich nicht so neu, wie es das Vordringen der Konverter oder Konvertierungsanlagen vermuten läßt. Der lochstreifengesteuerte Kartenlocher z. B. ist noch aus der konventionellen Lochkartentechnik bekannt. Die gewaltige Steigerung der internen Arbeitsgeschwindigkeiten führte zu der Praxis, schnelle Zentraleinheiten nur noch mit Magnetbändern als Ein- und Ausgabemedien zu betreiben. Dieses Ein-/Ausgabemagnetband wird zu diesem Zweck auf nicht so aufwendigen Rechenanlagen erzeugt bzw. – im Fall der Ausgabe – werden die Ergebnisse durch die billigere Rechenanlage ausgedruckt.

Für die heute angebotenen Konvertierungsanlagen steht deshalb das Magnetband als Datenträger im Vordergrund. Daten aus Lochkarten und Lochstreifen können damit auf ein Eingabemagnetband übertragen werden. Die Konvertierungsgeräte verfügen über eine Leseeinheit für die jeweils zu lesende Datenträgerart, einen kleinen Digitalrechner mit Kernspeicher, in dem die Code-Umwandlung erfolgt, die Quer- und Längsparität gebildet wird und der Gleichlauf von Lesegerät und angeschlossenem Magnetband-Beschriftungsgerät gesteuert wird.

Konvertierungsgeräte werden entweder für eine bestimmte Umwandlungsaufgabe (z. B. Facit off-line-Konverter Lochstreifen-Magnetband, MDS-Geräte für Lochkarten und Lochstreifen auf Magnetband) oder universell mit einem Standard-Interface für den Anschluß verschiedener Lese- und Eingabegeräte (Gier Electronics) gebaut. Zur Ausgabe vom Magnetband werden von Gier und MDS Schnelldrucker mit Druckleistungen von 10 bis 20 Zeilen pro Sekunde bzw. 5 Zeilen pro Sekunde angeboten. An die Gier-Anlage kann auch ein Plotter zur graphischen Ausgabe angeschlossen werden.

Diese selbständigen Geräte zur Datenträger-Konvertierung dienen hauptsächlich dem Zweck, die Zentraleinheit der Datenverarbeitungsanlage möglichst wirtschaftlich zu betreiben. Unter diesem Aspekt ist der Einsatz von Konvertierungsanlagen sicherlich sinnvoll.

Im weiteren Sinne müßten zu den Konvertierungsgeräten auch die Anlagen zur magnetischen oder optischen Beleglesung gezählt werden, wenn diese nicht im on-line-Betrieb eingesetzt werden, sondern ihre Ergebnisse auf andere, schnelle Datenträger ausgeben. Die Praxis der Datenverarbeitung nimmt jedoch diese Zuordnung nicht vor.

3.2.3 Die Weitergabe von Datenträgern

Bei indirekter Datenerfassung werden die Datenträger überwiegend dezentral-zentralisiert gewonnen. Es besteht somit die Notwendigkeit, die Weitergabe der Datenträger vom Ort ihrer Entstehung an den Ort der in aller Regel zentral aufgestellten Datenverarbeitungsanlage sicherzustellen. Da die Verfahren der Datenübertragung dafür aus Kostengründen nur in seltenen Fällen infrage kommen, ist hier eine kurze Übersicht über andere Möglichkeiten zur Bewältigung dieser Transportaufgabe angebracht.

3.2.3.1 Botendienste

Das flexibelste aller Fördermittel ist zweifellos der Mensch; bei Beachtung gewisser Grenzen hinsichtlich der zu bewältigenden Lasten ist der Mensch in Erfüllung einer Transportaufgabe keinen Beschränkungen in Entfernung, einzuschlagendem Weg und Transportrhythmus unterworfen. In der Transportgeschwindigkeit ist ebenfalls Anpassungsfähigkeit in engen Grenzen gegeben; diese Grenzen können durch Benutzen von Verkehrsmitteln in der Geschwindigkeit, aber auch in der Reichweite erheblich ausgeweitet werden.

Dieser Aufzählung positiver Eigenschaften des Menschen als Transportmittel, das im hier behandelten Zusammenhang zur Weitergabe von Datenträgern eingesetzt werden soll, steht aber die grundsätzlich gültige Erkenntnis entgegen, daß der Mensch das aufwendigste Fördermittel schlechthin ist.

Für die Weitergabe von Datenträgern können also grundsätzlich wohl Menschen im Rahmen von Botendiensten eingesetzt werden. In vielen Unternehmungen besteht ein solcher Botendienst bereits in Form der sog. Hauspost, die nach einem festen Fahrplan alle Abteilungen berührt. Diese Form des Botendienstes ist noch relativ rationell, wirkt dagegen aber ziemlich langsam. Schneller arbeitet ein fallweise einsetzbarer Botendienst, der dafür aber mehr Personal erfordert. Der fallweise tätigwerdende Botendienst zur Weitergabe von Datenträgern dürfte nur bei wechselnden Förderbedürfnissen sinnvoll sein, die eine große Flexibilität der Transportverbindungen erfordern, und bei geringen, regelmäßig anfallenden Mengen von Datenträgern, für die sich die Technisierung der Weitergabe nicht rentiert.

Für die Datenverarbeitung ist noch ein weiterer Aspekt bei der Weitergabe durch Boten von Bedeutung. Gerade bei Botendiensten besteht eine höhere Gefahr für die Wahrung der Vertraulichkeit bestimmter Daten und für den Schutz gegen Verlust und Beschädigung. Nur bei großer Sorgfalt ist der Verlust von Datenträgern beim Transport, die Beschädigung der teils recht empfindlichen Datenträger und die Fehlleitung von Unterlagen zu vermeiden. Mithin ist bei der Weitergabe von Datenträgern durch Botendienste mit einem geringeren Schutz gegen Verlust und Beschädigung zu rechnen.

3.2.3.2 Einsatz von Fördermitteln

3.2.3.2.1 Rohrpostanlagen

Zur Förderung von Schriftstücken aller Art, aber auch von kleinen empfindlichen Stückgütern, haben Rohrpostanlagen weite Verbreitung gefunden. Sie werden immer dort angewandt, wo mit größerer Geschwindigkeit eine gewisse Menge von Einzelbelegen bzw. kleinere Belegstapel auf kürzere Entfernung zu transportieren sind.

Rohrpostanlagen funktionieren nach einem recht einfachen und wenig störanfälligen Prinzip: geschlossene Transportbüchsen werden in einem Fahrrohr durch strömende Luft bewegt. Die Luftströmung entsteht entweder durch das Einblasen von Druckluft, die durch ein Gebläse erzeugt wird (Druckluftbetrieb) oder durch Absaugen der Luft aus dem Fahrrohr (Saugluftbetrieb). Die Druckdifferenz an der Transportbüchse, die durch Dichtungen an beiden Enden im Fahrrohr geführt wird, bewirkt eine Fahrgeschwindigkeit der Transportbüchse von 6 bis 8 Metern pro Sekunde.

Mit Rohrpostanlagen kann ein den räumlichen Verhältnissen voll angepaßtes Verbindungssystem aufgebaut werden: im einfachsten Fall eine Direktverbindung zwischen zwei Punkten, durch ein Weichensystem aber auch ein ganzes Netz von Verbindungen, die bestimmte Streckenabschnitte des Netzes gemeinsam benutzen.

In den sog. Hausrohrposten (Anlagen innerhalb eines Gebäudes) sind in der Regel nur kürzere Weglängen im Bereich bis unter 100 Metern zu überwinden. Rohrpostanlagen werden aber auch als Fernrohrpostanlagen ausgelegt, die für die Überbrückung von größeren Entfernungen, etwa innerhalb eines Stadtgebietes, ausgelegt sind und zwei Stationen in einem Abstand bis zu ca. 6 km verbinden können.

Je nach Art der weiterzugebenden Datenträger ist die Größe der Transportbüchsen – und damit auch die lichte Weite der Fahrrohre – zu wählen. Für die Weitergabe einer Standard-Lochkarte ist z. B. eine Transportbüchse mit einem Innenraum von 85 mm Durchmesser und 190 mm Länge erforderlich, die ein Fahrrohr Nennweite 100 benötigt und ein Ladegewicht bis zu 600 Gramm aufnehmen kann.

Für noch größere Formate von Datenträgern werden Rohrpostanlagen mit Fahrrohren von ovalem Querschnitt von 175 × 100 mm ausgeführt, die auch einmal längs zusammengelegte Schnellhefter im Format DIN A 4 aufnehmen können.

Eine technische einfachere Variante der Rohrpostanlagen sind die sog. Zettelrohrpostanlagen. In diesen können ohne Transportbüchsen Zettel aus steiferem Papier in der Größe von etwa 60 × 140 mm oder auch Kunststofftaschen gleicher Größe zur Aufnahme von Belegen kleineren Formates befördert werden. Dazu wird nur an der Schmalseite der Belege ein 7 bis 8 mm breiter Streifen abgeknickt und dient als Triebfahne im Luftstrom. Das Fahrrohr ist als flaches Rechteck ausgebildet und trägt an den Innenwänden mehrere Längsrippen, die das Anhaften der Belege an den Fahrrohrwänden verhindern.

Zettelrohrpostanlagen werden für zwei verschiedene Betriebsarten gebaut. Anlagen, mit denen Belege von verschiedenen Stellen aus in einer Zentrale gesammelt werden sollen, werden als Saugluftanlagen ausgeführt. Verteileranlagen verteilen im Druckluftbetrieb Belege von einer Zentrale an verschiedene Stellen. Zettelrohrpostanlagen überwinden beim Transport von Belegen Entfernungen bis etwa 130 Meter. Bei Benutzung von Kunststofftaschen beträgt die mögliche Entfernung etwa 100 Meter. Die Transportgeschwindigkeit beläuft sich auf ca. 6 Meter pro Sekunde.

3.2.3.2.2 Bandförderanlagen

Die zur Gruppe der Stetigförderer gehörenden Bandförderanlagen benutzen zum Transport der Datenträger oder anderen Schriftgutes ein endloses Textil- oder Gummiband, das von einem Ende der Förderstrecke aus angetrieben wird. Das Transportgut wird auf das Transportband aufgelegt und durch die zwischen Fördergut und Förderband wirkenden Reibungskräfte mitgeführt. Aus diesem Prinzip können einige Bedingungen für die Art des Fördergutes abgeleitet werden: leichtes Fördergut, wie z. B. einzelne dünne Papierblätter, ist nur beschränkt transportierbar; Fördergeschwindigkeit, Linienführung der Förderstrecke und insbesondere die Überbrückung von Steigungen sind Beschränkungen unterworfen. Bandförderanlagen werden vorwiegend für den Horizontalverkehr über maximal mittlere Entfernungen gebraucht. Durch ihre Eigenart zwingen sie zu einem stetigen Arbeitsfluß und ergeben eine Zwangsläufigkeit in der Abfolge der Arbeitsgänge.

Für die Weitergabe von Schriftstücken, Belegen, Datenträgern und anderen Formen von Schriftgut werden Bandförderer in verschiedenen Formen ausgeführt, von denen hier die Formen Flachförderer und Hochkantförderer herausgegriffen und vorgestellt werden.

Auf Flachförderern wird das Fördergut flach auf dem Förderband liegend bewegt. Das Förderband selbst wird auf Rollen oder Walzen in einer Blechrinne geführt. Mit einer Geschwindigkeit von 0,5 bis 0,8 Meter pro Sekunde können Schriftstücke auf dem Förderband befördert werden, die in ihrer Größe nach oben durch die Abmessungen des Förderkanals begrenzt sind. Sehr leichte Schriftstücke und Papiere mit geringer Steifigkeit können in Taschen transportiert werden. Flachförderer werden angewandt für die Weitergabe großer Mengen von Fördergut zwischen zwei Punkten oder im Sammelverkehr entlang der Förderstrecke. Sie eignen sich in erster Linie für die horizontale Förderung, können aber auch Steigungen bis zu 27% überwinden.

Bei den Hochkantförderern bilden zwei hochgezogene Führungswangen der Blechrinne und das in dieser laufende Förderband einen schmalen tiefen Förderkanal. Das Fördergut wird stehend transportiert und muß deshalb bestimmten Anforderungen genügen: das Fördergut muß flach sein, eben und muß eine bestimmte Mindest-Steifigkeit besitzen. Weniger steifes Papier, kleine Belege usw. können zusammengeheftet oder in Taschen weitergeleitet werden.

Hochkantförderanlagen können sowohl für den Sammelverkehr als auch für den Verteilverkehr ausgelegt werden. Für den Sammelverkehr hat der Hochkantförderer technisch einen relativ einfachen Aufbau, weil an jeder Stelle entlang der Förderstrecke zugeladen werden kann und das Fördergut dann zwangsläufig zur Zentrale gelangt. Für den Verteilverkehr wird ein mit Weichen ausgestattetes Netz von Hochkantförderern aufgebaut. Werden die Weichen vom Absender geschaltet, dann darf sich natürlich immer nur eine Sendung auf der Förderstrecke befinden; die Verkehrsleistung wird hier entsprechend reduziert. Im anderen Fall wird das Fördergut grundsätzlich in Taschen befördert, die Markierungen für das anzusteuernde Ziel tragen. An den Weichen wird diese Markierung abgetastet und die Weiche entsprechend gestellt.

Auch die Hochkantförderer arbeiten mit Geschwindigkeiten von ca. 6 bis 8 Metern pro Sekunde. Höhere Geschwindigkeiten sind mit sog. Schnellförderern erreichbar, die ebenfalls Schriftgut hochkant zwischen zwei parallel laufenden Gurten oder zwischen den beiden Schenkeln eines V-förmig aufgebogenen Förderbandes transportieren. Schnellförderer sind hinsichtlich der äußeren Qualifikationen des Schriftgutes wesentlich anspruchsloser als Hochkantförderer.

3.2.3.2.3 Behälterförderer

Die bisher besprochenen Fördermittel waren nur für die Weitergabe von einzelnen Belegen, Datenträgern oder ähnlichem Schriftgut geeignet. Allenfalls ließen sich damit kleine Belegstapel befördern. Für größere Stapel, die regelmäßig beim Stapelbetrieb von Datenverarbeitungsanlagen zu bewegen sind, kommt als Fördermittel insbesondere ein Behälterförderer infrage. Behälterförderer zählen ebenfalls zur Gruppe der Stetigförderer und werden als Bandförderer oder als Rollenbahn ausgeführt. Sie sind ausgelegt für die Aufnahme höherer Transportgewichte. Auch bei diesen Anlagen ist außer der Ausführung als Direktverbindung zwischen zwei Punkten der Aufbau eines verzweigten Netzes für Verteilungsverkehr möglich. Zu diesem Zweck müssen die Behälter mit einer Empfängerkennzeichnung versehen sein, die an den Weichen mechanisch oder elektrisch abgefühlt wird und die Steuerung der Weichen auslöst. Ein- und Ausschleusen der Behälter an den Stationen erfolgt automatisch.

3.2.3.2.4 Umlaufaufzüge

Die meisten Bauformen der Fördermittel haben eine spezifische Eignung für den Transport entweder in der Horizontalen oder in der Vertikalen. Behälter- und Bandförderer sind vorwiegend für den horizontalen Betrieb geeignet; die Beschränkung der zulässigen Steigung erfordert größere Strecken, um z. B. die Höhendifferenz zwischen zwei Stockwerken eines Gebäudes zu überwinden. Sind aus räumlichen Gründen längere Steigungen nicht möglich, wird die Benutzung von speziellen Anlagen für Vertikaltransport erforderlich. Umlaufaufzüge nach dem bekannten Prinzip des Paternosters sind besonders für den Transport von größeren Mengen Schriftgut in der Vertikalen geeignet.

Sie sind wie folgt aufgebaut: in einem Aufzugsschacht werden zwei endlose Ketten über Kettenräder geführt und angetrieben. Zwischen diesen Ketten, die mit der geringen Geschwindigkeit von ca. 0,3 Metern pro Sekunde umlaufen, sind in gewissen Abständen horizontal Mitnehmerrahmen angebracht, in die die zu fördernden Behälter eingesetzt werden können. Werden diese Behälter mit einer mechanisch oder fotoelektrisch abtastbaren Zielkennzeichnung versehen, so kann durch entsprechende Einrichtungen auch das Ausschleusen des Behälters aus dem Umlaufaufzug an der jeweiligen Zielstation bewirkt werden.

Durch die Kombination von Umlaufaufzügen mit Behälterförderern lassen sich weitverzweigte Fördersysteme auch in mehrstöckigen Gebäuden einrichten, die bei Ausstattung mit Zielsteuerung ohne Bedienung, mit geringer Störanfälligkeit und minimalem Wartungsbedarf arbeiten. Sie sind natürlich nur in solchen Anwendungsfällen wirtschaftlich, in denen große Mengen von Datenträgern in Behältern weiterzugeben sind.

3.3 Die Mittel der direkten Datenerfassung

Direkte Datenerfassung bedeutet unmittelbare Eingabe der ermittelten Daten in die Datenverarbeitungsanlage. Als Mittel dazu werden Geräte benutzt, die eine

Kommunikation zwischen Mensch und Datenverarbeitungsanlage ohne notwendige Einschaltung eines Datenträgers oder Zwischenspeichers ermöglichen. Der elektrische Anschluß solcher Geräte an die Datenverarbeitungsanlage über Kabel ist jedoch nur auf kurze Entfernungen möglich. Liegt die Entfernung zwischen Datenursprung und Datenverarbeitung nicht innerhalb der technisch bedingten Distanz, dann wird zur Datenweitergabe die Technik der Datenübertragung erforderlich. Als Mittel der direkten Datenerfassung sind deshalb anschließend einmal die Geräte zur direkten Dateneingabe und zum anderen die Technik der Datenübertragung zu behandeln.

3.3.1 Geräte für die Direkteingabe

3.3.1.1 Eingabetastaturen

3.3.1.1.1 Tastenfelder

Von den herkömmlichen Büromaschinen wie Schreib-, Rechen- und Buchungsmaschinen sind Tastenfelder in verschiedenen Größen, Formen, Anordnungen, Wirkungsweisen und Bestückungen bekannt.

Für die Direkteingabe von Daten werden je nach der Situation des Anwendungsfalles einfache Tastenfelder wie auch Tastenfelder in Büromaschinen der eben genannten Art benutzt. Im Vordergrund der folgenden Betrachtungen steht die Tastatur an sich und nicht die Funktion, die durch Betätigung der Tasten in der jeweiligen Büromaschine ausgelöst wird. Bei der Datenerfassung ist in erster Linie die Eingabegeschwindigkeit bei Tastaturen und die beim Eingeben auftretende Fehlerquote bedeutsam. Diese beiden Größen sind in starkem Maße von der Gestaltung des Tastenfeldes abhängig; deshalb werden zunächst die wichtigsten Tastaturformen vorgestellt und einige Hinweise auf Vorteile und Nachteile gegeben.

Zur Eintastung numerischer Daten in Rechenmaschinen hat die sog. Zehnertastatur weite Verbreitung gefunden. Diese Tastaturform besitzt je eine Taste für jede der Ziffern von Null bis Neun sowie teilweise zusätzliche Tasten für die Eingabe von zwei oder drei aufeinanderfolgenden Nullen und einige Tasten für die Auslösung der Maschinenfunktionen. Zahlen werden, beginnend mit der höchsten Dezimalstelle, hintereinander über die gleichen Tasten eingegeben; Nullen müssen ebenfalls eingetastet werden.

Volltastaturen, die mit Vorliebe für Vier-Spezies-Rechenmaschinen und Buchungsmaschinen benutzt werden, besitzen mehrere Tastenreihen, die jeweils die Ziffern von Null bis Neun enthalten. Für jede Dezimalstelle ist eine Tastenreihe erforderlich. Zur Eingabe numerischer Daten muß die gesamte Zahl geistig erfaßt werden. Mehrere Tasten können gleichzeitig betätigt werden, Nullen müssen nicht eingetastet werden. Die eingetasteten Werte bleiben durch die Tastenstellung solange sichtbar, bis durch Betätigung einer Funktionstaste eine Rechenoperation ausgelöst wird. Zur Arbeitserleichterung werden Volltastaturen vielfach durch Farbgebung der Tasten optisch unterteilt, gelegentlich auch in mehrere Blöcke aufgelöst und dadurch die Möglichkeit geschaffen, mehrere Werte gleichzeitig einzugeben.

Ein konstruktiv anderer Weg der Rasteneinstellung wird mit der Einstellung durch Einstellhebel beschritten. Diese Hebel-Einstellfelder sind noch von älteren Bauformen nichtdruckender Rechenmaschinen und von Registrierkassen her bekannt. Die Ziffern werden hier durch Verstellen von Hebeln auf dem Umfang eines Quadranten eingegeben, wobei zehn Stellungen die Ziffern von Null bis Neun zugeordnet sind. Jeder Stellung des Hebels entspricht ein Wert einer Dezimalstelle. Auch hier bleibt die Einstellung bis zur Auslösung der Maschinenfunktion als Kontrollmöglichkeit erhalten. Statt der Einstellhebel verwenden wieder andere Konstruktionen Drehknöpfe, Schiebeleisten und nicht zuletzt auch die vom Telefonapparat her bekannten Wählscheiben. Auch hier müssen die Dezimalstellen einzeln eingegeben bzw. eingestellt werden. Bis auf die Wählscheiben ist stets eine nachträgliche Sichtprüfung möglich.

Die Beurteilung der angeführten Tastaturformen für die Eingabe numerischer Daten hinsichtlich der Eingabegeschwindigkeit und der Fehlerquote erlaubt eine von *Minor* und *Revesman* durchgeführte Untersuchung, deren Ergebnisse in Tab. 3 zusammengefaßt sind [252]. Danach ergibt sich folgende Verteilung der Fehlerquote:

	mittlerer Prozentsatz von Eingabefehlern
Zehnertastatur	0,6
Hebeleinstellfeld	2,3
Volltastatur	1,2
Drehknöpfe	2.3

Tab. 3 Formen der Tastenfelder und mittlerer Prozentsatz der Eingabefehler [252, S. 335].

Die Zehnertastatur ist also hinsichtlich der Fehlerquote allen anderen Bauformen deutlich überlegen. Hinsichtlich der Eingabegeschwindigkeit sind Zehner- und Volltastatur annähernd gleichwertig und beide bedeutend vorteilhafter als Hebeleinstellfeld und Drehknopfeinstellung.

Die entscheidende Überlegenheit der Zehnertastatur über die Hebeleinstellung hinsichtlich der Eingabegeschwindigkeit wird an anderen Untersuchungen offensichtlich, die ebenfalls von *Revesman* vorgenommen wurden [zitiert in 119]. Für die Eingabe von 10 Ziffern wurden nach Tab. 4 folgende Zeiten benötigt:

	Visuelle Anzeige des eingegebenen Wertes	
	mit	ohne
Zehnertastatur	10,52 s	10,33 s
Hebeleinstellung	18,00 s	18,00 s

Tab. 4 Eingabezeit für 10 Ziffern in Tastenfelder verschiedener Form. Nach *Revesman*

Außer dem unterschiedlichen Zeitbedarf ist aus diesem Versuch noch die Beobachtung von Interesse, daß Substitutionsfehler (d. i. die Eingabe eines falschen Wertes an richtiger Stelle) bei Hebeleinstellfeldern häufiger als bei der Tastatur auftraten, dagegen bei den Tastaturen die meisten Auslassungen einzelner Stellen. Bei beiden Formen wurden jedoch die unterlaufenen Fehler in gleichem Maße sofort entdeckt.

Aus der gleichen Quelle kann auch von Versuchsergebnissen berichtet werden, die die Bedeutung der visuellen Anzeige als Kontrolle unterstreichen. Die Werte der Tab. 5 zeigen den bedeutenden Einfluß der sichtbaren Anzeige auf die Fehlerquote. Deshalb ist die von *Roschmann* beobachtete Entwicklung zu begrüßen, daß von den Herstellern von Geräten zur Datenerfassung „auf Kontrollanzeigemöglichkeiten für den Eingebenden geachtet" wird, „der ja mit den Daten von der Sache her in Verbindung steht und somit in einem ganz anderen Verhältnis zum Datenerfassungsvorgang steht als bei der Routine-Datenumsetzung im Sekundär-Erfassungsvorgang (Lochersaal)" [270, S. 392].

	visuelle Anzeige des eingegebenen Wertes	
	mit	ohne
Zehnertastatur	4,5%	10,3%
Einstellhebelfeld	6,7%	9,9%

Tab. 5 Einfluß von Form des Tastenfeldes und visueller Anzeige auf die Fehlerquote beim Eintasten. Nach *Revesmann*.

Zusammenfassend kann also nach dem Vergleich der gebräuchlichen Tastaturformen gesagt werden, daß die Zehnertastatur und die Volltastatur (diese etwas ungünstiger in der Fehlerquote) hinsichtlich Eingabegeschwindigkeit und Fehlerquote die meisten Vorteile bieten. Es ist allerdings zu bedauern, daß sich diese Feststellung nur auf wenige, bisher bekanntgewordene Untersuchungen stützen kann. *Philipp* weist ausdrücklich darauf hin, daß nicht nur Tastaturform und Anordnung des Tastenfeldes von Einfluß auf Eingabegeschwindigkeit und Fehlerlosigkeit sind, sondern auch Momente wie Farbgebung im Tastenfeld, Tastenhub und Tastkraft sich auswirken [119, S. 604].

Die Eingabe von numerischen und sprachlichen Daten gestattet die Tastatur der Schreibmaschine, die weitgehend international einheitlich aufgebaut ist und die sich mit geringen Abänderungen auch in den Tastaturen von Fernschreibmaschinen, Streifenlochern, Konsolschreibmaschinen und Steuerpulten wiederfindet. Diese Art Tastatur dürfte allgemein bekannt sein und eine Besprechung sich hier erübrigen. Da in aller Regel nur geübte Kräfte diese Geräte benutzen, ist hier wohl mit einer geringen Fehlerquote beim Eingeben von Daten zu rechnen. Diese Annahme wird bestätigt durch die Angaben von *Philipp*, der für die Eingabe über Schreibmaschinentastaturen eine Fehlerhäufigkeit von 0,03 bis 0,5% nennt [119, S. 611].

An dieser Stelle sei noch ein Blick auf die Tastatur von Kartenlochern gestattet, die ja an sich nicht als Mittel zur Direkteingabe verwendbar sind. Kartenlocher für rein numerische Daten besitzen ein der Zehnertastatur ähnliches Tastenfeld mit Tasten für die Ziffern Null bis Zwölf und mit Funktionstasten. Kartenlocher für numerische und sprachliche Daten haben ein von der Schreibmaschinentastatur hergeleitetes Tastenfeld, in dem aber im Gegensatz zur Schreibmaschinentastatur die Zifferntasten in einem Block auf der rechten Seite des Tastenfeldes zusammengefaßt sind. Diese Gruppierung erleichtert bei der Verarbeitung numerischer Daten das Blindtasten; dabei ist u. U. die farbliche Gestaltung sowie das Anbringen eines Fühlpunktes eine zusätzliche Unterstützung. Die Locher der IBM sind zusätzlich mit Sperren ausgestattet, die den Block numerischer Tasten arretieren, wenn sprachliche Daten zu verarbeiten sind. Umgekehrt läßt sich bei der Verarbeitung numerischer Daten auch die Schreibmaschinentastatur sperren.

Nach *Philipp* beläuft sich die Fehlerquote beim Eintasten in Kartenlocher auf 0,5 bis 3% und liegt damit merklich höher als die Fehlerquote bei Schreibmaschinenbedienung, was vermutlich auf die höhere Lärmbelastung der Bedienungskräfte zurückgeführt werden muß [119, S. 611].

3.3.1.1.2 Maskentastatur

Die Maskentastatur ist äußerlich eine der Blocktastatur ähnliche Tastaturform. Sie ermöglicht die Eingabe einer Vielzahl veränderlicher Ordnungs- und Schlüsselbegriffe und von zugeordneten, variablen Mengenangaben. Über das Tastenfeld wird eine Maske gelegt, die am unteren Rand eine Codierung in Form von Einkerbungen trägt. Die Einkerbungen werden von der Tastatur elektrisch abgefühlt, dadurch wird den Tasten des Tastenfeldes automatisch ein bestimmter Wert, eine Artikel-Nummer oder eine Aussage zugeordnet. Die Bedeutung einer Taste ist durch die Einkerbungen von Maske zu Maske verschieden.

Entsprechend den einzutastenden Daten wird eine bestimmte Maske in die Tastatur eingelegt und die Daten nacheinander eingetastet. Die betätigten Tasten leuchten auf und erleichtern die visuelle Kontrolle. Es ist offensichtlich, daß diese Tastaturform eine erhebliche Erleichterung des Eingabevorganges darstellt. Über die zu erwartenden Fehlerquoten liegen keine Angaben vor.

3.3.1.1.3 Programmierte Tastatur

Als eine Form schneller Dateneingabe bietet sich auch die programmierte Tastatur an, von der aber bisher noch wenig Gebrauch in der Datenerfassung gemacht wird. Das Prinzip der programmierten Tastatur ist z. B. bei den optischen Anzeigen wie IBM 2250 zu finden, wo durch Betätigung einer Taste des dort als Funktionstastatur bezeichneten Tastenfeldes bestimmte Programmteile oder Unterprogramme aufgerufen werden können. Auch die aus dem täglichen Leben bekannte Wählautomatik für Telefone ist eine programmierte Tastatur.

Das Prinzip, aus einem Speicher beliebiger Art bestimmte Werte, Begriffe, ja sogar größere Informationsgruppen abzurufen und direkt in die Datenverarbeitungsanlage einzugeben, kann auch für die Datenerfassung nutzbar gemacht werden. Der Einsatz sollte sich gerade dann lohnen, wenn einerseits ungeübtes Bedienungspersonal die Dateneingabe vorzunehmen hat, und andrerseits dann, wenn viele wenigstens zeitweise gleichbleibende Daten größeren Formates einzugeben sind.

3.3.1.1.4 Eingaberegister

Eine spezielle Form der Eingabe variabler Daten, die zwar nicht im Prinzip, wohl aber im Effekt der Tastatureingabe nahesteht, ist die Eingabe über Register. Ein Register ist eine flache Kunststoffplatte in der Größe einer Lochkarte, auf der 12 Schieber angebracht sind, die in eine Leerstellung und in 10 Stellungen entsprechend den Ziffern Null bis Neun eingestellt werden können. Ein spezielles Lesegerät fühlt die Position der zwölf Schieber auf dem etwa 12 Millimeter starken Register ab.

Da die Einstellung der Schieber unabhängig vom Eingabegerät vorgenommen werden kann, wird das Lesegerät nur für die eigentliche Lesezeit des Registers belegt. Die maschinelle Lesung des voreingestellten Registers ermöglicht also eine recht schnelle Eingabe. Die Möglichkeit der visuellen Kontrolle wirkt reduzierend auf die Fehlerquote bei der Eingabe. Allerdings ist die Stellenzahl mit 12 Ziffern ziemlich beschränkt, so daß praktisch das Register wohl nur zur Eingabe variabler Daten in Verbindung mit der Festwert-Eingabe z. B. durch einen Ausweisleser Verwendung finden dürfte.

3.3.1.2 Geräte für die Eingabe von Festwerten

Bei nahezu allen Datenerfassungs-Aufgaben müssen Daten fixiert werden, die absolut gleichbleibend oder wenigstens doch für einen längeren Zeitraum konstant sind. Als Beispiele für derartige Fest- oder Konstantwerte, die z. B. im Fertigungsbereich als Zuordnungsdaten bei der Erfassung von Verbrauchsdaten aller Art anfallen, seien hier nur die Personal-Nummer des ausführenden Arbeiters, die Schlüssel-Nummer seiner Abteilung oder seines Arbeitsplatzes genannt. Aus dem Vertriebsbereich könnten als Beispiele die Adressen von Kunden, mit denen ein reger Geschäftsverkehr besteht, und Daten wie Artikel-Nummer und Preis für die laufend hergestellten Produkte aus der eigenen Produktion angeführt werden.

Die Fixierung derartiger Daten durch wiederholtes Eintasten in eine Tastatur oder eine Schreibmaschine ist sicher ein unnötiger Aufwand und zudem eine Fehlerquelle. Das Bestreben, diese Vorgehensweise zu vermeiden, läßt mehrere Entwicklungslinien erkennen. Man löst das Problem der Eingabe konstanter Daten entweder durch Fixierung dieser Daten auf dauerhaften, standardisierten Datenträgern, die in entsprechenden Lesegeräten ausgelesen werden, oder durch Fixierung auf Abwandlungen standardisierter Datenträger oder durch Fixierung in besonderen Formen von Informationsträgern, die sich deutlich von den bekannten Datenträgerformen unterscheiden.

Solche Informationsträger sind z. B. die in den Ericson-Centralograph-Anlagen benutzten Informationsstecker und die Code- oder Informationsschlüssel, die z. B. in der Tenograph-Anlage von T & N zur Eingabe der Personaldaten verwendet werden. Dieser ziemlich robuste, flache Metallschlüssel trägt als Rohling 24 gleichartige Zähne in vier sechsstelligen Gruppen; durch Ausstanzen von Zähnen lassen sich vierstellige Zahlen im prübaren $\binom{2}{6}$-Code verschlüsseln. Dieser Code-Schlüssel wird in einem schloßartigen Lesegerät abgetastet und damit die Code-Nummer des Schlüsselbesitzers ermittelt. Die Vorzüge einfacher Benutzung und nahezu völliger Unempfindlichkeit des Informationsträgers vereinigen sich in derartigen Informationsschlüsseln.

Ein weites Feld von Anwendungsmöglichkeiten eröffnet sich den früher bereits kurz berührten Plastikkarten als robusten und unkomplizierten Informationsträgern. Unter der Gruppenbezeichnung Plastikkarten sollen hier jene meist als Identifikationsmittel verwendeten Kredit-, Scheck- oder Ausweiskarten aus Kunststoff verstanden sein.

Da in diesem Abschnitt derartige Karten speziell als Informationsträger zur Direkteingabe von Konstantwerten interessieren, scheidet hier die Art von Karten aus der Betrachtung aus, auf denen die Daten eingeprägt sind. Mit ihnen wird auf einem später maschinell zu verarbeitenden Beleg das Druckbild der eingeprägten Daten hergestellt. Benutzt werden nahezu alle bekannten optisch-maschinell lesbaren Schriftarten und eine Klarschrift mit dem verbreiteten externen Strichcode (BAR-Code) von Adressograph-Multigraph.

W. Tietz hat kürzlich in einem Aufsatz über die kaum noch zu überblickende Vielfalt der Kartengrößen, -formen und der verwendeten Codes berichtet [294]. Von diesen sind hier die Arten zu besprechen, die unmittelbar maschinell ausgelesen werden können. Eine gewisse Verbreitung hat bei uns bereits die Ausweiskarte mit Lochcode gefunden, die meist mit einem Lichtbild versehen wird. Sie trägt in der Regel die Personalnummer des Ausweisinhabers zur maschinellen Lesung; die Kapazität schwankt je nach Kartengröße und Code und liegt zwischen 10 und 20 Zeichen je Karte. Als Lochcodes werden der Lochkartencode und übliche Fünfercodes verwendet. Die von *Tietz* angegebene Zusammenstellung über die Kartenabmessungen läßt eine Bevorzugung des ISO-Standardformates 85,725 X 53,975 mm mit gewissen Abmessungsvarianten erkennen, das ungefähr auch dem Format der Lochkarten-Drittelkarte (82,55 X 59,13 mm) entspricht [294, S. 302].

In den Datensammelanlagen zur Parallelübertragung im Telefonwählnetz, deren Anwendung in Betrieben des pharmazeutischen Großhandels von *Priemer* beschrieben wurde, werden noch kleinere Plastikkarten im Format 50,8 X 25,4 mm benutzt. Sie nehmen bis 18 Zeichen in einem 2 mal 1 aus 4-Lochcode auf und tragen Kunden-Nr., Artikel-Nr. und Mengeneinheiten [262, S. 63–67].

Neben der Lochung als Codierverfahren drängt sich auf den Kreditkarten amerikanischer Fluggesellschaften die magnetische Codierung in den Vordergrund. Der Entwurf der Vereinigung der Luftfahrtgesellschaften sieht auf einer Karte des ISO-Standardformates einen Magnetstreifen sowie eine Namenszeile (maximal 26 Zeichen) und eine Nummernzeile (maximal 19 Zeichen) mit einer optisch lesbaren Schriftprägung vor. Einzelne Firmen arbeiten an Kartenentwicklungen mit bis zu drei Magnetspuren. Auf Basis der Kreditkarten der Fluggesellschaften arbeitet IBM an einem System zur automatischen Ausgabe von Flugtickets.

Plastikkarten werden bisher bevorzugt als Mittel der persönlichen Identifikation benutzt. Es scheinen aber noch lange nicht alle Möglichkeiten ausgenutzt, die in diesem Datenträger zur Direkteingabe liegen. Die Anwendungschancen dieses Prinzips dürften generell gegeben sein und eher noch steigen, wenn es gelingt, für die Herstellung solcher Konstantwert-Datenträger und für das Lesen preiswerte und robuste Geräte auf den Markt zu bringen.

Schließlich ist als Möglichkeit der Eingabe von Festwerten der Abruf oder die Erzeugung von Festwerten durch Programm anzuführen. Eine solche Art der Erzeugung und Fixierung von Festwerten wird vielfach in Datenerfassungsstationen und -anlagen benutzt. Dort werden bei der Eingabe von variablen Daten und/oder Festwerten vielfach zusätzliche Daten wie die laufende Nummer des Eingabevorganges, die Kennung der Eingabestation, Anfangs- und Endzeichen für den Eingabevorgang benötigt. In diese Reihe gehört auch die automatische Eingabe von Datum und Uhrzeit, die zwar nicht gerade konstante Werte sind, jedoch in gleicher Weise beim Eingabevorgang von einem Speicher bzw. von einer zentralen Digitaluhr abgerufen werden. Die Eingabe von Datum und Uhrzeit wird meist vom Steuerprogramm der Eingabestation automatisch veranlaßt. In gleicher Weise können auch Kurztexte abgerufen und fixiert werden.

3.3.1.3 Kassensysteme zur Direkterfassung

Die seit kurzem auch in Deutschland angekündigten Anlagen zur Direkterfassung an Registrierkassen und die auf diesem Element aufgebauten Kassensysteme eröffnen speziell für Handelsbetriebe vielversprechende Aussichten. Zwei wesentliche Merkmale kennzeichnen diese Anlagen:

- die Kassen werden mit neuartigen Leseeinrichtungen für Warenetiketten ausgerüstet, die die Waren-Daten unmittelbar der Registrierkasse zuführen,
- eine größere Zahl von Kassen wird unter einer zentralen Steuereinheit zusammengefaßt, die die an den Kassen erfaßten Daten entweder unmittelbar einem Rechner zuführt oder sie in einer zentralen Datensammeleinheit zur späteren Verarbeitung speichert.

In Verbindung mit der Technik der synchronen Datenträgergewinnung war bereits auf selbständige Registrierkassen hingewiesen worden, die die Kassenvorgänge synchron (Lochstreifen, Journalstreifen mit maschinenlesbarer Klarschrift) fixieren. Die Kassen der schwedischen Hugin Data z. B. fixieren die Daten jeder Kasse in Magnetbandkassetten mit einem Speichervermögen von rd. 150000 Zeichen. Diese Kassetten müssen in einem eigenen Konverter auf ein rechnerkompatibles Magnetband überschrieben werden; während der Umwandlung werden Paritätskontrollen vorgenommen und durch besondere Zusätze die Posten gezählt und Betragssummen gebildet.

Besonders interessant ist dieses Kassensystem durch seine Ausbaumöglichkeiten. So kann die Kasse mit einem fest eingebauten Leser für Lochetiketten ausgestattet werden. Verwendet werden Lochetiketten im Normalformat 6 × 9 cm, das 27 Stellen in Klarschrift und in einem 5-Spur-Lochcode aufnehmen kann und in seiner Größe variabel ist. Die Etiketten werden auf einer Etikettenstanze gestanzt und bedruckt, die die Druckvorgänge zählt und auf einem Journalstreifen und einem Magnetband protokolliert. Damit wird über den Etikettendruck eine einfache Erfassung aller Warenzugänge erreicht und ein geschlossenes Erfassungsystem für alle Zugänge und Abgänge hergestellt.

Gegenüber den bislang bekannten Warenetiketten zur maschinellen Verarbeitung wie z. B. den Lochetiketten von Kimball und den Magnetschriftetiketten mit CMC 7-Schrift ergibt die Verwendung von Kassen mit eingebauten Etikettlesern zweifellos eine gewisse Verbesserung. Die Etiketten der älteren Systeme mußten von der Ware abgetrennt werden und konnten später zu Abrechnungs- und statistischen Zwecken maschinell ausgewertet werden. Bei Einsatz von Kassen mit Etikettlesern wird das Etikett ebenfalls von der Ware getrennt, nun aber bereits in der Kasse ausgelesen und so zur Mechanisierung des Kassiervorganges benutzt. Daraus folgt zweifellos eine Senkung der Fehlerrate beim Kassiervorgang, wenn auch die Notwendigkeit, das Etikett in die Kasse einzuführen, wohl nur einen geringen Beitrag zur Beschleunigung des Kassiervorganges liefern dürfte. Diese Feststellung trifft für das Hugin-System ebenso wie für das mit Magnetetiketten arbeitende Olivetti-System TC 600 zu. Beide Systeme dürften deshalb für Anwendungsfälle prädestiniert sein, bei denen bei einem Kassiervorgang nur wenige Posten zu erfassen sind.

Verschiedene neuentwickelte Kassen sind deshalb mit einer frei beweglichen Leseeinrichtung ausgestattet, um flexibler z. B. für den Einsatz in Selbstbedienungsläden mit breitem Sortiment zu sein. Mit einer meist als Stift gestalteten Leseeinrichtung tastet die Kassiererin die Codierung des an der Ware verbleibenden Etiketts ab und liest so die Warendaten in die Kasse ein.

Diese Arbeitsweise wird durch verschiedene Codier- und Lesetechniken realisiert, über die aber noch zu wenig Felderfahrungen vorliegen, um sie abschließend beurteilen zu können. Deshalb muß hier eine Übersicht genügen, in der die zwei grundverschiedenen Techniken der magnetischen Codierung und der optischen Codierung unterschieden werden.

Zur Gruppe der Etiketten mit magnetischer Codierung gehören z. B. die Etiketten des Sweda Systems 700 von *Litton*. Die 28,5 mm breiten Etiketten können z. B. bei einer Höhe von 11 mm max. 12 Informationen, bei einer Höhe von 44 mm max. 24 Informationen in Klarschrift und Magnetcode aufnehmen. Die magnetische Aufzeichnung wird mit einem handlichen Lesekopf, dem DATAPEN, gelesen, der freihändig über das streifenförmige magnetisierte Feld geführt wird und der mit der Kasse elektrisch verbunden ist.

Zur optischen Lesung werden die Daten auf den Etiketten in einem dreifarbigen (NCR 280) oder zweifarbigen (z. B. APB - SPICE, Anker) Strichcode dargestellt. Die codierten Daten werden gelesen, indem ein über Kabel mit der Kasse verbundener Lesestift in beliebiger Längsrichtung über die Codezeile geführt wird. Die Leselogik setzt die Folge der bei der Lesung aufgenommenen Impulse um, wobei mögliche Teil- oder Falschlesungen durch eingebaute Kontrollen unterbunden werden.

Da man die Mitwirkung des Kassenpersonals, das in der beschriebenen Arbeitsweise den Lesestift führen muß, noch weiter reduzieren möchte, sind jetzt auch Entwicklungen von stationären Lesestationen für optische Codes vorgeführt worden. Mit diesen sollen die Etiketten z. B. im Zuge des Transportes auf dem Förderband der Kassengondel gelesen werden. Die Vielzahl unterschiedlicher Verpackungsformen und Packungsgrößen bringt aber einige Probleme mit sich, weil das Etikett auf die Lesezone der stationären Leseeinheit und deren Tiefenschärfenbereich ausgerichtet werden muß. Die praktischen Erfahrungen werden zeigen, ob diese Umstände nicht zu Verpackungsformen mit wenigstens einer ebenen Fläche zwingen. Möglicherweise ist eine Codierung in Form von konzentrischen Kreisen wie z. B. das von *Zellweger* benutzte APOSS-Zeichen für die stationäre Lesung günstiger als die zeilenförmige Strichcodierung. Generell muß auch erwiesen werden, daß die optische Lesung selbst bei beschädigten, verschmutzten, feuchten und vereisten Etiketten befriedigende Sicherheit besitzt.

Abgesehen von diesen technischen Problemen, für die sich gewiß Lösungen finden werden, präsentiert sich in dem System der Eingabe vom Etikett in die Kasse eine nahezu optimale Lösung für die Erfassung der Warenausgänge. Sie besticht durch die Sicherheit und die Schnelligkeit der Erfassung, wenn der Aufwand für die Etiketten und für die Kassen einschließlich der Lesetechnik in angemessenen Grenzen bleibt. Vom Arbeitsablauf her sind die optische und die magnetische Codierung durchaus gleichwertig. In der Herstellung haben die optischen Codes einen Vorzug deshalb, weil die Strichcodes in gängigen Druckverfahren erzeugt werden können, zur Herstellung der magnetischen Codes jedenfalls spezielle Anlagen erforderlich sind.

Im Prinzip könnte sogar daran gedacht werden, die Warenpackungen bereits vom Hersteller mit der codierten Artikel-Nummer, Größen- und Preisangaben versehen zu lassen. Die vielfältigen Bemühungen einzelner Branchen um eine einheitliche Artikelnummer könnten auch in dieser Hinsicht Früchte tragen. Das Vorcodieren abgepackter Ware blockiert bei dieser Vorgehensweise die Freiheit der individuellen und elastischen Preiskalkulation nicht unbedingt. Man kann sich sehr wohl vorstellen, daß das Kassenterminal als Teil eines on-line mit Rechner und Speichereinheit betriebenen Systems sich nach Eingabe der Artikelnummer den Tagespreis aus gespeicherten Tabellen abruft.

Das Konzept eines modular aufgebauten Terminalsystems zur Erfassung der Wareneingangsdaten und der Warenausgangsdaten in einem Handelsbetrieb gibt die Abb. 11 wieder. Dieses System besitzt zur Erfassung der Warenausgänge eine größere Zahl von Terminals, die entsprechend dem Bedarf mit Modulen in unterschiedlichen Kombinationen ausgestattet werden können. Ein Rechner steuert die Tätigkeit mehrerer Terminals und ihrer Moduln, überwacht den Arbeitsablauf an den Terminals, bildet Druckformate, nimmt Prüfungen an Daten vor und verdichtet diese. Über einen weiteren Rechner als Endkonzentrator werden mehrere Terminalrechner zusammengefaßt; die erfaßten Daten können von dort entweder im off-line-Betrieb z. B. auf einem Magnetband aufgezeichnet werden oder im on-line-Betrieb direkt in einer Datenverarbeitungsanlage weiterverarbeitet werden.

Die Terminals für die Erfassung der Wareneingänge sind in gleicher Weise an das System angeschlossen. Durch sie können die Etikettendrucker unmittelbar gesteuert werden. Zur Auszeichnung von Massenartikeln steht zusätzlich eine Bandkassetten-Steuerung der Etikettendrucker zur Verfügung.

Wenn auch noch keine Betriebserfahrungen mit derartigen Kassensystemen vorliegen, so präsentiert sich das Konzept doch als eine geschlossene Lösung für das Problem der Datenerfassung in Handelsbetrieben. Bei konsequenter Verwendung von Etiketten wird der Warenzugang über die Erfassung am Wareneingangsterminal und über den Etikettendruck erfaßt. Alle Warenausgänge werden an den Kassenterminals erfaßt, wobei die Lesung der codierten Etiketten gewiß eine

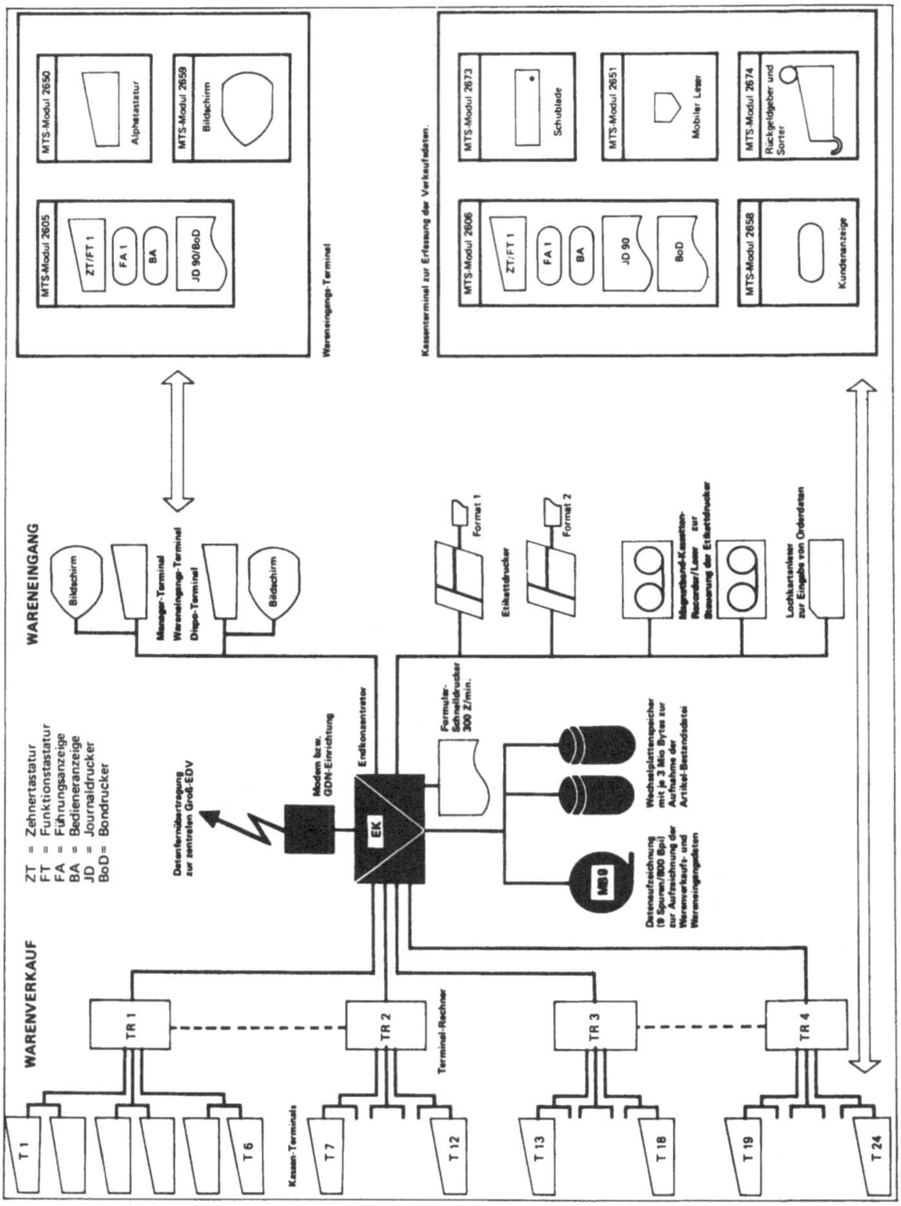

Abb. 11 Kassensystem zur integrierten Erfassung von Wareneingangs- und Warenausgangsdaten [Anker-Werke].

geringere Fehlerquote an der Kasse zur Folge hat, geringere Ansprüche an die Konzentration der Kassiererin stellt und möglicherweise auch die Abfertigungszeit an der Kasse verringert.

Die meisten dieser Kassensysteme sind außerdem mit einer Programmablauf-Anzeige (Führungsanzeige) versehen, die der Bedienungsperson vorschreibt, welcher Arbeitsgang als nächster auszuführen ist. Dieser geführte Arbeitsablauf erzwingt die korrekte Bedienung der Kasse und verkürzt die Einarbeitungszeit für das Kassenpersonal.

3.3.1.4 Eingabe von Analog- und Digitalwerten

Das Problem der Eingabe von Analog- und Digitalwerten stellt sich in ausgeprägtester Form bei der Überwachung und Steuerung von Prozessen durch Datenverarbeitungsanlagen. Die Steuerung eines Prozesses erfolgt im Prinzip durch fortlaufenden Vergleich der für den Prozeß durch ein mathematisches Modell vorgegebenen Soll-Werte mit den Ist-Werten, die den augenblicklichen Zustand des Prozesses charakterisieren. Durch den Vergleich der Soll- mit den Ist-Werten werden, falls erforderlich, Befehle für eine dosierte Korrektur des Prozeßablaufes ausgelöst.

Dieses Prinzip setzt aber voraus, daß die den Ist-Zustand des Prozesses beschreibenden Meßgrößen bzw. daraus abgeleitete Größen fortlaufend erfaßt und zum Vergleich mit den Soll-Werten bereitgehalten werden. Die Zahl der zu erfassenden Meßwerte richtet sich nach der Art des Prozesses und der Form der Prozeßführung. Von Einfluß sind u. U. auch Nebenaufgaben, wie z. B. der Wunsch, den Prozeß genauestens zu studieren. Für die Steuerung eines 300 MW-Blockes in einem Braunkohlenkraftwerk werden mit einer Geschwindigkeit von 15 Meßwerten in der Sekunde nach den Angaben von *Kohl, Zinke* und *Zoller* 200 Analog-Meßwerte und 30 Digital-Meßwerte abgetastet [229, S. 598/599].

Die meisten physikalischen Größen können auf einfache Weise analog erfaßt werden. Für die Verarbeitung dieser Meßwerte in einer digital arbeitenden Datenverarbeitungsanlage ist deshalb eine Umwandlung aus der analogen in die digitale Form Voraussetzung. Nur ein kleinerer Teil der Meßwerte kann unmittelbar am Prozeß in digitaler Form erfaßt werden; dabei handelt es sich vorwiegend um Meldekontakte, die z. B. das Erreichen eines vorgeschriebenen Druckes (Kontaktmanometer) oder den Betriebszustand einer Maschine (ein- oder ausgeschaltet) angeben oder Zählimpulse auslösen.

Nur solche digitalen Meßwerte können ohne Umformung in die Datenverarbeitungsanlage eingegeben werden. Sämtliche analog vorliegenden Meßwerte müssen vor der Verarbeitung in Analog-/Digital-Wandlern in digitale Form umgewandelt werden. Die Schaltung für die Eingabe von analogen und digitalen Meßwerten in eine Datenverarbeitungsanlage hat das in Abb. 12 gezeigte Aussehen. Die über Leitungen ankommenden Meßwerte werden durch den Verkehrsverteiler zyklich

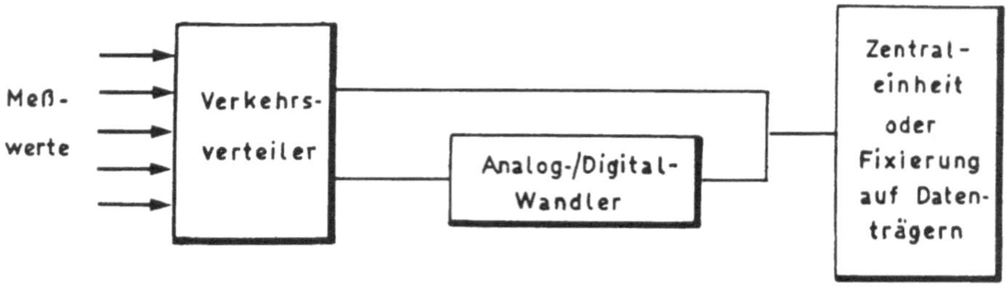

Abb. 12 Eingabe von analogen und digitalen Meßwerten.

mit sehr hoher Frequenz – die durch die für jede Meßstelle erforderliche Abtasthäufigkeit in der Zeiteinheit bestimmt ist – abgetastet. Digitale Meßwerte werden sofort zur Zentraleinheit durchgeschaltet, analoge im Analog-/Digital-Wandler, der gleichfalls mit sehr hoher Geschwindigkeit im Bereich bis maximal 2 Millionen Umsetzungen pro Sekunde arbeitet, umgesetzt und dann der Datenverarbeitungsanlage zugeführt. Bei Prozeßsteuerungen wird der gesamte Ablauf von einem Programm gesteuert, die Meßwerte quasi der Reihe nach aufgerufen. Im Fall der Meßwerterfassung und -verarbeitung und dem der Fertigungssteuerung ist sowohl der intern gesteuerte Ablauf als auch der extern, d. h. vom Anfall der Meßwerte gesteuerte Ablauf denkbar. Für kritische Situationen bei der Steuerung eines Prozesses kann der Ablauf des Abrufprogrammes auch durch Alarmsignale, z. B. beim Überschreiten eines vorgegebenen Höchstwertes, unterbrochen und durch das Alarmsignal ein Sonderprogramm aufgerufen werden.

Schaltung und Arbeitsweise der Analog- und Digitalwert-Eingabe ist im Prinzip für jeden Anwendungsfall gleich. Unterschiedlich dagegen sind die den Bedingungen des Prozesses und die den Eigenheiten der zu erfassenden Größen anzupassenden Geber für die Meßgrößen. Für die erforderlichen Messungen an chemischen und thermischen Prozessen, wo sehr viele Druck-, Temperatur- und Mengenmessungen vorzunehmen sind, bereitet die Auswahl eines geeigneten Gebers nur in Ausnahmefällen Schwierigkeiten, weil das Problem schon seit langem bei der Einrichtung von Leitständen und Warten bekannt ist und deshalb auch ausgereifte technische Lösungen vorliegen.

Da die fertigungstechnischen Prozesse vorwiegend Stückprozesse sind, genügt das Wissen um den Betriebszustand der einzelnen Teile der Gesamtanlage nicht zur Führung eines solchen Prozesses. Vielmehr ist zusätzlich die Kenntnis des jeweils in Bearbeitung befindlichen Werkstückes, seines Zustandes und seines derzeitigen Aufenthaltes erforderlich. Die Erfassungsaufgabe wird also wesentlich umfangreicher und vielseitiger. Ein erster Schritt auf dem Wege zur Steuerung fertigungstechnischer Prozesse wurde durch die schon früher besprochenen Fertigungszentralen gemacht.

3.3.1.5 Datensichtgeräte

Datensichtgeräte – d. s. Ein-/Ausgabegeräte mit visuell lesbarer Anzeige größerer Datenblöcke auf einer Kathodenstrahlröhre – finden zunehmend Anwendung als dialogfähige Datenstationen zur Auftragsdatenerfassung und als Elemente von Auskunftssystemen. Die Verarbeitung geometrischer Daten ist ohne Datensichtgeräte heute nicht mehr vorstellbar.

Schematisch besteht eine Datensichtstation aus den drei Grundbausteinen: Zeichen- und Funktionstastatur und gegebenenfalls Lichtgriffel als Eingabeelemente, aus der Anzeigeeinheit und der Steuereinheit. Die Arbeitsweise der Sichtstation bei der Bearbeitung numerischer und sprachlicher Daten sei kurz am Beispiel der Siemens-Station TRANSDATA 8150 beschrieben, deren Aufbau in der aus dem Beitrag von *Rauch* und *Thiele* übernommenen Abb. 13 erkennbar wird [266, S. 111].

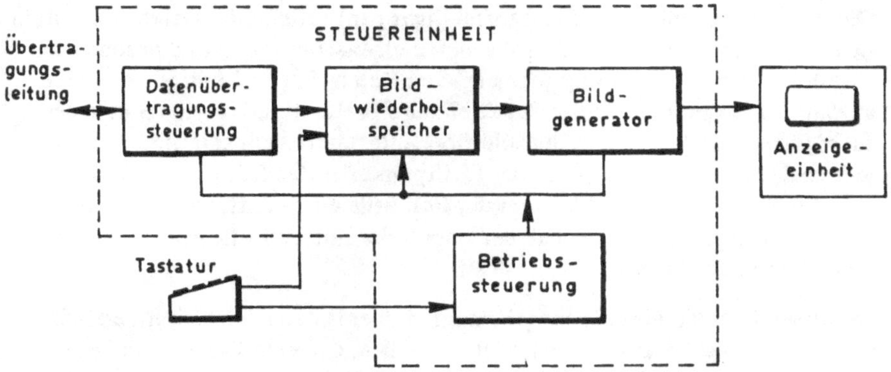

Abb. 13 Aufbau der Datensichtstation Transdata 8150. Aus: *Rauch* und *Thiele* [266, S. 111].

Die über die alphanumerische Tastatur eingegebenen Daten – maximal 1080 Zeichen – werden durch fortlaufende Bildwiederholung auf dem Schirm der Fernsehröhre angezeigt. Während der Anzeige können die eingegebenen Daten nahezu beliebig durch Löschen, Einfügen oder Überschreiben korrigiert werden. Hat die Bedienungskraft in visueller Kontrolle die Richtigkeit der eingetasteten Daten geprüft, wird durch eine Funktionstaste die Verbindung zum Rechner – unmittelbar über einen Eingabekanal oder über eine Übertragungsleitung – hergestellt und die bis dahin gespeicherte Eingabe übertragen.

Bei der Ausgabe von Daten über die Datensichtstation gelangen die Daten, z. B. von der Datenverarbeitungsanlage zunächst in den Wiederholspeicher, der sie in der Häufigkeit der Bildwechselfrequenz sequentiell der Anzeigeeinheit anbietet. Als Ausgabe hat die Datensichtstation den erheblichen Vorzug der Schnelligkeit und Geräuschlosigkeit, die Ausgabegeschwindigkeit ist wenigstens zehnmal größer als die eines Fernschreibers.

Die besonderen Vorzüge der Datensichtstation zur Datenerfassung sind die visuelle Kontrollmöglichkeit, die Korrekturmöglichkeit und das Zeichenvolumen der Anzeige. Dazu kommt noch weiterer Bedienungskomfort: bei der Auftragserfassung kann z. B. ein Formular mit Festwerten laufend projiziert werden, in das die zu erfassenden Daten gewissermaßen „einzutragen" sind. Formular und Festwerte werden mit geringerer Helligkeit angezeigt und automatisch beim Eintasten übersprungen.

Die Steuereinheit ist ziemlich aufwendig, so daß durch Anschluß mehrerer Eingabe- und Anzeigeeinheiten an eine Steuereinheit eine merkliche Senkung der Kosten je Station erreicht werden kann, wenn Bildgenerator und Bildspeicher gemeinsam benützt werden können.

Die Ausstattung mit einem Lichtgriffel (light-pen) verleiht der Datensichtstation noch mehr Komfort bei der Eingabe alphanumerischer Daten und besondere Flexibilität bei der Erfassung geometrischer Daten. Der Lichtgriffel ist ein bleistiftähnliches Gerät, an dessen Spitze eine Fotozelle sitzt. Wird die Spitze des Lichtgriffels auf den Schirm der Bildröhre aufgesetzt, dann gibt die Fotozelle jedesmal einen Impuls ab, wenn der Lichtpunkt des den Schirm unablässig abtastenden Kathodenstrahls unter der Fotozelle durchläuft. Die Steuerung des Gerätes ist so programmiert, daß der Impuls der Fotozelle die Feststellung der Koordinaten des Lichtpunktes auslöst.

Mit dieser Technik wird die Eingabe numerischer Daten noch weiter vereinfacht und beschleunigt: man kann sich z. B. vorstellen, daß eine Tabelle von Daten auf den Bildschirm projiziert und das einzugebende Datum durch Anzeigen mit dem Lichtstift identifiziert wird.

Die Eingabe geometrischer Daten kann im gleichen Sinne dadurch erfolgen, daß die geometrische Figur mit dem Lichtgriffel auf dem Schirm der Bildröhre gezeichnet wird. Gesteuert durch ein Verfolgungsprogramm, folgt der Kathodenstrahl dem Weg des Lichtstiftes, die Wegkoordinaten werden ermittelt, in Digitalwerte umgesetzt und gespeichert.

Speziell für die Erfassung geometrischer Daten werden die Datensichtgeräte mit besonderen Programmen zur Unterstützung der Zeichenarbeit ausgestattet, die z. B. Handskizzen von Blockdiagrammen in saubere Zeichnungen umsetzen, Drehungen, Verschiebungen und Maßstabsänderungen vorzunehmen gestatten. Durch entsprechende Programmierung können auch häufig benutzte Darstellungselemente, Symbole u. ä. zur Darstellung auf dem Bildschirm abgerufen werden. Die ganze Spannweite der Rationalisierungsmöglichkeiten durch rechnerunterstütztes Konstruieren hat *Rolf Simon* in seiner Dissertation dargelegt [350].

Schließlich sei noch auf die Wirkungsweise der von *Davis* und *Ellis* entwickelten und beschriebenen Rand-Tafel als Mittel zur Erfassung geometrischer Daten in Verbindung mit einer Datensichtstation eingegangen [21]. Die Rand-Tafel ist eine ebene Schreibfläche, unter der rechtwinklig zueinander zwei Gruppen paralleler Leiter mit sehr geringem Abstand verlaufen. Auf diese Leiter werden Impulse gegeben, die im Gray-Code die Koordinaten jedes Punktes auf der Tafel geben. Beim Aufsetzen eines Metallstiftes werden durch kapazitive Kopplung die Koordinaten des Punktes aufgenommen, an dem sich der Stift befindet. Diese Koordinaten werden auf dem Bildschirm eines Datensichtgerätes angezeigt. Es erfordert eine gewisse Übung, die Arbeit auf der Rand-Tafel durch Beobachten des Schirmbildes zu verfolgen.

Abschließend sei noch auf die Abwandlung des Prinzips der Schirmbildeingabe zum Einlesen von Daten, die auf optischen Festspeichern gespeichert sind, aufmerksam gemacht. Das Prinzip der Sichteingabe wird dort so modifiziert, daß zwischen Strahlröhre und einer Fotozelle (im Prinzip der Lichtgriffel) der Filmspeicher angeordnet und durch den Kathodenstrahl der Bildröhre abgetastet wird. Die Hell-/Dunkelwerte für jede Position auf dem Film werden in Digitalwerte umgesetzt, die unmittelbar in der Datenverarbeitungsanlage verarbeitet werden können. Derartige Einrichtungen sind auch für das Auswerten fotografischer Beobachtungen von physikalischen Experimenten realisiert worden.

3.3.1.6 Geräte für die Spracheingabe

Die Dateneingabe in eine Datenverarbeitungsanlage gestaltet sich am einfachsten, wenn der benutzende Mensch in seiner natürlichen Lautsprache einen „Dialog“ mit der Datenverarbeitungsanlage führen kann. Für den Menschen ist die Sprache das natürlichste der ihm zur Verfügung stehenden Kommunikationsmittel. Ist dieses Mittel einsetzbar, entfällt die Notwendigkeit eines zusätzlichen Kommunikationshilfsmittels, wie z. B. des maschinenlesbaren Datenträgers. Dazu müssen aber die Datenverarbeitungsanlagen die menschliche Lautsprache verstehen, die ihr auf diesem Wege übermittelten Daten verarbeiten, Befehle befolgen sowie die Ergebnisse wieder in Lautsprache ausgeben können.

Von diesem Gesamtproblem der akustischen Kopplung von Mensch und Datenverarbeitungsanlage über die natürliche Lautsprache interessiert hier nur das Problem der Spracheingabe. Für die Sprachausgabe wurden z. B. von *Spruth* schon vor Jahren betriebsfähige Anlagen beschrieben [278]. Die Schwierigkeit der Spracheingabe liegt in der Spracherkennung, da eine allgemeine Lösung eine große Vielfalt von Sprechern und auch die Sprechvariationen eines Sprechers erkennen sollte. Spracherkennung ist die Analyse der physikalisch definierbaren Sprachsignale auf die Wortbedeutung: spezielle Einflüsse auf die Ausbildung des Sprachsignals wie Alter, Geschlecht und Mundart des Sprechers sollen für die Spracherkennung unwirksam sein.

Meyer-Eppler hat die Probleme der Spracherkennung und die bisher bekanntgewordenen Lösungssätze eingehend dargestellt [102]. Insgesamt ist die automatische Spracherkennung noch nicht gelöst; bisher sind nur experimentelle Geräte beschrieben und gebaut worden, die die Erkennung der gesprochenen Zahlen von Null bis Neun sowie einige Befehlsworte gestatten. Eine dieser Anlagen, die von *Zwicker, Hess* und *Terhardt* beschrieben wurde, vermochte 95,4% aller Ziffern richtig zu erkennen [310]. Die Ziffern waren von 64 verschiedenen Personen gesprochen worden, denen keine Sprechdisziplin auferlegt war. Die automatische Erkennung einer Ziffer dauert bei der dort beschriebenen Schaltung 7 Sekunden.

Auch für die Erkennung gesprochener Worte sind in den letzten Jahren einige Ansätze geschaffen worden. Diese Erkennungsverfahren sind jedoch noch sprecherabhängig und adaptiv gestaltet. Das bedeutet, daß das Gespräch mit dem Rechner mit einigen Normsätzen eröffnet werden muß, an denen der Rechner gewissermaßen die individuellen Eigenheiten der Sprache des Sprechenden kennenlernt.

Im derzeitigen Stadium der Entwicklung ist die Spracheingabe direkt in die Datenverarbeitungsanlage noch nicht als gegebene Möglichkeit anzusehen. Da die automatische Spracherkennung aber nicht nur für die Dateneingabe, sondern auch für einige andere Anwendungen bedeutsam ist, kann mit weiteren Fortschritten gerechnet werden, die die Spracheingaben wenigstens für die Zahlen und für ein beschränktes Vokabular gestatten.

3.3.1.7 Benutzerstationen für Datenfernverarbeitung

Nach der Definition des Entwurfes von DIN 44 300 ist die Benutzerstation diejenige Funktionseinheit einer Datenverarbeitungsanlage „mit deren Hilfe einem Benutzer direkter Informationsaustausch mit dem Rechensystem möglich ist" [328, Nr. 114]. Ergänzend heißt es dort: „Benutzerstationen werden oft über größere Entfernungen mit dem zugehörigen Rechensystem verbunden. In diesen Fällen kann die Benutzerstation eine Datenstation nach DIN 44 302 sein". Benutzerstationen sind damit gekennzeichnet als Elemente eines Teilnehmer-Rechensystems (Time-Sharing-Systemes), das nach DIN 44 300 als digitales Rechensystem „mit mehreren angeschlossenen Benutzerstationen, von denen aus unterschiedliche Aufgaben abgewickelt werden", verstanden wird [328, Nr. 117].

Diese definitorische Einleitung war unvermeidlich, um einen klaren Begriff gegen die vielen und nicht immer eindeutigen Bezeichnungen wie Terminal, Datenplatz, Datenerfassungsplatz u. a. zu setzen. Generell ist als wesentliche Eigenschaft der Benutzerstation die Möglichkeit der Kommunikation zwischen Mensch und Datenverarbeitungsanlage in beiden Richtungen herauszustellen.

Zur Diskussion der unterschiedlichen Bauformen von Benutzerstationen werden üblicherweise Stationen für Dialogbetrieb und Stationen für den Stapelbetrieb des Fernverarbeitungssystems unterschieden. Hier dient eine Zeitbedingung, nämlich die für die Verarbeitungsaufgabe geforderte Reaktionszeit, als primäres Unterscheidungsmerkmal. Die in Anlehnung an Darstellungen von *F. Schreiber* entworfene Abb. 14 läßt die Abgrenzung der Verkehrsarten Dialog- und Stapelbetrieb in Abhängigkeit der geforderten Reaktionszeit des Systems und den zu übertragenden Datenmengen je Vorgang erkennen [284], [285].

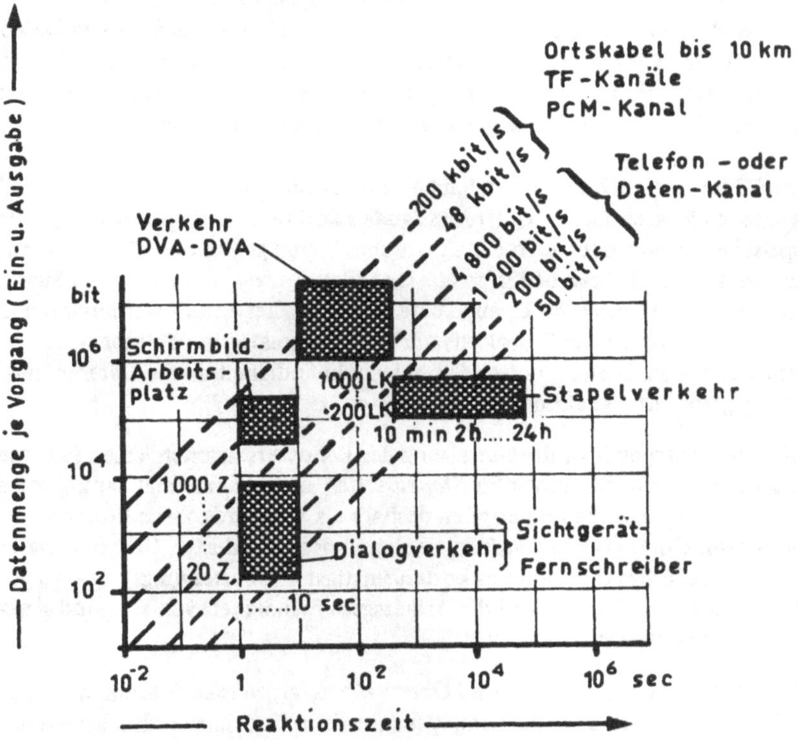

Abb. 14 Abgrenzung von Stapel- und Dialogbetrieb durch Datenmenge, Reaktionszeit und Übertragungsgeschwindigkeit.

Benutzerstationen für Stapelbetrieb sind allgemein für das Senden und Empfangen größerer Datenmengen je Übertragungsvorgang bei geringeren Anforderungen an die Reaktionszeit eingerichtet. Die zu verarbeitenden Daten können vor der Eingabe bereits auf Datenträgern gesammelt werden, und der Eingabevorgang wird damit zum Einlegen des Datenträgers in die Station. Das bedeutet einerseits geringere Anforderungen an die Bedienungsperson und gestattet anderseits die Verwendung von Eingabegeräten mit hohen Arbeitsgeschwindigkeiten. Da die Datenträger „genormt" sind, ist die Gestaltung der Benutzerstation nahezu unabhängig vom Anwendungsfall.

Dialogstationen sind dagegen für die Verarbeitung geringerer Datenmengen bei kurzen Reaktionszeiten ausgelegt. Art und Umfang der über die Dialogstation abzuwickelnden Aufgaben sind maßgeblich für die Ausstattung der Station mit Eingabe- und Ausgabevorrichtungen. Als Eingabemittel dürfte die Tastatur dominieren, die wegen der Fehlersicherheit unbedingt mit einer visuellen Eingabekontrolle ausgeführt sein sollte. Die „langsame" Tastatureingabe dürfte bei Aufgabenstellungen, die die Eingabe größerer Datenmengen wie z. B. Programmteile verlangen, durch ein zusätzliches „schnelleres " Gerät zum Einlesen von Datenträgern ergänzt werden. Art und Umfang der im Dialog ankommenden Datenmenge bestimmen auch die Form der Ausgabe, die über ein einzelnes Ausgabegerät oder über eine Kombination verschiedener Ausgabegeräte erfolgen kann.

Auch hier zeigt sich der maßgebliche Einfluß der Aufgabenstellung: im Fall der Ausgabe eines einfachen Quittungssignales könnte eine Kontroll-Lampe als optische Anzeige oder auch ein akustisches Signal genügen. Größere, zusammenhängende Datenblöcke bedürfen zur schnellen Anzeige dagegen eines Sichtgeräts, von dessen Schirmbild u. U. auch eine Hardcopy hergestellt werden kann. Zur Ausgabe in Form eines Protokolls oder eines formatierten Beleges wäre ein Drucker heranzuziehen, dessen Schreibgeschwindigkeit an die Datenmenge und an die geforderte Reaktionszeit anzupassen ist.

Die Überlegungen über die Gestaltung der Benutzerstationen lassen sich wie folgt zusammenfassen: Stationen für *Stapelbetrieb* sind nahezu unabhängig von der Verarbeitungsaufgabe und können deshalb als Standardkonstruktionen ausgeführt sein. Unterscheiden werden sie sich in der geforderten Übertragungsleistung, aus der wiederum die Wahl des kostengünstigsten Übertragungsweges folgt. Auf dessen Geschwindigkeit wird die Arbeitsgeschwindigkeit von Ein- und Ausgabegeräten abgestimmt.

Wie der Beitrag von *Metzger* und *Obermeier* zeigt, werden Stationen für Stapelbetrieb in drei Geschwindigkeiten gebaut, die in Lochkarten, Lochstreifen oder auf Magnetband gesammelte Daten durchsetzen [249]. Zum Einsatz im Datex-Netz oder auf privaten Telegrafenleitungen werden Stapelstationen mit Übertragungsgeschwindigkeiten bis 200 bit/s gebaut; Stationen mit Übertragungsgeschwindigkeiten bis 1200 bit/s sind zum Einsatz im Fernsprechnetz vorgesehen. Stationen mit noch höheren Übertragungsgeschwindigkeiten dienen der Übertragung auf Fernsprechstandleitungen.

Benutzerstationen für *Dialogbetrieb* müssen dagegen den Bedingungen des Anwendungsfalles stärker entgegenkommen. Deshalb gibt es neben einigen universellen Stationstypen eine große Zahl individueller Ausführungsformen.

Universell einsetzbar sind die aus Fernschreibmaschinen entwickelten Schreibstationen. Wie *Wilkes* bestätigt, sind diese vergleichsweise langsamen, dafür aber kostengünstigen Stationen für die meisten Benutzer überraschend gut geeignet [164, S. 35]. Schreibstationen sind mit einer normalen Tastatur ausgerüstet und besitzen vielfach zusätzlich einen Lochstreifenleser als Eingabegerät. Zur Ausgabe dient ein Druckwerk und u. U. auch ein Streifenlocher.

Wenn größere Datenmengen in Dialogbetrieb schnell auszugeben sind, sind die Druckwerke der Fernschreibmaschinen in der Regel zu langsam. In diesen Fällen werden Datensichtgeräte eingesetzt, bei denen eine Kathodenstrahlröhre als Ausgabegerät verwandt wird. Diese können in kürzester Zeit bis zu einige tausend Zeichen anzeigen und durch zusätzliche Einrichtungen, wie farbige und graphische Darstellung und Formatbildung, zu hohem Benutzerkomfort entwickelt werden. Der Anschluß eines Druckers oder eines anderen Gerätes zur Ausgabe auf Datenträgern sind weitere Ausbaustufen des Sichtgerätes.

Die ausgesprochen anwendungsbezogenen Formen der Dialogstationen lassen sich, gruppiert nach Anwendungsschwerpunkten, entweder als Stationen in Auskunftssystemen oder als Stationen für Buchungssysteme beschreiben. In Auskunftssystemen ist das Aufsuchen eines bestimmten Datums oder einer Datengruppe in einem zentralen Datenbestand von einer dezentralen Benutzerstation aus und die Anzeige oder Ausgabe der Daten in der Benutzerstation Gegenstand des Dialogs.

Wenn die Informationsanforderung präzise formuliert werden kann, dann beschränkt sich der Eingabevorgang auf die Eingabe der Identifikationsmerkmale des aufzusuchenden Datums und des Übertragungs- und Ausgabebefehls. Als Eingabegeräte kommen dann speziell gestaltete Tastaturen und Tasten für die Identifikationsmerkmale und Funktionstasten für die Prozedurbefehle in Frage. *Rauch* und *Thiele* beschreiben eine derartige einfache Benutzerstation für Fahrplanauskünfte, die als Ausgabegerät einen Blattdrucker besitzt und ganz auf die Bedienung durch ungeübte Benutzer abgestellt ist [266, S. 108/109].

Wenn die Stationen von Auskunftssystemen nur von geübtem Personal benutzt werden, können auch Modifikationen von Fernschreibmaschinen und Datensichtgeräte als Benutzerstationen eingesetzt werden. Die besondere Leistungsfähigkeit der Datensichtgeräte kommt speziell in den Anwendungsfällen zum Tragen, in denen große Datenmengen schnell zur Kenntnis gebracht werden müssen oder auf ihren Informationsinhalt zu prüfen sind. Diese letzte Bedingung ist z. B. bei der Informationserschließung wichtig, weil die gesuchte Information nicht immer von vornherein durch entsprechende Descriptoren präzise angesprochen werden kann.

Die Art der in einem Auskunftssystem gespeicherten Daten bringt u. U. Einschränkungen hinsichtlich des Personenkreises mit sich, dem der Zugriff zum Datenbestand in vollem oder in beschränktem Umfange gestattet ist. Eine Sicherung gegen unbefugten Zugriff kann man auf verschiedenen Wegen erreichen. Wird die Station z. B. mit einem Ausweisleser ausgerüstet, dann kann durch entsprechende Schaltung der Station oder durch die Programmierung der zentralen Datenverarbeitungsanlage die grundsätzliche Benutzungsberechtigung geprüft und so eine Beschränkung des Zugriffs beachtet werden. Bei geeigneter Programmierung kann der gleiche Effekt auch dadurch erreicht werden, daß jeder Benutzer zur Eröffnung des Dialogs bestimmte Kennworte anzugeben hat, ohne die der Dialog nicht fortgesetzt werden kann.

Im Gegensatz zum Auskunftssystem muß in Buchungssystemen der zentrale Datenbestand von den dezentralen Benutzerstationen aus im Dialog verändert werden. Diese allgemeine Definition umfaßt Anwendungsfälle, wie Buchungsplätze zur Platzreservierung bei Flug- und Eisenbahngesellschaften, Buchungsplätze für Geld- und Kreditinstitute und für Versandhäuser, die alle in einem Aufsatz von *Kensy* und *Mohr* beschrieben werden [223]. Der Umstand, daß die zu verändernden Daten und der Betrag der Änderung exakt gegeben sind, ist für Gestaltung und Betrieb von Buchungsstationen in zweierlei Hinsicht ein wesentliches Merkmal. Zu einem kann die Tastatur der speziellen Ausprägung der einzugebenden Daten vollkommen angepaßt werden und so ein Höchstmaß an Bedienungskomfort gewährleisten. Da das Volumen der Eingabedaten sehr gering ist, werden die Daten vor der Übertragung zwischengespeichert und können mit hoher Geschwindigkeit aus dem Speicher übertragen werden. Damit tritt keine Verzögerung der Übertragungsgeschwindigkeit ein, obwohl die Tastatureingabe die langsamste Eingabe ist. Für die Eingabe der Prozedurbefehle werden Funktionstasten vorgesehen.

Die zweite wichtige Bedingung für die Gestaltung von Buchungsstationen sind die Sicherheitsanforderungen, die wegen der Veränderung der internen Datenbestände besonderes Gewicht haben. Die erste Sicherheitsforderung richtet sich auf die Sicherung gegen unberechtigte Benutzung, die nach den von den Auskunftsstationen her bekannten Methoden erfüllt werden kann. Gebräuchlich sind aber auch Schlösser, die die Inbetriebnahme der Station dem Besitzer des entsprechenden Schlüssels vorbehalten.

Höhere Sicherheitsanforderungen werden aber auch an den Eingabevorgang und an den Übertragungsvorgang gestellt. Die Eingabesicherheit wird durch die Gestaltung der Tastatur und durch eine zusätzliche optische Anzeige der eingetasteten Daten verbessert. Die Zwischenspeicherung der eingetasteten Werte ermöglicht die block- oder zeichenweise Korrektur einer erkannten Fehleintastung. Durch die Schaltung der Station können Formatkontrollen vorgenommen und die Einhaltung einer bestimmten Reihenfolge der Eingabedaten des Datenblockes erzwungen werden. Die Sicherung der fehlerfreien Übertragung muß schließlich entweder als programmierte Prüfung bei der Verarbeitung der Buchungsnachricht sichergestellt werden oder durch die aufwendigen Sicherungsgeräte erfolgen.

3.3.2 Weitergabe von Daten durch Datenübertragung

Unter Datenübertragung wird hier die Übertragung von digitalen Daten auf Übertragungsleitungen verstanden. Die Datenübertragung wird somit zu einer Gliedtechnik der Kombinationstechnik Datenfernverarbeitung.

Ein System zur Datenfernverarbeitung ist stets, unabhängig von der ihm gestellten Aufgabe, eine Kombination von Datenstationen, Übertragungsleitungen und Datenverarbeitungsanlage. Der Einfluß der Verarbeitungsaufgabe spiegelt sich, wie Abb. 15 zeigt, in der unterschiedlichen Gestaltung der Einrichtungen zu beiden Enden der Übertragungsstrecke und in der Betriebsweise des Übertragungssystems.

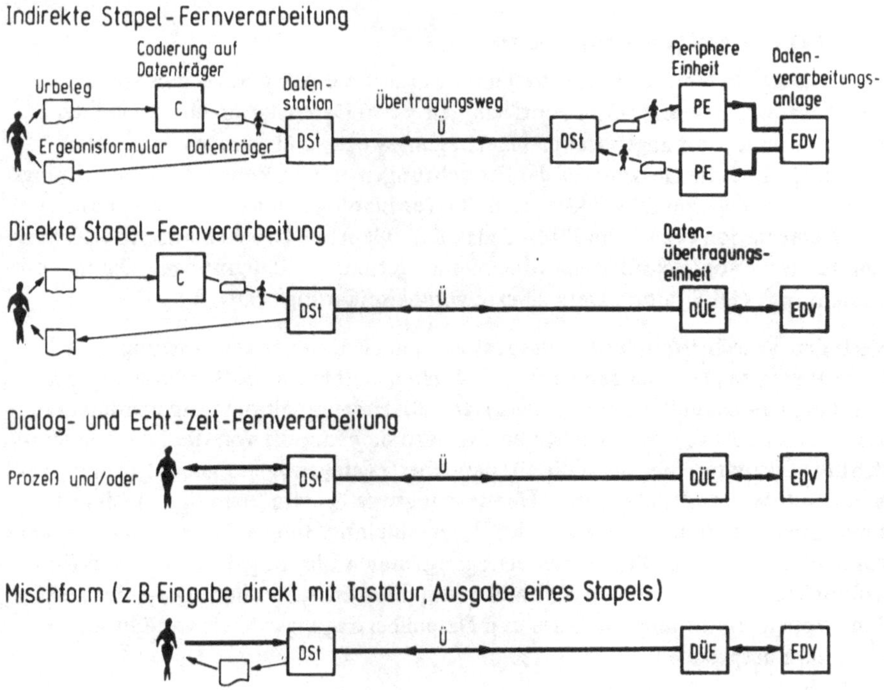

Abb. 15 Formen der Datenfernverarbeitung. Aus [232].

Die folgenden Ausführungen beschäftigen sich nur mit der Gestaltung des Systems für die Datenübertragung auf Übertragungsleitungen. Da nach deutschem Recht nur der Deutschen Bundespost das Recht zusteht, Fernmeldeanlagen – also Übertragungsleitungen – zu errichten und zu betreiben, müssen sich die Ausführungen auf die von der Bundespost zur Verfügung gestellten Übertragungswege beschränken. Eine besondere Stellung haben Privat-Fernmeldeanlagen, die im Sinne des Fernmeldeanlagengesetzes als genehmigungsfreie Anlagen errichtet und betrieben werden können. Diese Privat-Anlagen dürfen nur innerhalb eines Grundstückes eingerichtet werden und/oder mehrere Grundstücke eines Betriebes miteinander verbinden, wenn diese nicht mehr als 25 km Luftlinie voneinander entfernt liegen.

Aus der Notwendigkeit, Leitungen der Bundespost für die Datenübertragung zu wählen, folgt als positives Moment die Tatsache, daß ein bestehendes und ziemlich dichtes Netz zur Verfügung steht. Die Dichte des Netzes in der Bundesrepublik zeigt sich an der Zahl der bestehenden Anschlüsse: im Jahre 1970 hatte das öffentliche Fernsprechnetz ca. 8,5 Millionen Anschlüsse, das Telexnetz ca. 75000 Teilnehmer und das erst im Aufbau befindliche Datexnetz ca. 500 Teilnehmer.

3.3.2.1 Das Datenübertragungssystem

Das Grundsystem der Datenübertragung realisiert die Aufgabe, Daten von einer Datenstation zu einer zweiten, entfernt gelegenen Datenstation über einen der von der Bundespost angebotenen Übertragungswege zu übertragen. Als Datenstation gilt hier die Gesamtheit der Einrichtungen an den Enden der Übertragungsstrecke. In Sinne von DIN 44302 und der Terminologie der Bundespost besteht eine Datenstation (synonym Datenendstelle), wie Abb. 16 schematisch zeigt, aus den durch die sog. Schnittstelle voneinander getrennten Baugruppen „Datenendeinrichtung" (DEE) und „Datenübertragungseinrichtung" (DÜE).

Nach den Vorschriften der Bundespost werden als Datenendeinrichtung „alle bei Datenstationen (Datenendstellen) befindlichen Geräte für die Sendung und den Empfang von Daten" verstanden; als Datenübertragungseinrichtung werden die Teile der Datenstationen bezeichnet, die dazu dienen, „die von der Datenendeinrichtung erzeugten Signale in die für den Übertragungsweg geeignete Form umzuwandeln bzw. um die über einen Übertragungsweg übertragenen Signale derart zurückzuverwandeln, daß sie von der Datenendeinrichtung aufgenommen werden können" [316, S. 3]. Die Datenübertragungseinheit nimmt ggf. Steuer- und Kontrollfunktionen wahr und enthält außerdem die Anschalteinheit. Die einzelnen Baugruppen von Datenendeinheit und Datenübertragungseinheit werden später noch kurz besprochen.

Die scharfe Trennung zwischen Datenendeinrichtung und Datenübertragungseinrichtung definiert zugleich die sog. „Schnittstelle", die in verschiedener Hinsicht bedeutsam ist. Die Schnittstelle bildet

„– die Grenze für die Leistungen der Deutschen Bundespost,
– die Grenze für die Unterhaltung und Entstörung der Einrichtungen oder des Fernmeldeweges,
– in bestimmten Fällen die Grenze, bis zu der die Einrichtungen posteigen sind" [316, S 4].

Wichtiger noch ist der Umstand, daß die nach DIN 66020 genormte Schnittstelle auch die physikalischen Eigenschaften der Schnittstellen-Leitungen und die Bedeutung der ausgetauschten Signale standardisiert und somit die Möglichkeit eröffnet, Einrichtungen verschiedener Hersteller miteinander zu koppeln.

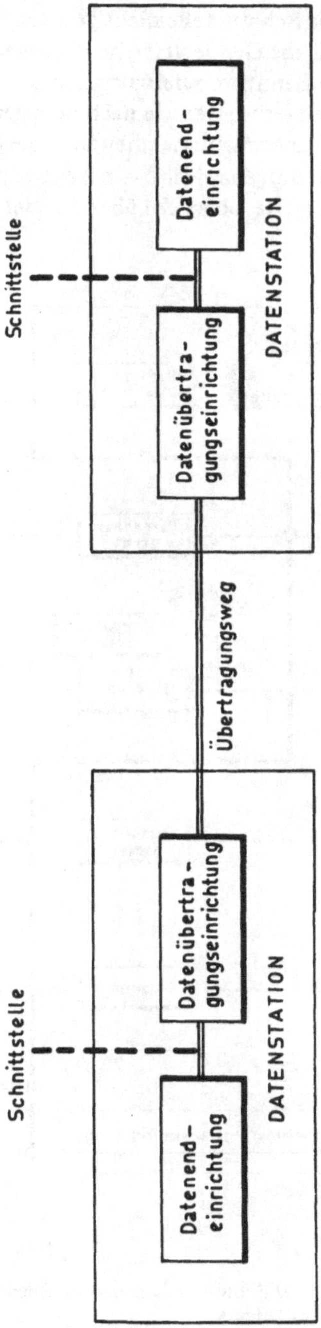

Abb. 16 Das Grundsystem der Datenübertragung und die Komponenten der Datenstation.

Wie bereits angedeutet, bildet die Schnittstelle nicht grundsätzlich auch die Grenze, jenseits derer nur posteigene Geräte verwendet werden dürfen. Die Datenendeinrichtungen sind stets vom Benutzer bereitzustellen, müssen also von ihm vom Hersteller gekauft oder gemietet werden. Je nach dem gewählten Übertragungsweg sind dagegen die Datenübertragungseinheiten – die entsprechend dem Übertragungsweg unterschiedlich aufgebaut sind – entweder privat oder posteigen. Abb. 17 vermittelt eine schematisierte Übersicht über die hier gültigen Regelungen.

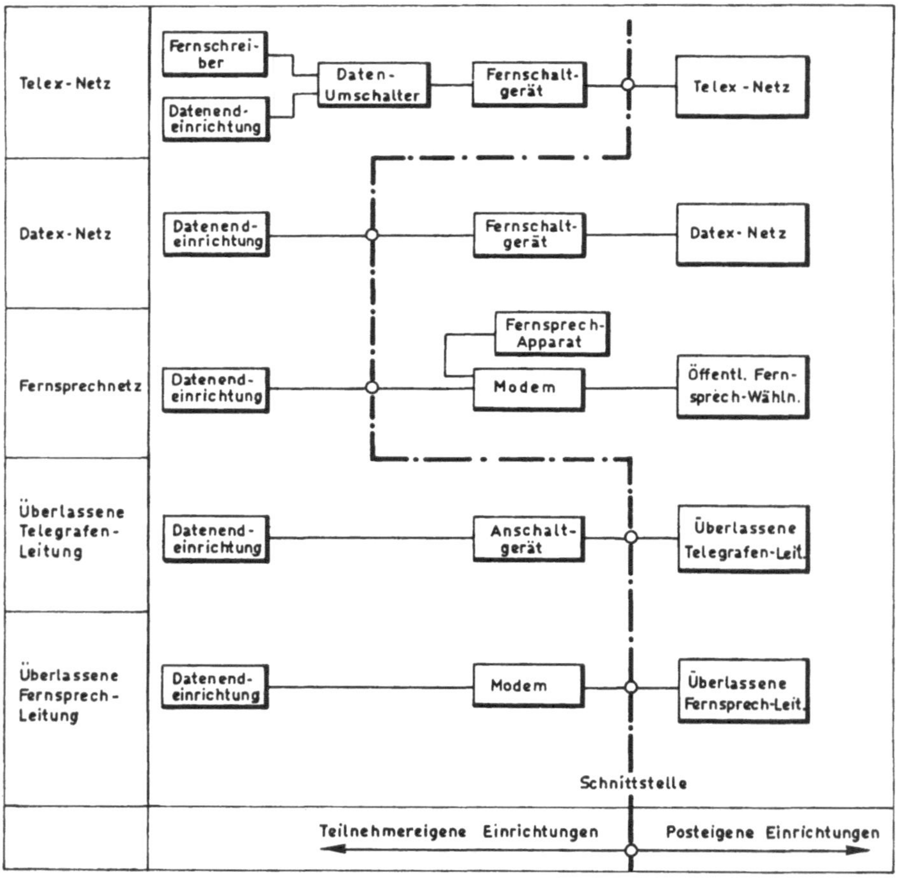

Abb. 17 Übertragungswege und Lage der Schnittstelle zwischen Einrichtungen der Bundespost und Einrichtungen des Benutzers.

3.3.2.2 Datenstationen

Die Datenstation als ein typisches Element des Datenübertragungssystems muß in dieser Eigenschaft auch klar gegen die vorhin besprochene Benutzerstation abgegrenzt werden. Es sei nochmals herausgestellt, daß der Übergang zwischen beiden Arten von Stationen nur dann fließend wird, wenn sich die Benutzerstation (als Komponente eines Teilnehmer-Rechensystems) wegen der Entfernung zwischen Benutzerstation und Datenverarbeitungsanlage der Technik der Datenübertragung bedienen muß.

In DIN 44302 ist die Datenstation als „Einrichtung, die aus Datenendeinrichtung und aus Datenübertragunseinrichtung besteht" definiert und in ihrem Aufbau schematisch dargestellt [330, Nr. 9]. Dieser Aufbau ist in Abb. 18 wiedergegeben. Die Datenstation besteht danach aus den beiden Baugruppen: Datenendeinrichtung (DE-Einrichtung) und Datenübertragungseinrichtung (DÜ-Einrichtung), die ihrerseits wieder aus verschiedenen Komponenten aufgebaut sind.

<table>
<tr><td colspan="9">Datenstation</td><td rowspan="4">Übertragungsleitung</td></tr>
<tr><td colspan="5">DE-Einrichtung</td><td colspan="4">DÜ-Einrichtung</td></tr>
<tr><td>Eingabe- und/oder Ausgabe- und/oder Rechen- und/oder Leitwerk und/oder Speicher</td><td colspan="3">Fernbetriebseinheit</td><td>Fehlerschutz-, Synchronisiereinheit</td><td colspan="3">Signalumsetzer</td><td>Anschalteinheit</td></tr>
<tr><td></td><td>Überwachungsteil</td><td>Datenaufbereitungsteil</td><td>Stationskennungsteil</td><td></td><td>Sendeteil</td><td>Empfangsteil</td><td>Schaltteil</td><td></td></tr>
</table>

Abb. 18 Schematische Einteilung einer Datenstation. Aus [330].

Die Datenendeinrichtung umfaßt zunächst alle die Elemente, die im engeren Sinne die Ein- und Ausgabe der Daten besorgen. Analog zu den für die Benutzerstation angestellten Überlegungen sind dies einerseits Ausgabegeräte und anderseits Geräte zur direkten oder indirekten Eingabe. Die Baugruppe Fernbetriebseinheit ist verantwortlich für den Betriebsablauf der Datenübertragung und enthält, für Sende- und/oder Empfangsbetrieb ausgelegt, den Datenaufbereitungsteil (z. B.

Serien-Parallelumsetzer oder Parallel-Serienumsetzer), den Stationskennungsteil und den Überwachungsteil.

Die Datenübertragungseinrichtung, ebenfalls für Sende- und/oder Empfangsbetrieb ausgestattet, enthält die Anschalteinheit und den Signalumsetzer, der die von der Endeinrichtung angelieferten Datensignale in eine für die Übertragung geeignete Form umwandelt oder umgekehrt die von der Übertragungsstrecke angelieferten Signale in die für die Endeinrichtung notwendige Form umsetzt. Ferner gehört zur Übertragungseinrichtung die Synchronisiereinheit, die den synchronen Betrieb der miteinander verkehrenden Stationen gewährleistet und – entsprechend der Übertragungsstrecke – entweder den gleichen Schrittakt herstellt oder den Zeichen- oder Blockanfang für beide Stationen definiert. Bestandteil der Datenübertragungseinrichtung wird schließlich noch die u. U. vorgesehene automatische Wähleinrichtung zum Aufbau der Verbindungen in Wählnetzen.

Die Fehlerschutzeinheit, nach DIN 44302 die „Einrichtung zum Erkennen und gegebenenfalls Eliminieren von Fehlern, die während der Übertragung entstanden sind", ist konstruktiv ein Teil entweder der Datenend- oder der Datenübertragungseinrichtung oder wird als selbständige Einheit über einheitliche Schnittstellen nach DIN 66020 mit beiden verbunden [330, Nr. 12]. Wegen der Bedeutung des Fehlerschutzes sei hier eine kurze Betrachtung dieses Komplexes eingeschaltet.

Fehlerschutzgeräte arbeiten nach zwei Prinzipien, die in den prägnanten Formulierungen von *Kurth*, *Giesecke* und *Maurer* dargestellt seien:

„1. Die Nachricht wird in einem fehlerkorrigierenden Kode kodiert, der empfangsseitig die Feststellung der Lage des Fehlers in der Nachricht gestattet. Die Korrektur erfolgt ohne Wiederholung.

Vorteil: Keine Signale werden zur Senderseite zurückgegeben. Es ist somit nur eine Übertragungsrichtung erforderlich. Der Nachrichtenfluß ist kontinuierlich.

Nachteil: Für eine hohe Fehlersicherheit ist die Redundanz der zu verwendenden Kodes oft zu groß.

2. Die Methode ist dadurch gekennzeichnet, daß im Störungsfall die ganze Nachricht oder Teile von ihr wiederholt werden. Hier wird die Nachricht in einem fehlerhemmenden Kode kodiert. Beim Auftreten eines Fehlers wird die Wiederholung automatisch oder manuell eingeleitet.

Vorteil: Verringerung des technischen Aufwandes für die Kodierung und Erhöhung der Fehlersicherheit.

Nachteil: Es muß in jedem Fall eine Duplex- oder Halbduplexverbindung vorliegen. Der Nachrichtenfluß ist diskontinuierlich" [82, S. 39/40].

Die eingehende Darstellung der Fehlersicherungsverfahren, insbesondere der benutzten Codes und der Fehlerschutzgeräte muß der Spezialliteratur vorbehalten bleiben. Hier sei nur herausgestellt, daß hohe Ansprüche an die Fehlerfreiheit der Übertragung Fehlerschutzgeräte zu beiden Enden der Übertragungsstrecke erforderlich machen. Es darf aber nicht übersehen werden – und das ist eine notwendige Folge des Einsatzes von Fehlerschutzeinrichtungen –, daß die Übertragungsleistung spürbar sinkt. Dafür sind zwei Umstände verantwortlich: zur Fehlersicherung wird ein höherwertiger Code verwendet und die Korrektur erfordert zusätzliche Übertragungszeiten für die Wiederholung der gesamten Nachricht bzw. bestimmter Blöcke, also Teilen der Nachricht.

Über die Verlängerung der Übertragungszeit durch die zur Korrektur erforderlichen Wiederholungen während der Übertragung einer Nachricht gibt es bisher nur wenige Angaben. Das ist insofern nicht überraschend, als die Verlängerung der Übertragungszeit, die aus der mathematisch-statistischen Verteilung der auf einem Übertragungskanal auftretenden Störungen resultiert, nur durch eine sehr große Zahl von Messungen bestimmt werden kann. Aus Einzeluntersuchungen in kleinerem räumlichen Bereich nennen *Aulhorn*, *Lange* und *Marko* [169, S. 158] eine Wiederholungsrate von rd. 10%, *Schröder* [339, S. 173] hält allgemein eine Rate von nicht mehr als 10–20% für erreichbar.

Daraus läßt sich erkennen, daß das Fehlerschutzverfahren einen gewissen Einfluß auf die zur Übertragung notwendige Zeitspanne hat. Dieser Umstand wird bei Kostenüberlegungen speziell zu berücksichtigen sein. Generell muß angesichts des Aufwandes für die Fehlerschutzgeräte nüchtern abgewogen werden, ob der durch einen Übertragungsfehler verursachte Schaden schwerer wiegt als der ganze Aufwand für den Fehlerschutz.

3.3.2.3 Übertragungswege

Für die Datenübertragung stellt die Bundespost verschiedene Übertragungswege zur Verfügung, die in Tab. 6 mit ihren für die Datenübertragung wichtigsten Eigenschaften zusammengestellt sind. Im Prinzip handelt es sich dabei um Wählverbindungen im öffentlichen Fernschreib- und Fernsprechnetz und im neugeschaffenen Datexnetz sowie um festgeschaltete Verbindungen (Standleitungen) in diesen Netzen mit und ohne Verbindung zu den entsprechenden öffentlichen Wählnetzen.

Das erste für die Datenübertragung wichtige Merkmal eines Übertragungsweges ist die auf ihm maximal erreichbare Übertragungsgeschwindigkeit, angegeben in bit/s. Aus technischen Gründen ist für jeden Typ von Übertragungsweg maximal eine bestimmte Übertragungsgeschwindigkeit erreichbar, und zwar in Abhängigkeit von der Bandbreite des Übertragungskanals und von dem Maß der auftretenden Störungen, das durch sog. Rauschverhältnis (Verhältnis Signal zu Geräusch) gekennzeichnet ist. Deshalb ist jedem der in Tab. 6 aufgenommenen Übertra-

	Übertragungswege	Netzart	Übertragungsverfahren 1)	Betriebsverfahren 2)	max. Übertragungsgeschwindigkeit bis . . .	durchschn. Fehlerwahrscheinlichkeit	Bemerkungen
Telegrafenleitungen	Telexnetz	öffentliches Wählnetz	s	sx/hx	50 bit/s	5 bis 10 × 10^{-6} Bit	
	Datexnetz	öffentliches Wählnetz	s	sx/dx	200 bit/s	2 bis 8 × 10^{-6} Bit	später höhere Übertragungsgeschwindigkeiten bis 10 Kbit/s und mehr
	Überlassene Telegrafenleitungen	Standverbindungen oder Sondernetze	s	sx/hx/dx	50 bit/s	2 bis 20 × 10^{-7} Bit	
			s	sx/dx	100 bit/s	1 bis 10 × 10^{-7} Bit	
			s	sx/dx	200 bit/s	1 bis 10 × 10^{-7} Bit	
Fernsprechleitungen	Fernsprechnetz	öffentliches Wählnetz	s	sx/dx	200 bit/s	2 bis 10 × 10^{6} Bit	
			s	sx/hx Hilfskanal dx	600/1200 bit/s umschaltbar	1 bis 10 × 10^{-5} Bit	schmaler Hilfskanal mit 75 bit/s für Steuerungs- und Quittungssignale
			p	sx Rückkanal hx	20/40 Zeichen/s	besser als 1 × 10^{-6} Zeichen	Übertragungsgeschwindigkeit 40 Zeichen/s nur bei beschränktem Zeichenvorrat von 16 Zeichen
	Überlassene Fernsprechleitungen	Standverbindungen oder Sondernetze	s	sx/dx	200 bit/s	1 bis 10 × 10^{-7} Bit	
			s	sx/hx/dx	600/1200 bit/s umschaltbar	1 bis 10 × 10^{-6} Bit	
			s	sx/hx/dx	über 1200 bit/s	etwa 1 × 10^{-6} Bit	besondere Übertragungsqualität durch zusätzliche Einrichtungen erreichbar
			s/p	sx/hx/dx	über 4800 bit/s	etwa 1 × 10^{-6} Bit	Breitbandleitungen zunächst nur auf vorläufiger Basis

1) s = Zeichen-/Bit-Seriell p = Zeichen-/Bit-Parallel 2) sx = Simplex hx = Halbduplex dx = Vollduplex

gungswege eine von der Art der benutzten Leitung abhängige maximale Übertragungsgeschwindigkeit zugeordnet.

Die bei der Übertragung auf einem bestimmten Übertragungsweg zu beobachtende Fehlerwahrscheinlichkeit – angegeben im Verhältnis von Anzahl der fehlerhaft übertragenen Bit oder Zeichen zur Gesamtzahl der übertragenen Bit oder Zeichen – ist ebenfalls typisch für den gewählten Übertragungsweg. Wenn man davon ausgeht, daß ein Text-Volumen von 5 Seiten DIN A 4 etwa 10^6 Zeichen entspricht, dann muß man zur Beurteilung der in Tab. 6 angegebenen Fehlerraten berücksichtigen, daß das Fernschreib- und das Telefonnetz ursprünglich zur Übermittlung von geschriebenen oder gesprochenen Texten geschaffen wurden, die in der Regel mit einem hohen Maß von Redundanz behaftet sind.

Diese Voraussetzung ist jedoch bei der Übertragung digitaler Daten nicht gegeben. Damit ist die Notwendigkeit erwiesen, durch geeignete Maßnahmen für eine fehlerfreie Übertragung zu sorgen oder die abgeschlossene Übertragung auf Fehler zu prüfen. Zu beachten ist außerdem, daß die in Tab. 6 angegebenen Fehlerraten Durchschnittswerte sind. Praktisch zeigen die Fehler vielfach Bündelstruktur, treten also zeitweilig besonders häufig auf und verschwinden zu anderen Zeiten völlig. In einem 1967 veröffentlichten Aufsatz bestätigten *Queisser* und *Rumohr*, daß die durchschnittlichen Fehlerraten bei der Übertragung im Fernschreibnetz effektiv unterschritten werden, schreiben aber später: „Besonders anfällig ist die Übertragung nach einer längeren Regenperiode“. Trotz der Bemühungen der Post, die Störung schnellstens zu beseitigen, kann es vorkommen, „daß sich eine Fehlerart mehrere Tage hinzieht, bis sie beseitigt ist“ [263, S. 636].

Als typische Eigenschaft eines Übertragungskanals ist schließlich für die Datenübertragung noch das auf dem Übertragungskanal mögliche Betriebsverfahren zu nennen. In Tab. 7 sind die drei zu unterscheidenden Betriebsverfahren angeführt und ihre Eigenschaften im Hinblick auf die Datenübertragung erläutert.

Betriebsverfahren	Übertragungsrichtung	Betriebliche Eigenschaft
Simplex-Verkehr (Richtungsbetrieb)	Verkehr einseitig gerichtet (nur Sende- oder Empfangsbetrieb)	keine Quittung möglich
Halbduplex-Verkehr (Wechselbetrieb)	Verkehr abwechselnd in beiden Richtungen, zeitlich nacheinander	Quittung mit Zeitverlust möglich
Vollduplex-Verkehr (Gegenbetrieb)	Verkehr in beiden Richtungen gleichzeitig	Quittung ohne Zeitverlust

Tab. 7 Übersicht über die Betriebsverfahren der Übertragungskanäle. Nach *Kempf* [222, S. 344] und *Marko* [241].

Da das mögliche Betriebsverfahren durch die technischen Eigenschaften des Übertragungskanals vorgegeben ist, ist die Freiheit der Entscheidung für das eine oder andere Betriebsverfahren eingeschränkt. Die Auswahl des Betriebsverfahrens wird außerdem bestimmt von den Kosten der Sende- und Empfangsgeräte, die an beiden Enden des Übertragungskanals aufgestellt werden müssen. Diese Geräte sind z. B. für den Halbduplex-Verkehr preisgünstiger als für Vollduplex-Verkehr. Das ist leicht verständlich, wenn man sich klar macht, daß der Vollduplex-Verkehr voraussetzt, daß an beiden Enden der Leitung Geräte sowohl für den Empfang wie für die Sendung von Daten nebeneinander verfügbar sein müssen; der Halbduplexbetrieb kann sich dagegen mit Geräten begnügen, die abwechselnd für Empfang und Sendung von Daten bereitstehen.

Für die Zwecke der Datenübertragung werden nur Übertragungskanäle verwendet, die Halbduplex- oder Vollduplex-Verkehr zulassen, weil eine Verständigung zwischen Absender und Empfänger der Nachricht unumgänglich ist. Absprachen über Beginn und Ende des Übertragungsvorganges, die Steuerung des Vorgangs und insbesondere die Fehlersicherungsverfahren erfordern zumindest abwechselnd die Möglichkeit des Verkehrs in beiden Richtungen.

3.3.2.3.1 Datenübertragung in Wählnetzen

In diesem Abschnitt sind die drei Alternativen: Fernschreibwählnetz, Datexnetz und Fernsprechwählnetz zu besprechen. Eine erste Übersicht über die technischen Merkmale dieser Netze war bereits früher in der Tab. 6 gegeben worden.

Das *Fernschreibnetz* (Telexnetz) kommt den Bedingungen der Datenübertragung insofern entgegen, weil die Telegrafentechnik zur Zeichendarstellung ebenfalls einen binären Code benutzt. Deshalb können von einem an das Telexnetz angeschlossenen Fernschreiber ohne besondere Maßnahmen Daten unmittelbar zu einem anderen Fernschreibgerät übertragen werden. Die Post verlangt nur, daß nach Herstellung der Verbindung und Austausch der Stationskennungen ein bestimmtes „Datenumschaltsignal“ gesendet wird, das den Beginn einer Datenübertragung anzeigt und zugleich zur Umschaltung vom Fernschreiber auf eine Datenendeinrichtung, z. B. einen Streifenlocher, benutzt werden kann. Nach Aussenden des Umschaltsignals ist dem Benutzer die Wahl von Code (bis 8 Bit) und Gleichlaufverfahren freigestellt. Für den Abschluß der Übertragung wird von der Post das Aussenden eines Schlußsignals empfohlen, das frei gewählt werden kann und das wie das Datenumschaltsignal wieder von Daten- auf Telexbetrieb zurückschaltet. Bei Beachtung bestimmter Vorschriften ist auch die direkte Anschaltung von Datenverarbeitungsanlagen an das Fernschreibnetz gestattet.

Die Übertragungsgeschwindigkeit im Fernschreibnetz ist auf maximal 50 bit/s begrenzt; die bit-Fehlerwahrscheinlichkeit wird von der Post mit 5 bis 10×10^{-6}, die Zeichenfehlerwahrscheinlichkeit mit 2 bis 4×10^{-5} angegeben [317, S. 7].

Alle Einrichtungen zur Datenübertragung im Telexnetz müssen, wie auch Abb. 17 deutlich machte, vom Benutzer beschafft werden und werden nur auf Wunsch von der Post gewartet.

Die wichtigsten Gebühren für Einrichtung und Betrieb von Telex-Übertragungseinrichtungen sind in Tab. 8 zusammengestellt; weitere Einzelheiten sind dem entsprechenden Merkblatt zu entnehmen [317].

Das *Datex*-Netz ist ein seit 1967 speziell für die besonderen Bedingungen der Datenübertragung auf Telegrafenleitungen eingerichtetes Wählnetz. Es gestattet vorläufig eine Übertragungsgeschwindigkeit bis 200 bit/s und soll später auf weitere Geschwindigkeitsstufen bis 10 kbit/s und mehr ausgebaut werden. Die bit-Fehlerwahrscheinlichkeit wird mit 2 bis 8×10^{-6} angegeben [321, S. 6].

Zum Unterschied gegen das Telex-Netz wird für Datex-Anschlüsse das Fernschaltgerät von der Post beigestellt; die Datenendeinrichtung, die wie alle mit Postnetzen verbundenen Anlagen von der Post geprüft und zugelassen sein müssen, müssen hier vom Benutzer bereitgestellt und unterhalten werden.

Im Datex-Netz ist dem Teilnehmer die Wahl der Übertragungsgeschwindigkeit (bis zur begrenzten Höchstgeschwindigkeit), die Wahl des Codes und der Betriebsweise (synchron oder asynchron) freigestellt.

Die Gebühren für Anschluß und Übertragung im Datexnetz sind der Tab. 8 zu entnehmen; zu beachten ist, daß ab 1. 7. 1971 gleiche Verbindungsgebühren für die Übertragung im Datexnetz wie im Telexnetz erhoben werden.

Die Datenübertragung im *Fernsprechnetz* erfordert aus technischen Gründen einen höheren Aufwand. Die Leitungen des Fernsprechnetzes sind zur Übertragung von Sprechströmen als Tonfrequenzsignale gebaut. Die Fernsprechkanäle sind deshalb auf die Übertragung innerhalb des Schwingungsbereiches von 300 bis 3 400 Hz ausgelegt.

Zur Übertragung von Daten müssen die binär codierten Zeichen der Datenverarbeitungsanlage also in tonfrequente Signale umgeformt werden. Technisch bezeichnet man diesen Vorgang und seine Umkehrung mit modulieren bzw. demodulieren, die dazu erforderlichen Geräte mit Modem. Ein solches Modem ist somit bei jeder Art Datenübertragung über Telefonleitungen erforderlich.

Die besondere Attraktivität des *Fernsprech*wählnetzes für die Datenübertragung liegt in der sehr großen Dichte dieses Netzes, in der potentiell höheren Übertragungsgeschwindigkeit und in der Möglichkeit der vergleichsweise kostengünstigen, langsamen Parallelübertragung.

<table>
<tr><th>Übertragungsweg</th><th>Einrichtungsgebühr
(einmalig)</th><th>Grundgebühr
(monatlich)</th><th>Verbindungsdauer je Gebühreneinheit</th></tr>
<tr><td>Telex-Netz
50 bit/s</td><td>DM 120,– je Anschluß</td><td>50,– DM je Anschluß</td><td rowspan="2">Gebühreneinheit: 0,10 DM
Verbindungsdauer:
(Sekunden je Gebühreneinheit) Tag Nacht
Zentralvermittlungsbereich 15 s $22\frac{1}{2}$
Weitverkehrsbereich $8\frac{4}{7}$ s 15 s</td></tr>
<tr><td>Datex-Netz
200 bit/s</td><td>DM 190,– je Anschluß</td><td>110,– DM je Anschluß incl. Fernschaltgerät</td></tr>
<tr><td rowspan="3">Fernsprech-Netz

200 bit/s seriell
600/1200 bit/s seriell

20 bit/s parallel</td><td rowspan="3">DM 120,– je Anschluß

DM 30,– je Modem-Anschaltdose</td><td>16,– bis 26,– DM je Hauptanschluß
(je nach Ortsnetzgröße)
Modem:
D 200 S: DM 155,–</td><td rowspan="3">Gebühreneinheit: 0,21 DM

Verbindungsdauer:
(Sekunden je Gebühreneinheit)
Tag 6–18 Uhr / Nacht I 18–1 Uhr / Nacht II 1–6 Uhr
Ortsnetzbereich – – –
Knotenamtsbereich 90,0 90,0 90,0
Zone I bis 15 km 60,0 90,0 90,0
II 15 bis 25 km 45,0 67,5 67,5
III 25 bis 50 km 30,0 45,0 67,5
IV 50 bis 75 km 20,0 30,0 67,5
V 75 bis 100 km 15,0 22,5 67,5
VI mehr als 100 km 12,0 18,0 67,5</td></tr>
<tr><td>D 1200 S: DM 195,–</td></tr>
<tr><td>Außenstation:
bis 16 Zeichen: D 20 P-A: DM 20,–
bis 64 Zeichen: D 20 P-A: DM 25,–

Zentralstation:
bis 16 Zeichen: D 20 P-Z: DM 130,–
bis 64 Zeichen: D 20 P-Z: DM 155,–
Zusatzgruppe f. Rücksignalauswertung: DM 3,50</td></tr>
</table>

Tab. 8 Übersicht über die Kosten der Datenübertragung in den Wählnetzen der Bundespost.

Z. Z. sind folgende Geschwindigkeitsstufen zugelassen:

	Übertragungsgeschwindigkeit	bit-Fehlerwahrscheinlichkeit
Serienübertragung:	200 bit/s 600/1 200 bit/s (umschaltbar)	2 bis 10 × 10^{-6} 10 bis 100 × 10^{-6}
Parallelübertragung:	20 Zeichen/s (u. U. auch 40 Zeichen/s)	ähnlich oder besser

Eine Verbindung zur Datenübertragung im Fernsprechwählnetz wird wie ein normales Gespräch hergestellt. Der Partner wird angewählt, im Sprechbetrieb werden die Einzelheiten der Übertragung (Übertragungsgeschwindigkeit, verwendeter Code u. ä.) abgesprochen und sodann auf Datenbetrieb umgeschaltet. Für die Übertragung selbst ist Code, Alphabet und Übertragungstechnik freigestellt. Nach Abschluß der Übertragung kann die Verbindung wieder auf Sprachbetrieb umgeschaltet oder sofort getrennt werden. An den Modems wird die jeweilige Betriebsart (Daten- oder Sprechbetrieb) angezeigt. Die Gebühren für die Datenübertragung im öffentlichen Fernsprechwählnetz sind in Tab. 8 wiedergegeben; über weitere Einzelheiten unterrichtet Merkblatt D [320]. Es sollte vielleicht noch erwähnt werden, daß Datenübertragung auch im internationalen Fernsprechverkehr möglich ist. Voraussetzung ist nur, daß im jeweiligen nationalen Netz die Übertragung von Daten zugelassen ist und der Teilnehmer über die erforderlichen Einrichtungen verfügt.

Ganz allgemein lassen sich für die Datenübertragung in den öffentlichen *Wählnetzen* – im Gegensatz zur Übertragung auf gemieteten Leitungen – einige wesentliche Merkmale herausstellen. Eines von diesen ist die Gegebenheit, daß es sich um sehr dichte und vermaschte Netze handelt, über die eine große bis sehr große Teilnehmerzahl zu erreichen ist. Daß diese Feststellung für das Datexnetz der Bundespost z. Z. nur eingeschränkt gilt, ist möglicherweise auf das geringe Alter dieses Netzes zurückzuführen. Im Fernschreibnetz steht mit dem Fernschreibgerät ein international einheitlicher Stationstyp zur Verfügung.
Ungünstig ist in den Wählnetzen der Zeitaufwand für den Aufbau der Verbindung, der im Mittel gewiß in der Größenordnung von 10 Sekunden und mehr zu suchen ist; in dieser Zeit könnten im Telefonnetz immerhin etwa 12 000 bit bei einer Übertragungsgeschwindigkeit von 1200 bit/sec übertragen werden.

3.3.2.3.2 Datenübertragung auf überlassenen Leitungen

Gerade der Zeitaufwand für den Verbindungsaufbau, der bei Verarbeitungsaufgaben mit notwendig kurzer Abfertigungszeit und geringer Nachrichtengröße enorm verzögert, wird bei der Übertragung auf Mietleitungen zu einem Minimum. Eine weitere Beschleunigung, wenn auch geringeren Betrages, folgt aus der Tatsache, daß die Fehlerwahrscheinlichkeit für Mietleitungen in der Regel um eine Zehnerpotenz geringer ist als die der entsprechenden Leitungen in den Wählnetzen.

Überlassene Leitungen sind Leitungen, die die Post im Rahmen der gegebenen Möglichkeiten einem Benutzer zu dessen ausschließlichem Gebrauch überläßt. Auf überlassenen *Telegrafenleitungen* ist Datenübertragung z. Z. in folgenden Geschwindigkeiten zulässig:

Übertragungsgeschwindigkeit	bit-Fehlerwahrscheinlichkeit
bis 50 bit/s	2 bis 20 $\times 10^{-7}$
bis 100 bit/s	1 bis 10 $\times 10^{-7}$
bis 200 bit/s	1 bis 10 $\times 10^{-7}$

An die überlassenen Telegrafenleitungen können über ein Anschaltgerät die bekannten Fernschreibeinrichtungen und/oder andere Einrichtungen zur Übertragung binärer Zeichen angeschlossen werden, wenn diese von der Post geprüft und zugelassen sind. Das Anschaltgerät – normalerweise Bestandteil der Fernschreibmaschine – und die übrige Datenendeinrichtung ist vom Benutzer beizustellen.

Eine Übersicht über die Gebühren für die Datenübertragung auf Telegrafenleitungen gibt die Tab. 9; weitere Einzelheiten finden sich im Merkblatt B [318].

Mehrere überlassene Telegrafenleitungen können unter bestimmten Bedingungen zu einem „Knotennetz" zusammengeschaltet werden. Man versteht unter Knotennetz eine Form des Zusammenschaltens, die den Verkehr der Endstellen im Rundsende- oder Konferenzbetrieb gestattet.

Auch *Fernsprechleitungen* werden zur Datenübertragung überlassen; auf ihnen ist ebenfalls wechselweise der Betrieb zur Daten- und Sprachübertragung zulässig. Es stehen Leitungen für folgende Geschwindigkeitsbereiche zur Verfügung:

Übertragungsgeschwindigkeit	bit-Fehlerwahrscheinlichkeit
bis 200 bit/s	1 bis 10 $\times 10^{-7}$
bis 600/1200 bit/s	1 bis 10 $\times 10^{-6}$
über 1200 bit/s	ca. 1 $\times 10^{-6}$

Die Einrichtung zur Datenübertragung auf überlassenen Fernsprechleitungen entspricht der für die Datenübertragung im öffentlichen Fernsprechnetz. Die notwendigen Modems müssen hier allerdings vom Benutzer gestellt werden.

Die Gebühren für die Datenübertragung auf überlassenen Fernsprechleitungen gibt die Tab. 9 an; weitere Details können dem Merkblatt C entnommen werden [319]. Überlassene Fernsprechleitungen können ebenfalls zu Knotennetzen verbunden werden.

Datenübertragung mit wesentlich höheren Übertragungsgeschwindigkeiten kann nur auf *Breitband – Übertragungswegen* durchgeführt werden. Die Post schaltet derzeit auf vorläufiger Basis Breitbandleitungen als Standleitungen im Fernsprechnetz, auf denen eine Übertragungsgeschwindigkeit von über 4800 bit/s bei einer Fehlerwahrscheinlichkeit von 1×10^{-6} erzielt werden kann.

Übertragungsweg	Einrichtungsgebühren (einmalig)	Leitungsgebühren (monatlich)	Ausgleichgebühren (monatlich)
Telegrafen-Stromwege	je Endstelle DM 120,– (2 Draht) DM 190,– (4 Draht)	monatliche Leitungsgebühren in DM/100m (2 Drahtleitung) 50 Baud / 100 Baud / 200 Baud für den Teil von 10 km 2,00 2,00 2,00 für den Teil von 10 bis 50 km 0,70 1,00 1,20 für den Teil von 50 bis 100 km 0,40 0,60 0,70 für den Teil von mehr als 100 km 0,16 0,24 0,32 Zuschlag für 4 Draht-Leitung: Leitungsgebühren wie vor, jedoch nicht mehr als für 30 km	je Stromweg: bis zu 10 km DM 35,00 von mehr als 10 bis 15 km DM 52,50 von mehr als 15 bis 25 km DM 70,00 von mehr als 25 bis 50 km DM 105,00 von mehr als 50 bis 75 km DM 157,50 von mehr als 75 bis 100 km DM 210,00 von mehr als 100 km DM 262,50
Fernsprech-Stromwege		monatliche Leitungsgebühren in DM/100 m (2 Draht-Leitung) für den Teil bis 50 km DM 2,00 für den Teil von 50 bis 100 km DM 1,20 für den Teil von mehr als 100 km DM 0,40 Zuschlag für 4 Draht-Leitung: Leitungsgebühren wie vor, jedoch nicht mehr als für 30 km Zuschlag für besondere Übertragungsgüte je Stromweg DM 480,–	
Breitband-Stromwege	nach Aufwand, je Endstelle mindestens DM 190,–	monatliche Leitungsgebühren in DM/100 m: für den Teil bis 30 km DM 16,00 für den Teil von mehr als 30 bis 100 km DM 9,00 für den Teil von mehr als 100 km DM 2,50	

Die Leitungsgebühren für die Breitbandübertragung sind der Tab. 9 zu entnehmen; eingehende Vorschriften für den Übertragungsbetrieb sind noch nicht erlassen.

Die Probleme der Datenübertragung auf Breitbandleitungen liegen z. Z. nicht mehr auf der Seite der Gerätetechnik, sondern vielmehr auf der Seite der dazu erforderlichen Leitungen. Als Breitbandleitungen sind ausgesprochen hochwertige Leitungen mit geringen Störungen, begrenzter Dämpfung und Verzerrung geeignet. Derart qualifizierte Leitungen können von der Post nur in begrenztem Umfang zur Verfügung gestellt werden, um den öffentlichen Fernsprechverkehr nicht über Gebühr zu beeinträchtigen. Eine Verbesserung dieser Situation ist wohl erst in einigen Jahren zu erwarten, wenn der Post leistungsfähigere Vermittlungs- und Übertragungstechniken zur Verfügung stehen.

3.3.2.4 Datennetze

Die bisherigen Ausführungen zur Datenübertragung hatten sich am Modell der einfachsten Form des Datenaustausches zwischen zwei Datenstationen, an der Punkt-zu-Punkt-Verbindung orientiert. Im kommerziellen Bereich sind dagegen vielfach Mehrpunktverbindungen, also Verbindungen von mehr als zwei Datenstationen mit einer oder mehreren Zentralen herzustellen.

Neben der größeren Zahl der Datenstationen, für die eine geografische Verteilung vorgegeben ist, muß als weiterer Gestaltungsfaktor die spezifische Aufgabenstellung dieser Mehrpunktverbindung in einem Leitungsnetz berücksichtigt werden. *Reger*, *Rudolph* und *Vollmeyer* unterscheiden drei Varianten:

1. Datensammelverkehr: Daten werden von den Datenstationen zu einer Zentrale hin übertragen (Beispiel: Datenerfassungsanlagen, Ablesen von Meßinstrumenten).
2. Datenverteilverkehr: Daten werden von einer Zentrale zu den Datenstationen hin übertragen (Beispiel: Verteilen des Wetterberichtes, der Meldungen von Nachrichtenagenturen, Fernsetzen von Zeitungen).
3. Auskunftsverkehr: Datenstationen fragen bei der Zentrale an und erhalten von dieser eine Antwort (Beispiel: Platzbuchungssysteme, zentrale Kontoführung bei Banken) [126, S. 842].

Datennetze für die Überwachung des Luftverkehrs, als Teil des Platzbuchungssystems der Fluggesellschaften, für den Überweisungsverkehr der Großbanken und für den Informationsaustausch innerhalb von großen Industrie- und Handelsunternehmen sind z. T. schon seit langem realisiert.

Bei der Gestaltung eines Datennetzes ist man auf das von der Post angebotene Leitungsnetz für Telefon und Telegraf angewiesen und hat die einschlägigen Vorschriften der Postverwaltung zu beachten. Dennoch verbleibt ein beträchtlicher Spielraum für die Netzplanung in den Alternativen Standleitung oder Leitung im Wählnetz, in der Wahl zwischen Telex-, Datex- oder Telefonnetz und nicht zuletzt in der Möglichkeit, eine kostenorientierte Optimalkombination der verfügbaren Elemente zu suchen.

Für die Gestaltung von Datennetzen liefert die Nachrichtentechnik vielerlei Anregungen. Die folgenden Ausführungen werden sich auf die Vorstellung der Grundformen der Netze beschränken und einige Techniken diskutieren, die die rationelle Benutzung von Netzen gestatten. Unerheblich ist dabei die spezielle Aufgabenstellung, für die das Netz entworfen werden soll.

3.3.2.4.1 Grundformen der Netze

Der Entwurf eines Datennetzes orientiert sich an den beiden Grundformen: Sternnetz und Maschennetz, deren wichtigste Merkmale zu besprechen sind. In einem Sternnetz gehen die Übertragungswege sternförmig zu den Knotenpunkten des Netzes und von diesen sternförmig zu den angeschlossenen Datenstationen. Sternnetze sind leicht zu erweitern und haben die geringste Zahl von Übertragungswegen. Die Abb. 19 läßt aber auch den wichtigsten Nachteil dieser Grundform erkennen: der Ausfall einer Übertragungsstrecke zwischen zwei Netzknoten legt einen Teil des Netzes lahm. Deshalb gelten für Sternnetze vergleichsweise hohe Anforderungen hinsichtlich der Ausfallsicherheit insbesondere der Leitungen, die den eigentlichen Mittelpunkt des Netzes mit den Netzknoten verbinden.

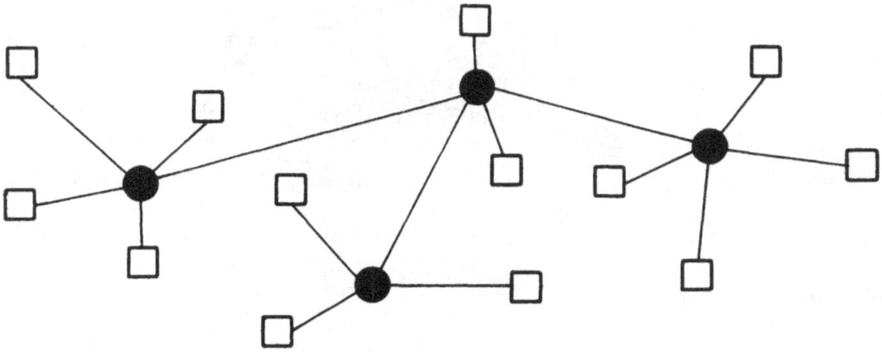

Abb. 19 Sternnetz

Die Grundform Sternnetz ist stets dann vorzuziehen, wenn die Aufgabe des Netzes darin besteht, Daten von verschiedenen, getrennt gelegenen Datenstationen etwa zu einer zentralen Datenverarbeitungsanlage zu übertragen (Datensammelverkehr) oder in umgekehrter Richtung Daten von einer Zentrale zu einer größeren Zahl verteilt liegender Datenstationen zu übertragen (Datenverteilverkehr). Für den Fall des Datensammelverkehrs im on-line-Betrieb ist die Zahl der anschließbaren Netzknoten bzw. Datenstationen abhängig von der Zahl der an der zentralen Datenverarbeitungsanlage verfügbaren Eingabekanäle; eine Erhöhung dieser Zahl ist möglich, wenn eine zyklische Abfrage der Leitungen, z. B.

durch einen Multiplexer, zugelassen werden kann und seitens der Anlage technisch möglich ist.

Die zweite Grundform von Netzen ist das Maschennetz nach Abb. 20, in dem grundsätzlich alle Netzknoten durch Leitungen miteinander verbunden sind. Die verstreut liegenden Datenstationen sind per Leitung an jeweils einen Knoten angeschlossen. Aus diesem Aufbau folgt die Unempfindlichkeit dieser Grundform gegen den Ausfall einer Verbindungsleitung zwischen zwei Netzknoten, weil stets eine „Umleitung" des Datenverkehrs möglich ist. Dieser Vorzug muß aber mit dem starken Ansteigen der Zahl der erforderlichen Übertragungsstrecken bezahlt werden, der insbesondere bei Erweiterungen besonders durchschlägt. Deshalb ist das Maschennetz als Grundform nur dann gerechtfertigt, wenn große Datenmengen bei höchsten Anforderungen an die Sicherheit zu übertragen sind.

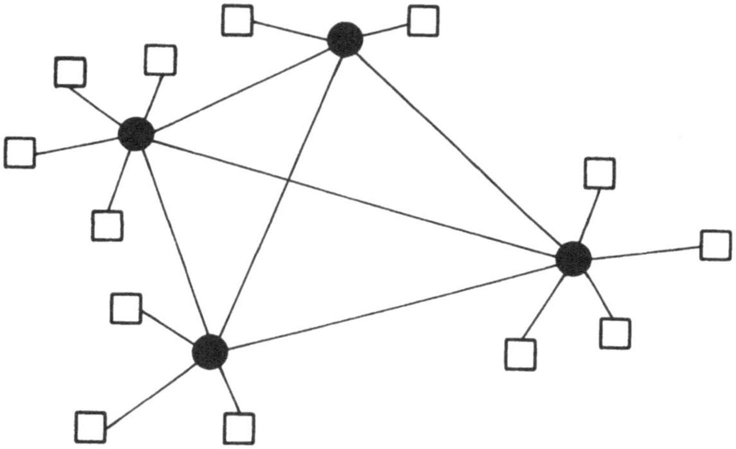

Abb. 20 Maschennetz

Praktisch wird deshalb das zu planende Datennetz eine Kombination beider Grundformen sein, wie sie Abb. 21 zeigt.

Dort sind die wichtigsten Netzknoten vermascht, und Netzknoten untergeordneter Bedeutung sternförmig an diese Knoten angeschlossen.

Mit wachsender Netzgröße nehmen auch die Schwierigkeiten zu, Mehrpunktverbindungen über ein Datennetz zu planen. Deshalb lassen sich nur Netze einfachen Aufbaues und beschränkter Größe, so wie von *Jacob* beschrieben, auslegen [220]. Zur Planung großer Netze stehen heute Rechenprogramme zur Verfügung.

Bei der Planung von Datennetzen ist auch die Frage zu prüfen, ob zur Einsparung von Leitungen Unterzentralen eingerichtet werden können. Liegen mehrere

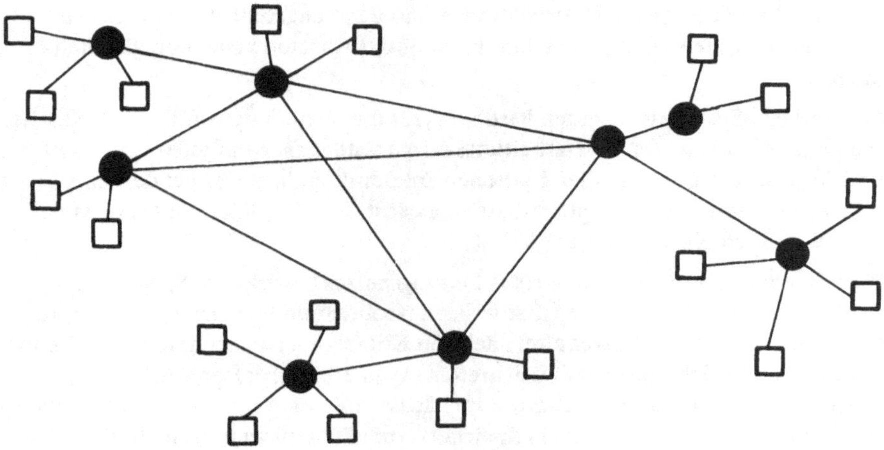

Abb. 21 Datennetz als Kombination der Grundformen

Datenstationen nahe beieinander, alle jedoch weit von der Zentrale entfernt, dann können die über Mietleitungen angeschlossenen Stationen an einer Unterzentrale zusammengeschaltet werden, die ihrerseits über eine Leitung mit u. U. höherer Übertragungsgeschwindigkeit an die Zentrale angeschlossen ist. Ein kurzer Abriß über Technik und Anwendung dieser auch Konzentratoren genannten Unterzentralen findet sich in dem Beitrag von *Franz* [198].

3.3.2.4.2 Möglichkeiten der gesteigerten Ausnutzung von Datennetzen

Eine verbesserte Nutzung eines bestehenden Netzes – oder umgekehrt eine Verringerung des Leitungsaufwandes für ein zu planendes Netz – ist durch die sog. party-line-Technik zu erzielen. Mit dieser Technik bezeichnet man das feste Zusammenschalten vieler Datenstationen in Linie auf einer Leitung, die auch als Ringleitung ausgebildet sein kann. Offensichtlich kann bei dieser Schaltung jeweils nur eine Station senden, und alle übrigen sind für die Zeit der Übertragung zwischen sendender und empfangender Station blockiert. Deshalb muß die Steuerung des Datenaustausches entweder von einer Leitstation oder von der Datenverarbeitungsanlage koordiniert werden. Dazu werden zwei Steuerungsverfahren angewandt: das Aufruf-System (Polling-System) und das Auswahl-System. Im Aufrufsystem fordert die Leitstation die Datenstationen nacheinander – sporadisch oder zyklisch – durch ein bestimmtes Signal auf, die dort vorhandenen Daten zu senden. Die Datenstation muß demnach die zu übertragenden Daten gespeichert bereithalten und auf den Aufruf hin übertragen bzw. durch ein besonderes Signal mitteilen, daß keine Daten zu übertragen sind. Der Aufruf-Betrieb ist mithin das geeignete Verfahren für Anlagen zur Datensammlung von mehreren dezentralen Datenstationen und dann angebracht, wenn das zu übertragende Datenvolumen beschränkt ist und den Daten keine Dringlichkeit anhaftet.

Das Auswahl-System ist dagegen besonders für die Verteilung von Daten bestimmt. Die Leitstation bzw. Datenverarbeitungsanlage sendet als Kopf jeder Nachricht eine Adresse, die zwar bei allen Stationen ankommt, jedoch nur bei der angesprochenen Station den Empfangsbetrieb auslöst. Für die Datenerfassung ist der Auswahlbetrieb ohne Bedeutung.

Die besonders gute Ausnutzung eines Leitungsnetzes bewirkt die Speichervermittlungstechnik. In dieser Technik werden Nachrichten bzw. Daten immer nur von einem Knoten des Netzes zum nächsten Knoten übertragen und dort auf entsprechenden Speichermedien (Lochstreifen, Magnetband) solange zwischengespeichert, bis der Leitungsabschnitt zum nächsten Knoten frei ist, und dann erst weiter übertragen. Demnach ist in Speichervermittlungsnetzen keine direkte Verbindung von Sender und Empfänger gegeben; die mit diesem Übertragungsprinzip notwendig verbundene Zwischenspeicherung gestattet aber eine optimale Anpassung von Code und Übertragungsgeschwindigkeit der Nachricht an den zur Übertragung benutzten Leitungsabschnitt, da mit der Zwischenspeicherung leicht eine Code-Umsetzung oder ein Übergang auf eine höhere Übertragungsgeschwindigkeit verbunden werden kann. Diese Möglichkeit ist besonders interessant für Netze, die aus verschiedenartigen Leitungen aufgebaut sind. Nachteilig ist in jedem Fall das Fehlen der direkten Verbindung zwischen Sender und Empfänger, wodurch die Übermittlung besonders dringlicher Nachrichten ausgeschlossen ist; die Vorrangsteuerung einzelner Nachrichten, die an sich denkbar ist, kann hier nur in begrenztem Maße Abhilfe schaffen.

3.3.2.5 Auswahlkriterien für die Übertragungswege

Beim Entwurf eines Datenübertragungssystems wirkt eine größere Zahl von Gestaltungsfaktoren mit. Die erste Determinante ist gewiß die eigentliche Übertragungsaufgabe, die durch die Größen Datenmenge, Datenherkunft, Dringlichkeit der Weitergabe und Sicherheit der Übertragung gekennzeichnet wird. Die Lösungsalternativen für diese Aufgabe implizieren bestimmte Übertragungswege, deren Wahl ihrerseits wiederum einen bestimmten apparativen Aufbau des Übertragungssystems zur Folge hat. Die Diskussion über die Gestaltungsfaktoren des Datenübertragungssystems kann deshalb als Diskussion über die Auswahlkriterien für die Übertragungswege fortgeführt werden. Selbstverständlich darf die Übertragungsaufgabe nicht nur als technisches Problem gesehen werden, die Lösungen müssen alle auch am Maßstab der Kosten gemessen werden.

3.3.2.5.1 Der Übertragungsstoff und seine Eigenschaften

Die Übertragungsaufgabe war primär durch die Datenmenge, das Volumen des Übertragungsstoffes gekennzeichnet. Geht man von der Selbstverständlichkeit aus, daß eine gegebene Datenmenge in angemessener Zeit übertragen werden soll, dann bedingt eine große Datenmenge eine hohe Übertragungsgeschwindigkeit. Der Zusammenhang zwischen Übertragungsgeschwindigkeit und Übertragungsdauer für verschiedene Datenmengen ist in Tab. 10 angegeben.

Datenmenge	Übertragungsgeschwindigkeit				
bit	50 bit/s	100 bit/s	200 bit/s	600 bit/s	1200 bit/s
1 000	– / – /20	– / – /10	– / – / 5	– / – /1,7	–
10 000	– / 3/20	– / 1/40	– / – /50	– / – /17	– / – / 9
20 000	– / 6/40	– / 3/20	– / 1/40	– / – /34	– / – /17
30 000	– /10/ –	– / 5/ –	– / 2/30	– / – /50	– / – /25
40 000	– /13/20	– / 6/40	– / 3/20	– / 1/ 7	– / – /34
50 000	– /16/40	– / 8/20	– / 4/10	– / 1/24	– / – /43
100 000	– /33/20	– /16/40	– / 8/20	– / 2/47	– / 1/24
200 000	1/ 6/40	– /33/20	– /16/40	– / 5/33	– / 2/47
300 000	1/40/ –	– /50/ –	– /25/ –	– / 8/20	– / 4/10
400 000	2/13/20	1/ 6/40	– /33/20	– /11/ 7	– / 5/33
500 000	2/46/40	1/23/20	– /41/40	– /13/53	– / 6/57
1 000 000	5/33/20	2/46/40	1/23/20	– /27/27	– /13/44
5 000 000	27/46/40	13/53/20	6/56/40	2/18/53	1/ 9/27
10 000 000	55/33/20	27/46/40	13/53/20	4/37/47	2/18/54
50 000 000	277/46/40	138/53/20	69/26/40	23/ 8/53	11/34/27
100 000 000	555/33/20	277/46/40	138/53/20	46/17/47	23/ 8/53

Tab. 10 Übertragungsdauer in Stunden/Minuten/Sekunden für verschiedene Datenmengen und Übertragungsgeschwindigkeiten.

Wählt man zur Veranschaulichung 1 Millionen bit als zu übertragendes Datenvolumen, dann ergibt sich eine Übertragungsdauer von

- 5 Stunden 33 Minuten 20 Sekunden bei 50 bit/s Übertragungsgeschwindigkeit (Telex-Netz)
- 1 Stunde 23 Minuten 20 Sekunden bei 200 bit/s Übertragungsgeschwindigkeit (Datex-Netz)
- 13 Minuten 44 Sekunden bei 1200 bit/s Übertragungsgeschwindigkeit (Telefonnetz)

Dabei muß man sich gewärtigen, daß das Datenvolumen von 1 Millionen bit durchaus eine realistische Größe ist. In dem bereits zitierten Beitrag von *Queisser* und *Rumohr* empfing 1967 die Zentrale der BP-Benzin und Petroleum AG aus ihren in der BRD verteilten Lieferlagern täglich durchschnittlich 924.000 bit, die bei der Erstellung der Lieferpapiere zur Weiterverarbeitung erfaßt wurden [263, S. 636].

Welche Übertragungsdauer für eine bestimmte Datenmenge zugelassen wird, hängt letztlich von der Art der Daten und von den betrieblichen Bedingungen ab. Die Überlegungen dürfen sich allerdings nicht auf die Datenmenge als Gesamtheit beschränken. Für die Beurteilung der Verkehrsverhältnisse zwischen Datenzentrale und angeschlossenen Datenstationen ist es wichtig zu wissen, ob die Datenmenge en bloc anfällt, oder ob viele kleine Teilmengen zu übertragen sind. Im letzteren Falle bringt das nicht nur Vorteile hinsichtlich einer gleichmäßigeren Inanspruchnahme der Zentrale, sondern auch hinsichtlich der Übertragung selbst. Wenn nämlich bei der Übertragung ein Fehler auftritt, so wird man bei kleinen Datenmengen – *Aulhorn*, *Lange* und *Marko* nennen einen Grenzwert von etwa 500 bit [169, S. 151/152] – günstiger die gesamte gesendete Datenmenge wiederholen, statt die aufwendigere Identifizierung des falsch gesendeten Zeichens vorzunehmen. Man kann somit zur Sicherung der Übertragung einen fehlererkennenden Code anwenden und auf die Benützung eines fehlerkorrigierenden Codes verzichten, der eine relativ große Redundanz besitzt und für die Übertragung der gleichen Datenmenge eine größere Übertragungszeit beansprucht.

Bei den bisherigen Überlegungen, die allein unter dem Aspekt der Datenmenge standen, war stillschweigend unterstellt worden, daß keine Anforderungen hinsichtlich des Zeitpunktes der Übertragung gestellt werden. Es wurde also nicht die Bedingung geprüft, ob Daten übertragen werden müssen, die möglichst sofort oder in einem sehr kurzen, vorgeschriebenen Zeitraum vom Ort der Entstehung zum Ort der Verarbeitung zu übermitteln sind.

Nun erfordern aber einige Anwendungsfälle von Datenverarbeitungsanlagen im Real-Time-Betrieb – so z. B. im kommerziellen Bereich der Auskunftssysteme, im technischen Bereich die Prozeßsteuerungsanlagen – daß die Daten ohne Zeitverlust vom Ort der Entstehung oder Eingabe zum zentralen Ort der Verarbeitung geschafft werden und gleichermaßen die „Antwort"-Daten sofort wieder zurückgeschafft werden. Derartige Daten sind mithin grundsätzlich durch die Eigenschaft „Dringlichkeit" gekennzeichnet.

Die Übertragung dringlicher Daten kann zunächst einmal durch die Wahl hoher Übertragungsgeschwindigkeiten gewährleistet werden; verzögernd wirkt dann u. U. noch die Zeit, die erforderlich ist, um auf den öffentlichen Wählnetzen eine Verbindung herzustellen. Aus dem privaten Telefonverkehr sind z. B. die Schwierigkeiten bekannt, zu bestimmten Zeiten eine Verbindung zu bekommen; sind die daraus resultierenden Verzögerungen zu groß oder können sie überhaupt nicht in Kauf genommen werden, dann kommen als Übertragungswege nur festgeschaltete Verbindungen infrage.

3.3.2.5.2 Übertragungssicherheit und Fehlerschutz

Wie bereits gezeigt wurde, unterscheiden sich die verschiedenen Übertragungswege auch hinsichtlich des Maßes der Wahrscheinlichkeit, mit der Übertragungsfehler auftreten. Besteht nun die Aufgabe, einen Übertragungsweg unter dem Gesichtspunkt der Übertragungssicherheit auszuwählen, so ist zunächst die Frage zu klären, welches Maß an Sicherheit überhaupt erforderlich ist. Es kann nicht sinnvoll sein, die Übertragungssicherheit über die Fehlerquote hinaus zu steigern, mit der die Daten an sich schon bei der Eingabe in das Übertragungssystem behaftet sind.

Es ist bekannt, daß die aus einer Datenverarbeitungsanlage kommenden Daten eine extrem niedrige Fehlerwahrscheinlichkeit besitzen. Vom Menschen herrührende Daten sind dagegen mit wesentlich höherer Wahrscheinlichkeit fehlerbehaftet. Die Übertragungssicherheit sollte demnach der den Daten selbst eigenen Fehlerwahrscheinlichkeit angepaßt werden.

Die Überlegungen zur Übertragungssicherheit haben in den Fällen geringere Bedeutung, in denen Daten mit hoher Redundanz zu übertragen sind. Hier kann man sich u. U. darauf beschränken, die Informationen vom Empfänger und Weiterbearbeiter prüfen und korrigieren zu lassen und etwa redundanzfreie Teile der Information, wie z. B. Zahlenangaben, mehrfach zu übertragen. Es sei daran erinnert, daß die Post diese Technik bei der Übermittlung normaler Telegramme benützt. Dort werden alle im Telegrammtext enthaltenen Zahlenangaben zum Schluß der Textübertragung nochmals durchgegeben. In solchen Fällen wären aber auch andere und relativ einfache Kontrollen, wie Bildung von Prüfziffern, Kontrollsummen, Plausibilitäts- und andere programmierte Prüfungen denkbar. Diese müßten in den auf die Übertragung folgenden Arbeitsgang eingebaut werden und würden bei Entdeckung eines Fehlers eine Rückfrage auslösen.

Diese vergleichsweise einfachen Möglichkeiten zur Sicherung einer fehlerfreien Übertragung sollte man jedenfalls voll ausschöpfen, bevor man an den Einsatz von besonderen Sicherungsgeräten denkt. Diese Geräte bedingen nicht nur einen beträchtlichen apparativen Aufwand und entsprechende Kosten, sondern senken außerdem die Transfergeschwindigkeit und verlängern so die Übermittlungsdauer für die Übertragung einer bestimmten Datenmenge.

3.3.2.5.3 Kosten der Übertragung

Im konkreten Anwendungsfall wird die Auswahl des zweckmäßigsten Übertragungsweges nicht zuletzt unter Kostengesichtspunkten vorgenommen. In der Kostenberechnung sind folgende Komponenten zu berücksichtigen:

- die einmalig aufzuwendenden Kosten für die Erstinstallation des Übertragungssystems. Sie setzen sich aus den einschlägigen Postgebühren und aus den teilweise auch von Geräteherstellern geforderten Einrichtungsgebühren zusammen.
- die regelmäßig monatlich in gleicher Höhe anfallenden Grund- bzw. Leitungsgebühren der Bundespost, die nur vom gewählten Übertragungssystem und nicht vom Grad der zeitlichen Inanspruchnahme abhängig sind.
  Bei Übertragung in den öffentlichen Wählnetzen entsprechen die für jede Anschlußstelle erhobenen Grundgebühren den Kosten für die Betriebsbereitschaft des Übertragungssystems mit Ausschluß der Datenendeinrichtungen. Bei Über-

tragung auf Standleitungen fallen statt der Grundgebühren je Anschluß die Leitungsgebühren und ab 1. 7. 1971 auch die sog. Ausgleichsgebühren an. Sowohl Leitungs- wie Ausgleichsgebühren sind von Art und Geschwindigkeit der Übertragung abhängig und im übrigen nach der Länge der geschalteten Leitung gestaffelt.

– die ebenfalls monatlich in gleicher Höhe anfallenden Mieten und Wartungsgebühren (soweit nicht in den Mietsätzen enthalten) für die Datenendeinrichtungen.
– die Verbindungsgebühren. Bei Datenübertragung in einem der öffentlichen Wählnetze sind diese abhängig vom Netz, von der Entfernung, von Übertragungsdauer und Zeitpunkt der Übertragung.

Aus dieser Aufzählung können bei einem Kostenvergleich die einmaligen Kosten für die Erstinstallation vernachlässigt werden, weil sie im Vergleich zu den regelmäßig anfallenden Aufwendungen bedeutungslos sind. Weitere Kosten, wie z. B. Personal-, Material- und Raumkosten können unberücksichtigt bleiben, weil sie bei jeder Alternative mit unerheblichen Abweichungen auftreten werden.

Der Vergleich der Übertragungskosten kam damit auf einen Vergleich der für die zu prüfende Alternative aufzuwendenden Leitungs- bzw. Verbindungsgebühren zuzüglich der Gerätekosten als der Summe der Aufwendungen für den zur Übertragung erforderlichen apparativen Aufwand beschränkt werden. Keinesfalls darf der Kostenvergleich nur auf einen Vergleich der zu erwartenden Leitungs- bzw. Verbindungsgebühren gestellt werden, wie dies gelegentlich geschieht; speziell bei der Übertragung geringerer Datenmengen ergibt sich dadurch ein falsches Bild.

Diese Feststellung ist leicht bewiesen, wenn man sich die Relation der Kosten für den apparativen Aufwand einerseits und die Verbindungsgebühren andererseits vor Augen führt. *Jakob* gibt z. B. folgende Sätze für Miete und Wartung an:

Blattschreiber	(50 bit/s)	etwa 200,– DM/Monat
Blattschreiber	(200 bit/s)	etwa 520,– DM/Monat
Drucker mit Lochstreifen-eingabegerät	(600/1200 bit/s)	etwa 2750,– DM/Monat [220, S. 34].

Bei Berücksichtigung der entsprechenden monatlichen Grundgebühren entsprechen die Kosten für ein aus zwei Stationen bestehendes, betriebsbereites Übertragungssystem etwa den Verbindungsgebühren für folgende Übertragungsdauer in Stunden (Entfernung 100 km):

		Verbindungsdauer in Stunden (Entfernung: 100 km)		
		Tag	Nacht I	Nacht II
Telex-Netz	(50 bit/s)	12	21	
Datex-Netz	(200 bit/s)	30	53	
Fernsprech-Netz	(600/1200 bit/s)	118	177	531

Diese Zahlen zeigen, daß die Kosten für den apparativen Aufwand des Übertragungssystems gegenüber den zeitabhängigen Übertragungskosten bei der Übertragung kleinerer und mittlerer Datenmengen im Kostenvergleich durchschlagen. Die Übertragung im Fernschreibnetz nimmt dabei insofern eine Sonderstellung ein, weil viele Firmen ohnehin einen Fernschreibanschluß benötigen und der Mehraufwand für Umschalteinrichtung und zusätzliche Endeinrichtung dann nicht mehr so ins Gewicht fällt.

Für die verschiedenen verfügbaren Übertragungswege lassen sich generell bestimmte kostenoptimale Anwendungsbereiche angeben, die durch die zu übertragende Datenmenge und die Länge der Übertragungsstrecke definiert sind. Die dem Aufsatz von *Böhme* und *Langner* entnommene Abb. 22 zeigt die – auf der Basis der

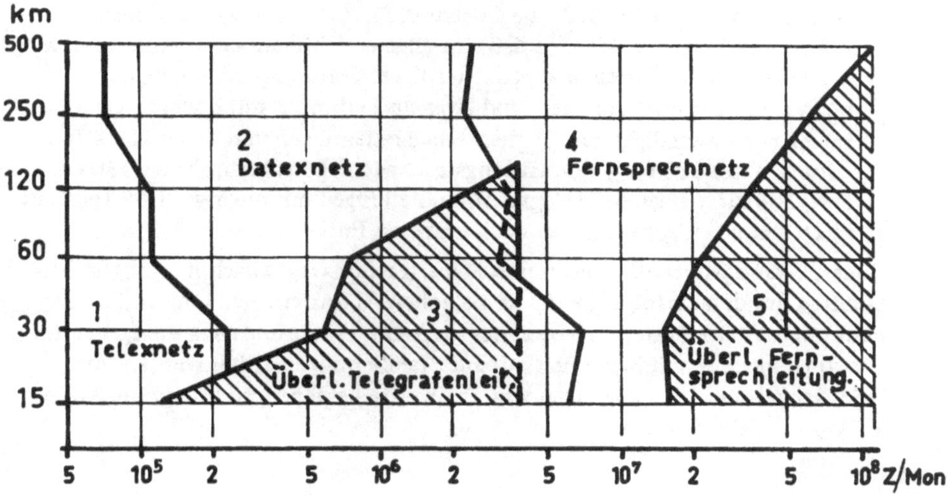

Abb. 22 Bereiche der Datenübertragungsverfahren mit geringsten Kosten in Abhängigkeit von Entfernung und Datenmenge. Nach [179].

1966 geltenden Postgebühren – errechnete Abgrenzung der Übertragungsbereiche. Durch die Gebührenerhöhungen von 1971 und 1972 ergibt sich allgemein eine Erhöhung der für die Datenübertragung wesentlichen Gebühren. Im speziellen treten folgende Änderungen ein:

- die Verbindungsgebühren für das Datex-Netz werden auf das Niveau der Verbindungsgebühren im Telexnetz zurückgenommen und erhalten damit auch einen günstigeren Nachttarif.
- die Telexverbindungsgebühren im Nahbereich bleiben unverändert und werden für Verbindungen im Weitverkehrsbereich angehoben.
- die Gebühren je Gebührentakt im Fernsprechnetz werden von 0,18 DM auf 0,21 DM angehoben.

- für die Übertragungsgebühren im Fernsprechnetz wird der Nachttarif gespalten in den Nachttarif I und den Nachttarif II. Der von 1^{00} bis 6^{00} Uhr gültige Tarif Nacht II bringt eine wesentliche Vergünstigung bei Übertragungsentfernungen von mehr als 25 km.
- die Neufassung der Entfernungszonen – der neue Tarif kennt als größte Zone zwischen zwei Knotenämtern nur noch die Zone VI (mehr als 100 km Entfernung) – bringt auch im Tagtarif eine Verbilligung der Übertragungsgebühren bei Entfernungen von mehr als knapp 300 km.
- die Gebühren für Standleitungen sind allgemein neu geordnet worden durch eine stärker differenzierende Entfernungsstaffel und durch die zusätzlich erhobenen Ausgleichsgebühren, die ebenfalls nach Entfernungen gestaffelt sind. Zusammen mit den neu festgesetzten Gebühren ergibt sich aus dieser Neuordnung folgendes Bild: die Gebühren für kurze Standleitungen sind kräftig angehoben worden, so daß sich allgemein höhere Leitungskosten für Leitungen bis zu 100 km ergeben. Günstigere Leitungsgebühren ergeben sich nur auf längere Entfernungen, und zwar für Leitungen mit höheren Übertragungsgeschwindigkeiten (Fernsprechstandleitungen und Telegrafenstandleitungen mit 200 bit/s Übertragungsgeschwindigkeit) bei mehr als 130 km bzw. 180 km Länge, bei Telegrafenstandleitungen mit niedriger Übertragungsgeschwindigkeit sogar erst bei noch größeren Entfernungen.

Generell kann jedoch die Auswahl des Übertragungsweges nach Kostengesichtspunkten nur dann erfolgen, wenn keine hohen Anforderungen hinsichtlich der Reaktionszeit des Systems zu beachten sind. Die Forderung nach unverzögerter Übertragung kann mit Sicherheit nur auf Standleitungen erfüllt werden; die Dringlichkeit der Übertragungen wird dann entscheidend und drängt die Kosten als Auswahlfaktor zurück.

4 Fehler bei der Datenerfassung

Schon bei verschiedenen Gelegenheiten war auf das Auftreten von Fehlern bei der Datenerfassung hingewiesen worden. Diese Fehler entstehen vornehmlich deshalb, weil Menschen in den Erfassungsvorgang eingeschaltet sind; als mögliche Fehlerquellen müssen aber auch die auf allen Stufen des Erfassungsvorganges benutzten maschinellen Hilfsmittel in Betracht gezogen werden. Fehler entspringen also einmal der beschränkten Zuverlässigkeit des tätigen Menschen und zum anderen der gleichfalls begrenzten technischen Zuverlässigkeit der verwendeten Geräte. Eine Datenverarbeitungsanlage selbst besitzt im Vergleich zu der Zuverlässigkeit der Menschen einen sehr hohen Zuverlässigkeitsgrad. *Chapin* vergleicht diese beiden Zuverlässigkeitsgrade in anschaulicher Form: „Eine Stunde fehlerfreier Arbeit bedeutet für eine große Rechenanlage ungefähr dasselbe oder noch mehr als drei Jahre fehlerfreier Arbeit für irgendeine Bürokraft, die eine Tischrechenmaschine bedient" [17, S. 316].

Die folgenden Ausführungen beschränken sich auf die Untersuchung der Fehler, die in der Datenerfassungsphase auftreten bzw. auftreten können. Programmfehler, also Fehler im logischen Ablauf der Programmes, und Codierfehler werden nicht in die Betrachtung einbezogen. Neu aufgestellte Programme werden im praktischen Betrieb gewöhnlich in sog. Testläufen auf der Datenverarbeitungsanlage ausgetestet, um alle beim Programmieren unterlaufenen Fehler aufzudecken. Das Austesten eines Programmes erfordert erfahrungsgemäß ebensoviel Zeit wie das Erarbeiten und Codieren eines Programmes. Es wird hier jedoch angenommen, daß zur Eingabe fehlerfreie Programme zur Verfügung stehen. Im weiteren Sinne können zu diesen Programmfehlern auch die vielfach als Bedienungsfehler bezeichneten Fehler gezählt werden, die vom Bedienungspersonal der Datenverarbeitungsanlage verursacht werden, z. B. durch Einlegen falscher Kartenstapel, Einsetzen falscher Magnetbänder und Fehler beim „Fahren" der Datenverarbeitungsanlage.

Ausgeschlossen werden für die weiteren Überlegungen auch die Maschinenfehler. Als Maschinenfehler werden hier alle Arten von Fehlern verstanden, die intern in der Datenverarbeitungsanlage und in deren Peripherieeinheiten auftreten. Die Ursache dieser Fehler ist in der beschränkten technischen Zuverlässigkeit der Datenverarbeitungsanlage zu suchen. Obwohl in ihrem technischen Aufbau weitgehend Vorkehrungen zur Verhütung von Fehlern getroffen sind, muß nach *Chapin* mit internen Fehlern in der Größenordnung von 1 bis 70 Fehlern je 10 Millionen Operationen gerechnet werden [17, S. 316]. Praktisch rechnet man mit einem Mittelwert von 1 Fehler auf 1 Million Operationen.

Selbstverständlich können auch fehlerbehaftete Daten, die von außen her in das Unternehmen gelangen, hier nicht berücksichtigt werden: es sei denn, daß sie so offensichtlich sind wie etwa ein Additionsfehler in einer eingehenden Rechnung.

Datenverarbeitungsanlagen stellen von sich aus die objektive Richtigkeit der ihnen eingegebenen Daten nicht in Frage. Die Richtigkeit eines auf einer Datenverarbeitungsanlage errechneten Ergebnisses hängt deshalb, wenn von Rechenfehlern abgesehen wird, allein von der Richtigkeit der Eingabedaten ab. Da grundsätzlich mit Fehlern in den Eingabedaten zu rechnen ist, müssen notwendig in den Erfassungsvorgang besondere Prüfungen eingeschaltet werden, um korrekte Ergebnisse sicherzustellen.

4.1 Fehlerhäufigkeit und Fehlerarten

Für den Gesamtvorgang Datenerfassung finden sich in der deutschsprachigen Literatur nur wenig Angaben über die zu beobachtende Fehlerhäufigkeit; die früher schon genannten Fehlerquoten bezogen sich auf Erfahrungen bezüglich der Fehler beim Ablochen bzw. Codieren von Belegen. Da es sich dabei teilweise um Ergebnisse aus Laborversuchen handelte, können die Werte nicht ohne Vorbehalt für den Gesamtvorgang Datenerfassung übernommen werden.

Eine Untersuchung über die Fehlerrate bei der Belegverarbeitung im Postscheckdienst wurde durch einen Aufsatz von *de Beauclair* bekannt [174]. Danach traten bei der Verarbeitung von 100.000 Belegen rund 300 Falschcodierungen und damit 600 Fehlbuchungen auf. Im einzelnen zeigte sich, daß beim Eintasten in Saldiermaschinen im Mittel 0,48‰ aller Ziffern und entsprechend der Stellenzahl jede 500. Zahl falsch ist. Es wurde auch beobachtet, daß mit steigender Stellenzahl der Ziffern die Fehlerquote wächst.

Von Interesse ist auch die von *de Beauclair* angegebene Verteilung der Fehlerarten:

eine Ziffer falsch (darin 7,5% falsch entziffert)	47,8%
eine Ziffer ausgelassen	15,2%
eine Ziffer zugefügt	5,0%
benachbarte Ziffern vertauscht	7,1%
Vertauschung über mehrere Stellen	1,3%
mehrere Ziffern ausgelassen	4,8%
mehrere Ziffern zugefügt	4,1%
andere Fehler	14,7%

Diese Beobachtungen müssen natürlich unter voller Berücksichtigung der für das Beobachtungsfeld gültigen Bedingungen wie Einheitlichkeit der Belege, beschränkte Stellenzahl und Unterdrückung der von den Arbeitskräften selbst bemerkten Fehler bewertet werden.

In amerikanischen Quellen wird eine vergleichsweise wesentlich höhere Fehlerquote im Bereich von 1 bis 5% genannt [195, S. 236]; eine andere Quelle will eine Ungenauigkeit von ± 5% wegen falscher Aufzeichnungen beobachtet haben [181]. Die Bemerkung von *Steinhaus*, daß man in den USA bei der Benutzung von Zeichenlochkarten mit einer höheren Fehlerquote wegen der geringeren Sorgfalt der Arbeitskräfte rechnet, liefert noch keine befriedigende Erklärung für die um rd. eine Zehnerpotenz höhere Fehlerquote [289, S. 150]. Deshalb sei hier noch auf die Ergebnisse der amerikanischen Dissertation von *W. A. Smith jr.* eingegangen, die sich mit der Fehlerquote bei betrieblichen Erfassungssystemen beschäftigt [277]. *Smith* untersuchte in zwei Produktionsbetrieben und einem Montagebetrieb die Datenerfassungssysteme, die Terminals mit Tastaturen, Wählscheiben und Stellhebeln zur Eingabe variabler Daten, Festwerteingaben sowie selbsttätige Datum-, Uhrzeit-, Stationskennungsgeber besaßen.

Die Untersuchung von *Smith* klassifiziert die auftretenden Fehler in drei Kategorien: 1. Datenformat, 2. Dateninhalt und 3. Beschreibung des Vorfalles. Als Formatfehler werden falsche Informationslängen durch Fortfall oder Hinzufügen eines Zeichens, Verwendung unzulässiger Sonderzeichen, unzulässige Folge von Daten und unvollständige Eingaben angesprochen. Unter Inhaltsfehler werden falsche Angaben der Mengen, aber auch der Schlüsselzahlen eingeordnet. Mit fehlerhafter Beschreibung des Vorfalles bezeichnet *Smith* schließlich unnötige Eingaben, unbrauchbare Korrekturen sowie Angaben, die scheinbare Abweichungen vom geplanten Ablauf der Fertigung anzeigen.

Der Gesamtbetrag der bei der Eingabe nicht entdeckten Fehler streute nach *Smith* zwischen 6,8% und 26,1%. Davon entfielen auf Formatfehler ungefähr die Hälfte, etwa ein Drittel auf Inhaltsfehler und rund ein Sechstel auf Fehler in der Beschreibung des Vorfalles. Von diesen bemerkenswert hohen Fehlerquoten wurden allerdings noch während des Eingabe-Vorganges bereits zwei Drittel bis drei Viertel entdeckt. Die besonders leicht zu erkennenden Formatfehler wurden durch die eingebende Person oder durch die in die Eingabe-Terminals eingebauten Kontrollen zu 80,5% bis 99,5% aufgedeckt. Falsche Beschreibungen des Vorfalles wurden von *Smith* nicht beobachtet.

In einer Tabelle stellt *Smith* die Gesamtzahlen der unterlaufenen Fehler und die Zahl der Fehler zusammen, die beim Eingabevorgang entweder nicht entdeckt oder wohl entdeckt, aber nicht richtiggestellt wurden. Von einer Gesamtzahl von mehr als 14 500 Fehlern blieben 632, d. s. ca. 4,35% unbemerkt und gingen deshalb in die Verarbeitung innerhalb der Datenverarbeitungsanlage ein. In der aus der Arbeit von *Smith* entnommenen Abbildung 23 werden graphisch die Anteile der Fehlerarten und von diesen jeweils noch der Prozentsatz der verbleibenden Fehler (schraffiert) angegeben. Sie zeigt, daß der Löwenanteil aller Feh-

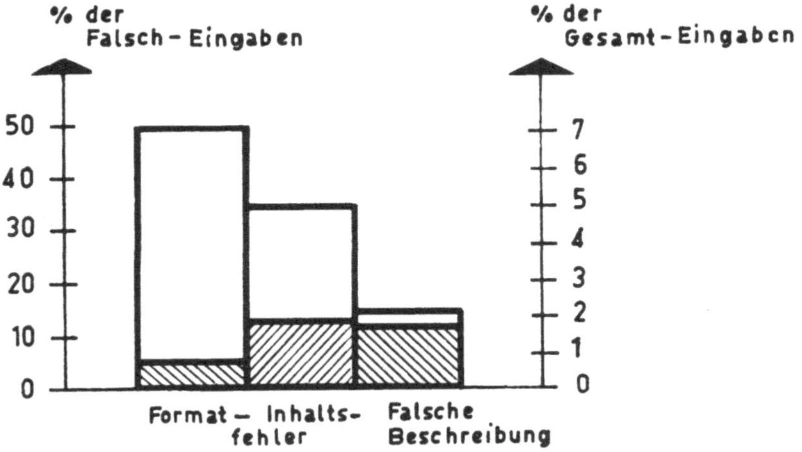

Abb. 23 Die Arten der Eingabefehler. Die Anteile der Fehlerarten an den Gesamt-Eingaben und (schraffiert) die Anteile an den verbleibenden Fehlern. Nach [277].

ler auf Formatfehler entfällt, die allerdings aber auch weitgehend bereits bei der Eingabe entdeckt und richtiggestellt werden. Der etwas geringere Prozentsatz der Inhaltsfehler wird nicht in gleichem Maße bereits bei der Eingabe korrigiert. Die schwierigste Situation zeigt sich für die Falschbeschreibung des Vorfalles, die zwar nur mit ca. 15% an den gesamten Falscheingaben beteiligt sind, jedoch von den Eingebenden nur in ganz geringem Umfang erkannt und beseitigt werden.

Die gleichfalls von *Smith* stammende Abbildung 24 stellt die Untersuchungsergebnisse noch einmal nach dem Ort der Fehlerentdeckung zusammen. Sie zeigt deutlich, daß der Schwerpunkt der Fehlerentdeckung im Bereich der Eingabe liegt, daß also dort alle Maßnahmen zur Verringerung der Eingabefehler anzusetzen haben. Sie läßt aber auch erkennen, daß es damit nicht genug sein darf, wenn eine fehlerlose Datenerfassung erreicht werden soll: auch im Bearbeitungsprozeß müssen noch Kontrollen eingefügt werden, deren Schwerpunkte auf der Prüfung der Daten hinsichtlich der Inhaltsfehler und Falschbeschreibungen des Vorfalles (in der Terminologie von *Smith*) liegen muß.

Da die Untersuchung von *Smith* gezeigt hat, daß die meisten Fehler Formatfehler sind, die z. B. durch Fortlassen oder Hinzufügen einer Ziffer entstehen, muß abschließend noch untersucht werden, wie sich Fehler bei der Datenerfassung auf die verschiedenen Datenausprägungen auswirken. Als numerische Daten waren Ziffern und Ziffernkombinationen (das sind Zahlen) definiert worden. Bei ihnen können Fehler in Form von falsch wiedergegebenen Ziffern, falschem Stellenwert und falscher Stellenzahl unterlaufen. Bei sprachlichen Daten, die vereinbarungsgemäß aus Buchstaben und Buchstabenkombinationen (eines bestimmten Alphabets) bestehen, können Fehler durch Wiedergabe eines fal-

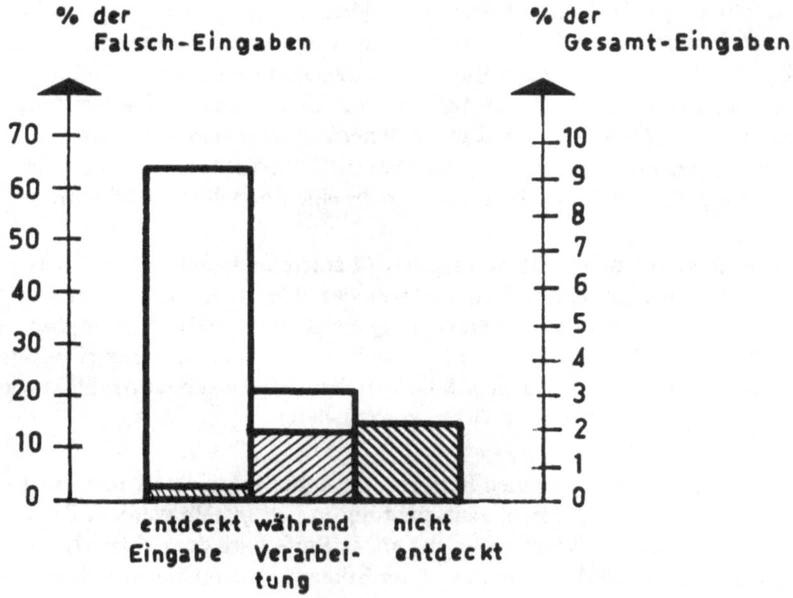

Abb. 24 Eingabefehler und Ort ihrer Entdeckung. Schraffiert: die Anteile der nicht entdeckten Fehler an den Gesamt-Eingaben. Nach [277].

schen Buchstaben und/oder falscher Buchstabenkombinationen erscheinen. Geometrische Daten werden schließlich durch Koordinatenwerte dargestellt (in der Regel durch eine vereinbarte Kombination von Buchstaben und Ziffern, evtl. auch durch eine mathematische Funktion), und/oder als mathematische Funktion, die selbst wieder als Kombination von Zahlen und Buchstaben sowie durch mathematische Symbole, wie z. B. Gleichheitszeichen, Integralzeichen angeschrieben werden.

Die unterschiedliche Auswirkung eines Fehlers bei den verschiedenen Datenausprägungen kann nur abgeschätzt werden an der Auswirkung des Fehlers auf die Richtigkeit der Wiedergabe des Datums und an der durch eventuelle Unrichtigkeit der Wiedergabe verursachten Verfälschung der Daten. Dabei ist das Maß der für die Datenarten typischen Redundanz ein brauchbares Kriterium für die Beurteilung. Ganz allgemein ist festzustellen, daß nur die sprachlichen Daten über einen hohen Grad von Redundanz verfügen, die numerischen und auch die geometrischen Daten dagegen redundanzarm oder gar redundanzfrei sind.

Die hohe Redundanz der sprachlichen Daten gestattet das Erkennen offensichtlicher Fehler bei der Datenerfassung. Ausgedruckte sprachliche Daten sind auch dann noch verständlich, wenn ein nicht zu großer Teil einzelner Buchstaben verfälscht wurde. Ein Text z. B. ist auch dann noch verständlich, wenn einzelne Worte eines ganzen Satzes falsch wiedergegeben oder sogar unterdrückt werden.

Die Verfälschung oder Unterdrückung einer einzelnen Ziffer wird dagegen bei redundanzfreien (bzw. redundanzarmen) numerischen oder geometrischen Daten eine Entstellung des Datums bewirken. Die Folgenschwere der Verfälschung ist offensichtlich angesichts z. B. des Aufbaues von Zahlen im dekadischen Zahlensystem, in dem jeder Stelle einer Zahl ein einer Zehnerpotenz entsprechender Stellenwert zugeordnet ist. Bei Angabe einer mathematischen Funktion z. B. wird etwa die Vertauschung eines Vorzeichens eine Entstellung bewirken.

Zusammenfassend läßt sich danach sagen, daß auftretende Fehler bei numerischen und bei geometrischen Daten schwerwiegende Folgen haben. Bei sprachlichen Daten fallen die Folgen nicht derartig ins Gewicht, wenn auch in diesem Falle Fehlerlosigkeit wünschenswert ist. Das Bemühen um Fehlerfreiheit bei der Datenerfassung muß sich folglich auf die korrekte Erfassung hauptsächlich von geometrischen und numerischen Daten konzentrieren.

An den Schluß dieser allgemeinen Betrachtungen muß noch eine kurze Bemerkung über den Vorgang der Fehlerausschaltung an sich gestellt werden. Dieser Vorgang ist notwendig zweistufig: in der ersten Stufe muß der Fehler als solcher erst einmal erkannt werden. Erst nach ihrer Erkennung kann die Korrektur von Fehlern in Angriff genommen werden. Die Korrektur eines Fehlers ist ohne vorherige Erkennung und Lokalisierung nicht möglich.

4.2 Maßnahmen zur Ausschaltung von Fehlerursachen

Die denkbaren Möglichkeiten zur Verhütung von Fehlern bei der Datenerfassung werden im folgenden in zwei Gruppen eingeteilt. Die erste Gruppe der hier behandelten Maßnahmen zur Ausschaltung von Fehlerursachen versucht den fehlerfreien Ablauf der Datenerfassung dadurch zu erreichen, daß die äußeren Bedingungen für die Ausführung der Arbeit optimal gestaltet werden. Diese Ausführungen sind deshalb unabhängig von den spezifischen Bedingungen des Datenerfassungsverfahrens und der dabei benutzten Einrichtungen gültig.

4.2.1 Schulung des ausführenden Personals

Eine wirkungsvolle Maßnahme zur Verhütung von Fehlern ist zweifellos die gründliche Unterweisung der ausführenden Mitarbeiter für ihre Tätigkeit. Setzt man die Eignung des ausgewählten Mitarbeiters einmal voraus, dann muß die Unterweisung auf die Bedeutung der Tätigkeit eingehen und eine ausreichende Übung in den anzuwendenden Arbeitstechniken sicherstellen. Eine ältere Untersuchung über die Qualität von Uraufschreibungen in einem Werk der Eisenhüttenindustrie zeigte, daß die Uraufschreibungen zu

11 % durch gute Messungen
2 % durch zweifelhafte Messungen
40 % durch gute Schätzungen
44 % durch zweifelhafte Schätzungen
3 % durch willkürliche Festsetzungen

belegt waren [352]. Danach sind bei Anlegen eines scharfen Maßstabes nur etwa die Hälfte aller Aufzeichnungen brauchbar.

Da die Uraufschreibung sich weitgehend mit gleichgelagerten Problemen wie die Datenerfassung beschäftigt, kann aus diesen Ergebnissen der Schluß gezogen werden, daß die Genauigkeit und Zuverlässigkeit der Datenerfassung durch schulende und erzieherische Maßnahmen verbessert werden können und eine höhere Fehlersicherheit ergeben. Der Schwerpunkt dieser Bemühungen muß auf der Anleitung zu größter Sorgfalt und zu perfekter Beherrschung der anzuwendenden Beobachtungs-, Meß- und Aufzeichnungstechniken liegen. Die Unterweisungsverfahren sollten die Erkenntnisse der Arbeitspädagogik verwerten und vorwiegend in der Einführungs- und Einarbeitungsphase einsetzen. Die von Autoren wie *Fahrlander* und *Bell* [194] oder *Tillmann* und *Mann* [296] mitgeteilten Erfahrungen aus der Praxis der Klarschriftlesung lassen es ratsam erscheinen, diese Schulung nicht als einmalige Maßnahme der Einführungsphase zu verstehen, sondern sie gleich als regelmäßig wiederkehrende Einrichtung vorzubereiten.

4.2.2 Schaffung optimaler Arbeitsbedingungen für die Datenerfassung

Der zweite Schwerpunkt von Maßnahmen liegt auf den Arbeitsbedingungen, also auf den äußeren Umständen, unter denen eine Arbeit auszuführen ist. Die Arbeitswissenschaft hat vielerlei Hinweise gegeben, die einen direkten Zusammenhang zwischen den Arbeitsbedingungen und der Arbeitsleistung erkennen lassen. Aus der Erkenntnis dieses direkten Zusammenhanges resultiert die Forderung, zur Vermeidung von Fehlern bei der Datenerfassung optimale Arbeitsbedingungen zu schaffen. Die Herstellung optimaler Arbeitsbedingungen ist deshalb von so großer Bedeutung, weil die Tätigkeiten der Datenerfassung als Tätigkeiten mit relativ hoher geistiger Beanspruchung anzusprechen sind, die gegen bestimmte ungünstige Umgebungseinflüsse besonders empfindlich sind.

4.2.2.1 Gestaltung der Umweltbedingungen

Der unmittelbare Einfluß der Umweltbedingungen auf die Arbeitsgüte läßt sich gut an den Arbeitsfehlern nachweisen. Abb. 25 zeigt die Ergebnisse einer Untersuchung, die einen eindeutigen Zusammenhang zwischen Beleuchtungsgüte und Lesefehlern belegt.

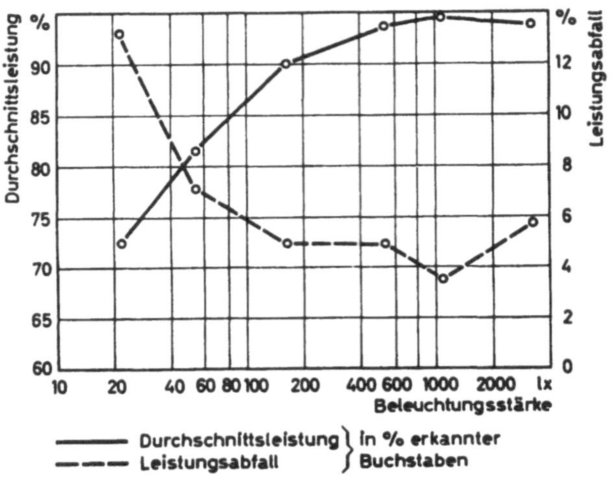

Abb. 25 Lesefehler und Beleuchtungsgüte. Nach *Simonson* und *Brozek* [276, S. 71].

Ein ähnlich unmittelbarer Zusammenhang läßt sich zwischen der Qualität der Arbeitsausführung und dem Umweltfaktor Lärm feststellen. *Jansen* schreibt z. B.: „die Fehlleistungen der Angestellten, die die Büromaschinen zu betätigen hatten, sanken im Durchschnitt um 30 bis 50% ab, nachdem die Räume mit schallabsorbierenden Vorrichtungen ausgestattet worden waren" [64, S. 695]. Obwohl sicher noch weitere physiologische Einzelfaktoren wie Raumklima oder auch psychologische Einflüsse auf die Arbeitsgüte wirken, sollen diese Beispiele genügen, um die Notwendigkeit optimaler Umweltbedingungen hinreichend zu begründen. Hier ist jedenfalls ein Hebel zu erkennen, mit dem die Fehlerquote auch bei der Datenerfassung reduziert werden kann.

4.2.2.2 Gestaltung der Arbeitsmittel

Das gleiche Interesse gebührt den Arbeitsmitteln, zu denen hier sämtliche in allen Phasen der Datenerfassung benutzten Werkzeuge, Maschinen und ähnliche Hilfsmittel gezählt werden. Schon in der Phase der Beobachtung, die ja vielfach als Ablesung eines Meßgerätes zu sehen ist, ist die Gestaltung eben dieses Meßgerätes und insbesondere der Ableseskala von Bedeutung. *E. A. Müller* führt dazu die Ergebnisse einer Untersuchung an, die zeigt, daß z. B. die Ablesefehler bei einer gestreckten, geraden Skala etwa doppelt so hoch sind wie bei kreis- oder halbkreisförmigen Skalen [107].

Als weiteres Beispiel für den Einfluß des Arbeitsmittels auf die Fehlerhaftigkeit eines Arbeitsvorganges – diesmal in der Phase der Datenfixierung – mögen die Ergebnisse einer Untersuchung über die Abhängigkeit von Tastaturform und Fehlerhäufigkeit dienen, die *Philipp* anführt [119, S. 610/611]. Daraus läßt sich entnehmen, daß im Interesse der Fehlerfreiheit grundsätzlich Tastaturen mit einer visuellen Anzeige des eingetasteten Wertes zu bevorzugen sind, auch wenn die visuelle Kontrolle eine minimale Verringerung der Eingabegeschwindigkeit bewirkt.

Diese Untersuchung bezog sich nur auf die Art der Tastatur. Darüber hinaus ist aber auch die Form der Tastatur, also die Form der Anordnung der Tasten im Tastenfeld und die Anordnung des Tastenfeldes im Griffbereich der Hände der Bedienungsperson, bedeutsam. Es ist hinlänglich bekannt, daß die konventionelle Form der Schreibmaschinentastatur zu einer übermäßig starken Belastung der Hand- und Unterarmmuskeln führt, eine vorzeitige Ermüdunge bewirkt, ja sogar zur Ursache von Erkrankungen wird. Diese unnötige Ermüdung ist gewiß die Ursache vieler Fehler, die bei der Bedienung von Tastaturen unterlaufen. *Philipp* schildert die Untersuchungen, die zur Entwicklung neuer und arbeitsphysiologisch besserer Tastaturformen durchgeführt wurden [119, S. 611–614].

4.2.2.3 Gestaltung des Arbeitsablaufes

In einer klaren Ordnung des Arbeitsablaufes ist die dritte Gruppe von Maßnahmen zu sehen, die dem Auftreten von Fehlern bei der Datenerfassung entgegenzuwirken vermögen. Alle organisatorischen Maßnahmen zum Zwecke der fehlerfreien Datenerfassung haben die Sicherung der richtigen Behandlung und vollständigen Berücksichtigung aller relevanten Daten zum Ziel. Erreicht wird dieses Ziel durch klare und umfassende Arbeitsanweisungen, die für jede Arbeit den Arbeitsablauf an allen berührten Arbeitsplätzen so eindeutig und vollständig fixieren, daß Rückfragen wegen irgendwelcher Unklarheiten nicht erforderlich sind. Diese Arbeitsanweisungen führen auch die jeweils erforderlichen Hilfsmittel auf und unterrichten über die Art ihrer Benutzung. Gut ausgearbeitete Arbeitsanweisungen haben den durchaus begrüßenswerten Zusatzeffekt, daß aufgetretene Fehler auf die Ursachen hin zurückverfolgt werden können und fehlerverursachende Mitarbeiter für ihre Fehlleistungen zur Rechenschaft gezogen werden können.

Als Beispiel für weitere organisatorische Maßnahmen kann die Vordruckgestaltung angeführt werden, die fortlaufende Numerierung von Belegen und nicht zuletzt die Ausstellung von Begleitscheinen für Belegstapel, auf denen die Anzahl der Belege und eventuell auch eine Abstimmsumme verzeichnet sind. Eine ausführliche Darstellung derartiger organisatorischer Maßnahmen findet sich z. B. in den Arbeiten von *Woitschach* [307] und *W. Schmidt* und *Schellmoser* [280], so daß hier auf eine weitläufige Darstellung organisatorischer Regelungen zum Zweck des Fehlerschutzes verzichtet werden kann.

Daß solche einfachen organisatorischen Maßnahmen wirksam sind, bestätigt eine von *Smith* verzeichnete Beobachtung [277, S. 706/707]. Er sah, daß die Kontrolleure eines Betriebes die Daten zunächst in einer Liste aufzeichneten, bevor sie sie in die Terminals eingaben. Die Listenführung bewirkte eine Kontrolle auf

Formatfehler, die deshalb dort in wesentlich geringerem Umfang als erwartet beobachtet werden konnten. Dieses Vorgehen kann wegen der darin liegenden Doppelarbeit nicht unbedingt als beispielhafte organisatorische Regelung angesehen werden, zeigt aber anderseits die Wirksamkeit einer derartig einfachen Maßnahme.

4.2.3 Automatisierung der Teilvorgänge und des Gesamtvorganges Datenerfassung

Sicherlich ist die völlige Automatisierung des Gesamtvorganges das wirkungsvollste Verfahren zur Ausschaltung von Fehlern bei der Datenerfassung. Automatisierung befreit nach *Dolezalek* „den Menschen von der Durchführung immer wiederkehrender Verrichtungen geistiger oder manueller Art und der zeitlichen Bindung an eine technische Einrichtung“ [190, S. 101].

Definitionsgemäß ist demnach die Automatisierung eine Vorgehensweise, die den Einfluß des Menschen auf den Ablauf des Vorganges ausschaltet und damit den Menschen auch als Urheber von Fehlern eliminiert. Das Bestreben zur Automatisierung hat naturgemäß seine Grenzen dort, wo – wirtschaftlich gesehen – der Aufwand den Erfolg übersteigt; das ausgewogene Verhältnis dieser beiden Größen ist auch bei den Bemühungen um die Fehlerfreiheit in der Datenerfassung zu beachten.

Die genauere Betrachtung der Teilvorgänge der Datenerfassung beweist, daß schon eine Reihe von Schritten zur Automatisierung einzelner Teilvorgänge unternommen wurde. In den Phasen: Beobachtung und Datenbildung kann man bereits dann von einer Teilautomatisierung sprechen, wenn die Beobachtung als selbsttätiges Meßverfahren ausgebildet ist. Die Datenerfassungs-Aufgabe: Erfassung des Verbrauches an elektrischer Energie ist durch den Einbau eines Zählers bereits weitgehend automatisiert, weil der Verbrauch selbsttätig laufend registriert und in einem Zählwerk angezeigt wird. Die Phasen Beobachtung und Datenbildung sind damit auf den Vorgang „Zähler ablesen“ reduziert. Fehler können nur noch bei der Ablesung des Zählwerkes unterlaufen. Durch geeignete Gestaltung der Zählwerkanzeige werden sie weitgehend eingeschränkt, indem z. B. die Ziffernanzeige der Anzeige mit Zeiger auf einer Skala vorgezogen wird. Noch einen Schritt weiter führt ein anderes Beispiel: Waagen können heute bereits so ausgestattet werden, daß die Anzeige des Gewichtes zugleich auf einem Streifen in Klarschrift ausgedruckt oder auf einer Lochkarte oder einem Lochstreifen festgehalten wird. In diesem Beispiel umfaßt die Teilautomatisierung zusätzlich noch die Teilphase Datenfixierung.

Als weiteres Beispiel für die Teilautomatisierung in der Teilphase der Datenfixierung ist z. B. die Festwerteingabe durch einen Ausweisleser anzusprechen, die vielfach in der Eingabeeinheit einer Datensammelanlage zu finden ist. In diesem Beispiel wird die Fehlermöglichkeit bei der Eingabe dadurch eingeschränkt, daß feststehende Daten in geeigneten Datenträgern dauerhaft fixiert sind und nur variable Daten durch Eintasten eingegeben werden müssen. Fehler können deshalb lediglich bei den variablen Daten entstehen. Das gleiche Prinzip wird beim Kartenlochen durch Verwendung der sog. Programmkarten beachtet, die Ablochfehler durch selbsttätiges Duplizieren gleichbleibender Angaben und etwa auch durch Überspringen von Lochspalten verhüten.

Beispiel für die Automatisierung in der Teilphase Datenweitergabe sind die Datenfernübertragung und der Einsatz von zwangsläufigen Förderanlagen. Datenträger, sind beim Transport etwa in Rohrpostanlagen weitgehend gegen Verlust, Vernichtung, Verfälschung und Fehlleitung gesichert. Eine Form der Automatisierung noch höheren Grades ist die Fernmeßtechnik. Man versteht darunter die Übertragung von Meßwerten über größere Entfernungen durch geeignete Übertragungsglieder wie Leitungen oder Funkstrecken. Hier umfaßt die automatisierte Datenerfassung die Teilphasen von der Beobachtung bis einschließlich der Datenweitergabe.

Diese wenigen Beispiele müssen hier für eine nahezu unübersehbare Vielfalt technischer Automatisierungsmöglichkeiten stehen, die mit angemessenem Aufwand zu realisieren sind. Sie sollten aber auch zeigen, daß viele alltägliche Vorgänge und Einrichtungen schon als Teilautomatisierung komplexer Vorgänge erkannt werden können.

4.3 Verfahren zur Erkennung von Fehlern bei der Datenerfassung

Die Verfahren zur Fehlererkennung sind – im Gegensatz zu den Maßnahmen zur Ausschaltung von Fehlerursachen – darauf abgestellt, fehlerhafte Daten bereits im Erfassungsprozeß sichtbar zu machen und ihre Eingabe zu verhüten. Dieser Vorsatz bedingt eine stärkere Berücksichtigung der Eigenarten der Daten und der benutzten Verfahren und Geräte. Die Fehlererkennungsverfahren bedienen sich der Fähigkeiten der Datenverarbeitungsanlage, können allerdings grundsätzlich keine Korrektur der verfälschten Daten liefern. Die Korrektur muß dann anschließend durch eine Nachprüfung des Datums an seinem Ursprungsort vorgenommen werden. Darüber lassen sich schon deshalb keine allgemeinen Regeln angeben, weil bei der Nachprüfung alle Umstände des gesamten Datenerfassungsprozesses zurück bis zur Fehlerquelle verfolgt werden müssen.

Die Verfahren zur Fehlererkennung setzen vorwiegend in der Stufe der Datenfixierung an. Das Schwergewicht der dargestellten Verfahren liegt auf der Verarbeitung numerischer Daten, weil diese den dominierenden Teil der Datenverarbeitung ausmachen. Sinngemäß können einzelne der noch zu beschreibenden Techniken für die Prüfung numerischer Daten auch für geometrische Daten angewandt werden, jedoch können dazu keine allgemeingültigen Aussagen gemacht werden, weil die einschlägigen Erfahrungen darüber noch fehlen. Bei der Bearbeitung geometrischer Daten wird z. B. zur Prüfung ein nachgeschalteter Prüfarbeitsgang bevorzugt. Aus der Praxis der numerischen Werkzeugmaschinensteuerung ist z. B. bekannt, daß man Prüfungen in der Weise vornimmt, daß man aus dem Steuerlochstreifen selektiv die geometrischen Daten durch eine numerisch gesteuerte Kontrollzeichenmaschine auszeichnen läßt und diese Zeichnung visuell kontrolliert.

Die Prüfung bei der Verarbeitung sprachlicher Daten wird hier nicht behandelt, da für kommerzielle Anwendungen aufwendige Prüfverfahren wegen der hohen Redundanz der Daten nicht absolut notwendig erscheinen. Die Prüfung dürfte sich für die Verarbeitung sprachlicher Daten auf einen Prüfarbeitsgang beschränken, der der Erstellung des Datenträgers nachgeschaltet wird.

Für die anschließende Besprechung der Verfahren zur Fehlererkennung werden andere Fehlerkategorien gebildet, als sie der früher zitierten Untersuchung von *Smith* zugrunde lagen. Wird ein isoliert für sich stehendes numerisches Datum betrachtet, dann stellt sich ein Fehler lediglich als *Betragsfehler* dar, d. h., durch den Fehler wird der Zahlenwert des Datums nur in seinem Betrage verfälscht. Erweitert man die Betrachtung auf numerische Daten, die im Zusammenhang eines Satzes numerischer Daten stehen, dann sind noch Fehler mit anderer Auswirkung vorstellbar: es können einander zugehörige Daten ihren Zusammenhang durch einen Fehler der Datenerfassung verlieren, indem zusammengehörige Zahlen durch fehlerhafte Datenerfassung voneinander getrennt werden. Solche Fehler werden als *Zuordnungsfehler* bezeichnet. Ferner kann durch einen Fehler der Datenerfassung die Vollständigkeit eines zusammengehörigen Feldes numerischer Daten dadurch gestört werden, daß aus einer bestimmten Zahl von Daten einzelne oder mehrere Daten fortgelassen oder hinzugefügt werden. Derartige Fehler werden *Vollständigkeitsfehler* genannt. Die später dargestellten Prüftechniken müssen einzeln daraufhin durchgesehen werden, ob sie Betrags- und/oder Zuordnungs- und/oder Vollständigkeitsfehler aufzudecken in der Lage sind. Eine schlüssige Antwort darauf oder gar eine systematische Übersicht über die Tauglichkeit der einzelnen Prüftechniken ist nicht möglich, weil der Einfluß des jeweiligen Datenverarbeitungsproblems von zu großer Bedeutung ist.

Die Gesamtheit der Prüftechniken zur Erkennung von Fehlern kann in zwei Gruppen eingeteilt werden. Das wichtigste Unterscheidungsmerkmal ist, daß die erste Gruppe der hier als *periphere Prüftechniken* bezeichneten Verfahren in der Stufe der Datenfixierung einsetzt und unabhängig von der Datenverarbeitungsanlage und ihre Fähigkeiten arbeitet. Die zweite Gruppe der hier als *interne Prüftechniken* angesprochenen Verfahren ist dadurch gekennzeichnet, daß die

Prüfung als solche durch geeignete Schritte im Bearbeitungsprogramm, also auf der Stufe der Datenbearbeitung vorgenommen wird. Die internen Prüftechniken können deshalb nicht unabhängig von der Rechenkapazität einer Datenverarbeitungsanlage angewendet werden. Eine Zwischenstellung nehmen die Prüfzahlrechner (Nummernprüfgeräte) ein, die in Verbindung z. B. mit Lochern, Belegdruckern oder Magnetbanderfassungsgeräten benutzt werden. Wenn man den Prüfzahlrechner als eine von der Datenverarbeitungsanlage abgespaltene Rechenkapazität ansieht, kann man diese Art Prüftechnik ohne Schwierigkeiten zu den internen Prüftechniken zuordnen.

Mit der Unterscheidung in periphere und interne Prüftechniken ist eine sehr wesentliche Konsequenz verbunden: durch die peripheren Prüftechniken werden Fehler entdeckt, bevor sie in den Bearbeitungsgang in der Datenverarbeitungsanlage gelangen; der Bearbeitungsvorgang wird deshalb durch ein fehlerhaftes Eingabedatum nicht beeinflußt. Die internen Prüftechniken decken – sofern nicht ein spezieller Prüflauf zur Fehlerprüfung vorangestellt wird – die Fehler erst im eigentlichen Bearbeitungsvorgang auf und bewirken einen Einhalt oder eine Verzögerung. Die Prüfung durch einen Prüfzahlrechner, die vereinbarungsgemäß als interne Prüfung verstanden wird, kommt im Effekt einem besonderen Prüflauf gleich.

4.3.1 Periphere Prüftechniken

Oft genug gehen Belege mit Daten durch viele Hände, bevor sie – nach Übertragung auf einen maschinell lesbaren Datenträger – in den eigentlichen Bearbeitungsprozeß gelangen. Die kritische Aufmerksamkeit aller in den Prozeß eingeschalteten Arbeitskräfte wird sicherlich zur Aufdeckung manch eines Fehlers führen, weil bestimmte Typen von Fehlern leicht erkennbar sind: sei es, daß im Datum eine falsche Jahreszahl enthalten ist, sei es, daß eine Mengenangabe eine unsinnige Größenordnung erreicht, sei es, daß ein offensichtlicher Widerspruch zwischen Liefermenge und Preis auf einer Rechnung erscheint. Obwohl entsprechende Untersuchungen nicht bekannt sind, kann doch mit Sicherheit angenommen werden, daß Sorgfalt beim Umgang mit Daten schon aufgrund der Urteilsfähigkeit und der Sachkenntnis der tätigen Menschen zur Erkennung fehlerhafter Daten führt. Die kritische Sorgfalt der Arbeitskräfte muß sich auch auf das Ausscheiden von zweifelhaften Daten richten.

4.3.1.1 Prüfung durch einen zusätzlichen Prüf-Arbeitsgang

Das klassische Prüfverfahren bei der Fixierung von Daten auf Datenträgern besteht darin, dem Erstellungs-Arbeitsgang einen zweiten Prüfarbeitsgang nachzuschalten. Für die weitverbreiteten Datenträgerformen Lochkarte und Lochstreifen stehen dazu spezielle Prüfgeräte zur Verfügung; bei der Fixierung von Daten auf Magnetband dienen dazu die gleichen Geräte, die auch zur Ersterfassung benutzt werden.

Der Kartenprüfer ist ähnlich wie der Kartenlocher aufgebaut. Zur Prüfung wird die bereits gelochte Karte in den Prüfer eingeführt und das zu prüfende Datum ein zweites Mal eingetastet. Der Kartenprüfer prüft nun selbsttätig die Übereinstimmung der bereits gelochten Daten mit den zur Kontrolle eingetasteten. Stimmen die Daten überein, dann erhält die geprüfte Karte ein Prüfzeichen, z. B. eine Kerbe. Stimmen die Daten nicht überein, wird die Karte zur Überprüfung ausgeworfen bzw. gekennzeichnet.

Die Lochstreifenprüfer arbeiten nach einem ähnlichen Prinzip. In sie wird der zu prüfende Lochstreifen eingelegt und dann die Daten zur Prüfung nach und nach eingetastet. Stimmen die Daten des Lochstreifens und die eingetasteten Daten überein, wird automatisch ein zweiter Lochstreifen, der sog. Kontroll-Lochstreifen gelocht, der dann nur korrekte Daten enthält. Ist keine Übereinstimmung gegeben, tritt automatisch eine Sperre ein.

Das Prüfen in einem nachgeschalteten Prüf-Arbeitsgang erfordert nahezu den gleichen Zeitaufwand wie der ursprüngliche Fixierungs-Arbeitsgang. Darin ist der entscheidende Nachteil der Praxis des zusätzlichen Prüf-Arbeitsganges zu erblicken. Zwar kann man gelegentlich auf die Prüfung von Daten untergeordneter Bedeutung und auf die Prüfung sprachlicher Daten verzichten; insgesamt muß man jedoch, z. B. bei der Verarbeitung von Lochkarten, für das Prüfen mit einem Personalbedarf von Locherin zu Prüferin im Verhältnis von etwa 3:2 rechnen.

Zu bedenken ist auch, daß durch den Prüf-Arbeitsgang nicht mit Sicherheit alle Fehler ausgemerzt werden können. Der gleiche Tippfehler wird zwar nur mit einer mathematischen Wahrscheinlichkeit von rd. 1:400 000 ein zweites Mal gemacht. Es gibt aber keinen Schutz dagegen, daß sich z. B. beim Ablochen und Prüfen von handgeschriebenen Belegen Ablesefehler wie „7“ statt „1“ oder „5“ statt „3“ wiederholen.

4.3.1.2 Prüfung durch Kontrollmaschinen

Von einzelnen Anlagenherstellern werden besondere Kontrollmaschinen angeboten, die speziell eine Kontrolle von Daten in Lochkarten durchführen. Die Kontrollmaschine IBM 108 „prüft Karten auf Doppellochungen und/oder Leerspalten, Vorzeichen eines Feldes, gültige Verschlüsselung und richtige Folge. Sie prüft ein bestimmtes Feld, um festzustellen, daß die Werte innerhalb der zulässigen Grenzen sind. Sie addiert einen Wert aus jeder Karte und führt die Null-Kontrolle mit einer vorher ermittelten Abstimmsumme, die in der letzten Karte enthalten ist, durch“ [324, S. 10].

Zwar erfordert die Prüfung mit der Kontrollmaschine auch bestimmte Vorarbeiten (Bestimmung der Abstimmsumme, Festlegung von Grenzwerten usw.), arbeitet aber dann selbsttätig ohne besonderen Personalbedarf und dürfte deshalb in kartenorientierten Systemen mit Erfolg zur Prüfung einzusetzen sein.

4.3.1.3 Prüfung mit konventionellen Lochkartenmaschinen

Schließlich sollte auch die Möglichkeit bedacht werden, Maschinen der konventionellen Lochkartentechnik zum Prüfen heranzuziehen. Ein Beispiel soll die Vielzahl der (je nach der zur Verfügung stehenden Ausrüstung) durchführbaren Prüfungen vertreten: die Kartenzähleinrichtung an der Sortiermaschine gestattet die Vollständigkeitskontrolle eines Kartenpaketes, der Sortiervorgang selbst prüft zugleich die Richtigkeit der Reihenfolge der Karten im Kartenpaket und die anschließende „Lochdurchsicht" am Kartenstapel beweist, daß sich keine „fremde" Karte im Stapel befindet. Mit etwas Phantasie wird man für viele Datenverarbeitungsaufgaben Prüftechniken auf konventionellen und preiswerten Lochkartenmaschinen ausarbeiten und anwenden können.

Das Anwendungsgebiet der peripheren Prüftechniken ist das gesamte Gebiet der mittelbaren Datenerfassung. Diese Prüftechniken sind anderen Prüfverfahren schon deshalb vorzuziehen, weil die Prüfung der Datenträger vor der Eingabe in das Bearbeitungsprogramm erfolgt. Auftretende Fehler wirken sich deshalb nicht im Bearbeitungsvorgang aus, sondern werden bereits vorher ausgeschieden und korrigiert. Die peripheren Prüfverfahren gestatten die Ermittlung aller Arten von Fehlern: Betrags-, Zuordnungs- und Vollständigkeitsfehler.

4.3.2 Interne Prüftechniken

Unter der Bezeichnung „interne Prüftechniken" wird hier eine Reihe von Prüfverfahren zusammengefaßt, die auf der Rechen- und Entscheidungsfähigkeit der Datenverarbeitungsanlagen beruhen. Die Prüfungen werden alle als Programmschritte in das Bearbeitungsprogramm eingebaut. Ist nun in den Eingabedaten ein Fehler enthalten, dann führt dessen Entdeckung durch eines der internen Prüfverfahren zu einem Programmstop oder zu einer Verzögerung, die durch das Eliminieren des fehlerhaften Datums und seiner etwaigen Folgen im Bearbeitungsprogramm verursacht wird.

Die internen Prüfverfahren, für die auch die Bezeichnung programmierte Prüfungen gebräuchlich ist, erfordern natürlich einen gewissen Betrag an Rechenzeit der Datenverarbeitungsanlage. Von zwei erfahrenen Benutzern in den USA wird der Zeitbedarf auf 25% der Maschinenzeit, von zwei anderen auf 10% der Maschinenzeit geschätzt [336, S. 2]. Dieser Aufwand muß bei der unmittelbaren Datenerfassung in Kauf genommen werden, wenn die Verarbeitungsaufgabe keine Ungenauigkeiten durch falsch eingegebene Daten enthalten darf.

Die Vielzahl der bekannt gewordenen Prüfverfahren, die als interne Prüfverfahren zu klassieren sind, werden in 3 Gruppen eingeteilt und im Prinzip besprochen:

erstens die Prüfzifferverfahren, zweitens die Gültigkeitsprüfungen und als dritte und letzte Gruppe die der Prüfverfahren, die bei der Prüfung von Datenfeldern zu benutzen sind.

4.3.2.1 Die Prüfzifferverfahren

Prüfzifferverfahren sind solche Verfahren, bei denen einem zu verarbeitenden numerischen Datum, also einer Zahl (Grundzahl) eine sog. Prüfziffer vorangestellt oder angehängt wird. Diese Prüfziffer kann nach verschiedenen, im folgenden beschriebenen Vorschriften errechnet werden.

Vorwiegend werden Prüfzifferverfahren angewendet in den Fällen, in denen im Unternehmen stets gleichbleibende Eingabegrößen, wie z. B. Kontonummern, Materialnummern, Bestellnummern u. ä., zu verarbeiten sind.

4.3.2.1.1 Einfache Quersummenprüfung

Das einfachste dieser Rechenverfahren ist die Quersummenbildung: die Ziffern der Grundzahl werden addiert und die Einerstelle der Quersumme als Prüfziffer der Grundzahl hinzugefügt. Nach *Eberlein* können mit diesem Verfahren mindestens rd. 75% aller Fehler aufgedeckt werden [28, Blatt 2]. Es versagt aber bei allen Drehfehlern, bei denen die Fehler durch Stellenvertauschung von zwei oder mehr Ziffern der Grundzahl unterlaufen, da der Betrag der Quersumme von dieser Art Fehler nicht beeinflußt wird.

4.3.2.1.2 Quersummenprüfung unter Berücksichtigung des Stellenwertes

Diesen grundsätzlichen Nachteil des einfachen Quersummenverfahrens vermeiden die Verfahren, die den Stellenwert der einzelnen Ziffern der Grundzahl berücksichtigen. Dazu werden mathematische Gesetze herangezogen, die jedoch einen höheren Rechenaufwand erfordern. Die im folgenden angeführten Einzelverfahren unterscheiden sich grundsätzlich nur in den Bildungsvorschriften für die Quersummen und führen zu unterschiedlichen Ergebnissen in der Fehlerentdeckung.

4.3.2.1.2.1 Modifizierte Neunerprobe

Bei der modifizierten Neunerprobe wird die Quersumme nach folgenden Regeln gebildet:

„1. Jede Ziffer der Grundzahl, die an einer ungeraden Stelle steht, wird, beginnend mit der Einerstelle, mit 2 multipliziert;

2. die Ergebnisse der Multiplikation und die geraden Stellen, die nicht multipliziert wurden, werden quer gerechnet;

3. die errechnete Quersumme wird von der nächst höheren Zahl, die mit Null endet, subtrahiert;

4. die ermittelte Differenz ist die Prüfziffer, die an die Grundzahl angehängt wird" [28, Blatt 2].

Der Sicherheitsgrad dieses Prüfsystems wird mit ca. 97% aller Fehler angegeben. Vollständig werden alle falschen Ziffern erkannt. Zahlendreher (Vertauschung zweier benachbarter Ziffern in der Grundzahl) werden bis auf die Vertauschung der Ziffernpaare 90 und 09 vollständig erkannt.

4.3.2.1.2.2 Modulus 11-Test

Im Modulus 11-Test wird die Prüfziffer nach folgender Vorschrift berechnet:

„1. Die einzelnen Stellen der Grundzahl werden, angefangen von der Einerstelle, mit den Ziffern 2/3/4/5/6/7/8/9 multipliziert;
2. die Produkte werden addiert;
3. die Summe der Produkte wird durch 11 dividiert;
4. der verbleibende Rest wird vom Divisor (11) subtrahiert; das Resultat ist die Prüfziffer. Verbleibt kein Rest, lautet die Prüfziffer: 0" [28, Blatt 2].

Eberlein beziffert den Sicherheitsgrad dieses Prüfsystemes auf etwa 99% [28, Blatt 2]. Der Kreis der mit diesem System absicherbaren Grundzahlen ist um ein Elftel, das sind 9,09% eingeschränkt, weil die Prüfziffer 10 (für Rest 1) nicht als einstellige Prüfziffer dargestellt werden kann; solche Zahlen müssen deshalb als Grundzahlen ausfallen.

4.3.2.1.2.3 Modulus 10-Test

Diese Beschränkung der Grundzahlen gilt für den Modulus 10-Test nicht. Hier wird die Prüfziffer nach folgenden Regeln errechnet:

„1. Die einzelnen Stellen der Grundzahl, angefangen von der Einerstelle, werden mit den Ziffern 7/3/1/7/3/1 usw. multipliziert;
2. die einzelnen Produkte werden addiert;
3. die Summe der Produkte wird durch 10 geteilt;
4. der verbleibende Rest wird vom Divisor (10) subtrahiert, das Resultat ist die Prüfziffer" [28, Blatt 2/3].

Dieses System ist nicht in der Lage, Drehfehler über 2 Stellen hinweg aufzufinden. Der erreichbare Sicherheitsgrad ist deshalb etwas geringer als beim Modulus 11-Test.

4.3.2.1.3 Prüfziffern bei veränderlichen Eingabedaten

Die Prüfzifferverfahren werden in erster Linie bei Daten angewendet, die sich, wie z. B. Kostenarten- oder Materialnummern, nicht ändern. Diese Daten werden, wie dies in Bankbetrieben mit den Kontonummern schon vielfach geschieht, nur mit der angehängten Prüfziffer benutzt und können so bei jedem Bearbeitungsgang mit geringem Aufwand geprüft werden.

Diese Praxis ist naturgemäß nicht möglich bei veränderlichen Daten, die als Mengen- und Preisangaben sehr häufig zu verarbeiten sind. *Rothenbücher* schlägt vor, diese Daten bei der Erstaufzeichnung ebenfalls gleich mit einer Prüfziffer zu versehen, die aus einer Tabelle abzulesen wäre [272, S. 311]. Über die Anwendung dieses Verfahrens, das sowohl umständlich erscheint als auch die Möglichkeit neuerlicher Fehler in sich birgt, ist aber bisher noch nichts bekannt geworden. Immerhin könnte man sich die Anwendung vorstellen in Fällen, bei denen numerische Fehler gravierende Folgen nach sich ziehen könnten.

Die Prüfzifferverfahren wurden wegen des Bedarfes an Rechenkapazität den internen Prüftechniken zugeordnet. Es wurde aber vorher schon darauf hingewiesen, daß in den letzten Jahren selbstständige kleine Prüfzahlrechner auf den Markt gekommen sind, die zunächst als Teil der herkömmlichen Kartenlocher und dann auch als Zusatz zu den Beleg-Codiereinrichtungen geliefert wurden. Auch die modernen Magnetband-Erfassungssysteme können eine Prüfziffer-Rechnung durchführen. Bis heute steht aber noch der Nachweis aus, daß diese Dezentralisierung der Rechenkapazität in die Einrichtung zur Datenfixierung bei einer ganzheitlichen Betrachtung des Datenverarbeitungsvorganges wirtschaftlicher ist. Nachdenklich stimmen muß hier die Überschlagsrechnung, die *de Beauclair* für die Verhältnisse eines größeren Geldinstitutes anstellt mit dem Ergebnis, daß die Steigerung der Anforderungen an die Fehlerlosigkeit die Kosten soweit in die Höhe treibt, daß der aufgedeckte Eintastfehler letztlich ca. 120,– DM kostet [174, S. 276].

4.3.2.1.4 Selbstprüfende Schlüssel

Die bisher behandelten Prüfzifferverfahren waren alle auf die Prüfung der numerischen Richtigkeit abgestellt, also auf die Entdeckung von Betragsfehlern. Die Technik der selbstprüfenden Schlüssel gestattet darüber hinaus auch die Entdekkung von Zuordnungsfehlern. Ein von *Klingler* beschriebenes Beispiel soll diese Technik erläutern [72, Blatt 4]. Ein Artikel wird verschlüsselt nach:

1. Katalog-Nr.
2. Verpackungseinheit
3. Gewicht pro Einheit
4. Rabattsatz

Für jedes dieser Merkmale wird bei der Bearbeitung eine Schlüsselzahl mit abgelocht, und aus der Aneinanderreihung dieser Einzelschlüsselzahlen ergibt sich die sog. Hauptschlüsselzahl. Für diese wird – wie bei den Prüfzifferverfahren – eine Prüfziffer unter Berücksichtigung des Stellenwertes errechnet und an die Hauptschlüsselzahl angehängt.

Diese Prüfziffer ermöglicht zunächst die Prüfung auf die numerische Richtigkeit des Betrages. Durch weitere programmierte Kontrollen ist überdies eine Kontrolle auf Zuordnungsfehler möglich, indem z. B. nachgeprüft wird, ob für die angesprochene Katalog-Nr. das angegebene Gewicht zutrifft oder der Rabattsatz gültig ist.

4.3.2.2 Die Gültigkeitsprüfungen

Die Gültigkeitsprüfungen zählen zu den Prüfverfahren, die in erster Linie auf die Erkennung von Betragsfehlern ausgerichtet sind. Gemeinsam ist ihnen das Merkmal, daß sie Fehler nur nachweisen können, wenn diese ein bestimmtes Maß überschreiten. Kleinere Betragsfehler werden durch die Gültigkeitsprüfungen nicht erkannt.

4.3.2.2.1 Grenzwert-Kontrolle

Durch die Grenzwert-Kontrolle wird festgestellt, ob sich ein Datum innerhalb eines Toleranzfeldes befindet, das durch einen oberen und einen unteren Grenzwert aufgespannt ist. Dieses Verfahren ist stets dann anwendbar, wenn für die zu verarbeitenden Daten diese beiden Grenzwerte vorher festgelegt werden können, wie z. B. bei der Lohnverrechnung. In diesem Beispiel ist für eine bestimmte Arbeit die Lohngruppe durch die Arbeitsplanung vorgeschrieben; die Ober- und Untergrenzen des für diese Arbeit zu verrechnenden Stundenlohnes sind damit im voraus bekannt. Erscheint nun bei der Bearbeitung ein zu kleiner Lohnsatz, wird ein Fehler angezeigt.

Die Schwierigkeit des Grenzwert-Kontrollverfahrens liegt in der Festlegung des Toleranzfeldes, das nicht immer so leicht zu definieren ist wie im beschriebenen Beispiel. Wird das Toleranzfeld zu eng gewählt, dann wird eine zu große Zahl von Daten zur Nachprüfung angezeigt. Sind dagegen die Grenzen zu weit gewählt, muß mit einer relativ großen Quote nicht erkannter Fehler gerechnet werden.

4.3.2.2.2 Dezimalstellen-Kontrolle

Die Dezimalstellen-Kontrolle macht von der Erkenntnis Gebrauch, daß z. B. in der Mengen-Verrechnung bestimmte Maßeinheiten mit einer bestimmten Zahl von Dezimalstellen erscheinen und die Dezimalstellenzahl für verschiedene Maßeinheiten unterschiedlich ist. So wird für die Maßeinheit „Stück“ normalerweise keine Dezimalstelle benötigt, für die Maßeinheit „DM“ dagegen zwei Dezimalstellen und für die Maßeinheit „kg“ drei Dezimalstellen. Deshalb kann bei der Bearbeitung nachgeprüft werden, ob bei einem Datum die beiden Prüfkriterien: „Maßeinheit“ und „der Maßeinheit entsprechenden Zahl von Dezimalstellen“ übereinstimmen; anderenfalls wird das Datum zur Nachprüfung angezeigt. Dieses Verfahren gestattet aber nur die Erkennung von Betragsfehlern, die aus einer Stellenverschiebung herrühren und dürfte deshalb nur einen kleineren Teil von Fehlern erfassen.

4.3.2.3 Besondere Prüfverfahren bei der Bearbeitung von Datenfeldern

Die Prüfzifferverfahren und die Verfahren der Gültigkeitsprüfungen zielten auf die Prüfung eines einzelnen Datums, wobei es im Prinzip gleichgültig war, ob das Datum durch Direkteingabe in den Bearbeitungsvorgang eingeschleust wird, oder ob es aus einem Datenträger oder Zwischenspeicher übernommen wird.

Besondere Bedingungen sind aber stets dann zu beachten, wenn es sich um die Eingabe eines ganzen Datenfeldes handelt. Hier besteht nämlich nicht nur die Gefahr der Verfälschung eines einzelnen Datums, sondern zusätzlich die Möglichkeit, das Datenfeld durch Verlust eines Datums oder mehrerer Daten zu verfälschen. Bei der Bearbeitung von Datenfeldern müssen also außer den Verfahren zur Prüfung des Einzeldatums zusätzlich Verfahren zur Prüfung des Datenfeldes angewandt werden. Die Verfahren zur Prüfung des Datenfeldes richten sich also nicht auf die Feststellung von Betragsfehler, sondern auf die Entdeckung von Vollständigkeitsfehlern und Zuordnungsfehlern, wodurch dann der Umfang und die korrekte Zusammensetzung des Datenfeldes gesichert werden.

4.3.2.3.1 Paarigkeits-Kontrollen

Ein ebenso einfaches wie vielseitiges Prüfverfahren auf Zuordnungsfehler in Datenfeldern ist die Paarigkeits-Kontrolle. Hier wird bei jedem Eingabe-Vorgang zunächst geprüft, ob ein oder mehrere vorgeschriebene Merkmale gleichzeitig gegeben sind, bevor das Datum in den eigentlichen Bearbeitungsvorgang übernommen wird. Dieses Verfahren wurde schon in einfachster Form in der konventionellen Lochkartentechnik, z. B. bei der Stapelverarbeitung von Lochkartenpaketen benutzt, indem jeweils zunächst geprüft wurde, ob die einzelne Karte eine vorgeschriebene Kartenart-Nummer trug.

Dieses Prinzip der Prüfung auf gleichzeitige Erfüllung verschiedener Kriterien kann vielseitig variiert werden: z. B. durch die Prüfung, ob ein numerisches oder ein alphabetisches Datum, ob ein bestimmtes Vorzeichen oder ein bestimmter Schlüssel vorliegt. Gleichfalls kann gefordert werden, daß zwei voneinander abhängige Schlüssel vorliegen, wie z. B. bei der Lohnverrechnung, wo etwa die Schlüsselzahlen für die Steuerklasse und den Familienstand in Beziehung stehen.

Diese Beispiele mögen genügen, um das Prinzip der Paarigkeits-Kontrolle zu verdeutlichen und zugleich die Vielzahl der Anwendungsmöglichkeiten anzudeuten.

4.3.2.3.2 Reihenfolge-Prüfung

In vielen Bearbeitungsfällen ist es erforderlich, daß die Daten eines Datenfeldes nach einem bestimmten Ordnungsbegriff geordnet eingegeben werden. Das Sortieren nach diesem Ordnungsbegriff und die Einhaltung einer bestimmten Reihenfolge kann gleichzeitig zur Nachprüfung der Vollständigkeit, insbesondere aber der korrekten Zuordnung von Daten zu einem Datenfeld und der Richtigkeit der Reihenfolge der Eingabe herangezogen werden. Dabei besteht auch die Möglichkeit, zusammengesetzte Sortierbegriffe aus Über- und Unterbegriffen einzurichten und etwa eine auf- oder absteigende Reihenfolge vorzuschreiben. Die Reihenfolge-Prüfung ist als vorteilhaft anzusehen, weil sie meist unmittelbar mit einem sowieso erforderlichen Sortier-Arbeitsgang verbunden werden kann und deshalb kaum einen zusätzlichen Aufwand erfordert. Erleichtert wird diese Reihenfolge-Prüfung, wenn durch die organisatorische Maßnahme der Beleg-Numerierung die zu verarbeitenden Belege dafür vorbereitet sind.

4.3.2.3.3 Die Kontrollsummenverfahren

Das gemeinsame Prinzip aller Kontrollsummenverfahren ist die Addition sämtlicher bei der Verarbeitung vorkommender Daten (oder auch nur die Addition der numerischen Daten einer bestimmten Art) und die Abstimmung dieser so errechneten Kontrollsumme mit der vorher und anderweitig bereits errechneten Kontrollsumme für das gleiche Datenfeld. Dieses recht einfache Prüfverfahren gestattet in erster Linie die Kontrolle auf Vollständigkeit der bearbeiteten Daten, weist aber ebenso auf unterlaufene Betragsfehler hin. Freilich läßt sich aus der Tatsache des Nicht-Übereinstimmens nicht darauf schließen, ob Betragsfehler und/oder Vollständigkeitsfehler einzeln oder gemeinsam vorliegen. Gegebenenfalls läßt sich aber aus der Differenz der Kontrollsummen, die in einem weiteren Arbeitsgang zu bilden wäre, auf einen Vollständigkeitsfehler schließen: ein derartiger Fehler ist daran erkennbar, daß die errechnete Differenz der Kontrollsummen mit dem Betrag eines Datums aus dem Datenfeld übereinstimmt.

Die im Falle eines Fehlers erforderliche Nachprüfung ist naturgemäß um so langwieriger, je größer das bearbeitete Datenfeld, je länger die Zahlenkolonne ist. Bei der Bearbeitung großer und größter Datenmengen empfiehlt sich deshalb eine Fehlerfeldteilung, worunter in Anlehnung an die Revisionspraxis eine Aufteilung des gesamten Datenfeldes in Abschnitte und die Bildung von Zwischensummen für diese Abschnitte verstanden wird. Über die zweckmäßigste Größe der Fehlerfelder können verbindliche Hinweise nicht gegeben werden, weil als Maßstab dazu die Verteilung der gemachten Fehler (die von Eignung und Übung der ausführenden Personen abhängig ist) und die Schwierigkeit und Langwierigkeit des Wiederauffindens eines Fehlers herangezogen werden müssen. Bei *van Belkum* und *van't Klooster* werden für die Größenordnung der zu bildenden Fehlerfelder Grenzen von 25–30 und 500–1000 Posten je Feld genannt [4, S. 51].

Kontrollsummen lassen sich nach den letztgenannten Autoren bilden aus

1. ausschließlich gleichartigen Größen, z. B. Mengen, Werte (batch totals)
2. ungleichartigen Größen, wie z. B. Werten und Mengen und Artikel-Nummern (hash totals)
3. der Zahl der zu verarbeitenden Posten (record totals).

Abgesehen von der Zählung der Posten (record totals) besteht bei allen Arten von Kontrollsummen die Gefahr, daß sich Fehler kompensieren. Diese Verfahren geben mithin nur eine beschränkte Gewißheit korrekter Verarbeitung.

Gleicher Natur wie die bisher dargestellten Kontrollsummenverfahren, aber von hohem Sicherheitsgrad, sind die Verfahren der echten und unechten Nullkontrolle, deren Prinzip seit langem bei Buchungsmaschinen benutzt wird. Hier wird im Prinzip auf zwei getrennten Speichern der gleiche Arbeitsgang einmal vorwärts und einmal rückwärts vollzogen. Ergibt sich nach Abschluß der Bearbeitung für die Summe des Inhaltes beider Speicher der Wert Null, kann Richtigkeit unterstellt werden.

4.3.2.3.4 Prüfungen bei der Arbeit mit Magnetbändern

Für das Einlesen von Magnetbändern sind maschinenintern verschiedene Kontrollen, wie vertikale und horizontale Bitzahlprüfung und die Impulsstärkeprüfung vorgesehen. Wie der Aufsatz von *Rajkovic* zeigt, muß beim praktischen Umgang mit Magnetbändern deren Empfindlichkeit gegen Staub, Verschmutzung und Verschleiß beachtet werden [264]. Nach Aussage von *Littmann* ist die Verschmutzung allein die Ursache von fast 90% aller Fehler [89, Blatt 1]. Die Entstehung derartiger Fehler kann nur durch systematische Kontrolle der Magnetbänder und deren regelmäßige Pflege unter Einsatz entsprechender Reinigungsgeräte ausgeschaltet werden.

Zur Erkennung von Fehlern in der Magnetbandbeschriftung und von Lesefehlern bei der Arbeit mit Magnetbändern dienen die von *van Rennings* beschriebenen Magnetband–Sicherungssysteme [127]. Deren wichtigste Elemente sind die Bandkennsätze, der Bandvorsatz und der Bandnachsatz. Mit Bandvorsatz wird der erste Satz auf jeder Bandrolle bezeichnet. Der Bandvorsatz enthält eine Reihe von Angaben, wie z. B. Bezeichnung des Bandes, Datum der Erstellung oder letzten Benützung, Aufbewahrungsort, Bezeichnung des Arbeitsganges, bei dem das Band entstanden ist, Beschreibung der Arbeitsgänge, für die das Band zu benutzen ist u. ä. Alle diese Angaben können dazu herangezogen werden, die korrekte Zuordnung der Banddaten zu garantieren, indem eine entsprechende Prüfung vorgesehen wird.

Der Bandnachsatz, der letzte auf dem Band aufgezeichnete Satz, enthält außer der Bandkennzeichnung die Angabe: Bandende und eine Block- und/oder Satzzählung. Die Zählung gibt die Summe aller auf diesem Band aufgezeichneten Blöcke oder Sätze von Daten an und ermöglicht eine Kontrolle auf die Vollständigkeit der aufgezeichneten Daten. Schließlich verzeichnet der Bandnachsatz außerdem eine Kontrollsumme, die etwa als Mischsumme erzeugt wurde und die Prüfung auf Betrags- und Vollständigkeitsfehler gestattet.

Bei der Arbeit mit Magnetbändern besteht außerdem noch die Gefahr, daß Verfälschungen eintreten durch das irrtümliche Beschreiben eines bereits beschriebenen Bandes. Eine gewisse Sicherheit gegen diese Gefahr gewährt die Einrichtung des sog. Schreibringes. Schreibringe sind Kunststoffringe, die in die Magnetbandrolle eingelegt werden müssen, um eine Sperre aufzuheben, die das Beschreiben sonst verhindert. Magnetbänder können also nur bei eingelegtem Schreibring beschrieben werden, jedoch mit und ohne Schreibring gelesen werden. Natürlich kann der Schreibring auch falsch verwendet werden: diese Sicherungsmaßnahme ist demnach nur bedingt zuverlässig.

Die internen Prüftechniken sind vorwiegend bei der direkten Datenerfassung anzuwenden. Sie nutzen alle die Rechenfähigkeit der Datenverarbeitungsanlagen. Daraus folgt als Nachteil der internen Prüfverfahren, daß die Entdeckung eines Fehlers notwendig mit einer Verzögerung oder einem Programmstop des Verarbeitungsprogrammes verbunden ist.

Bei direkter Datenerfassung kann auf die internen Prüfverfahren nicht verzichtet werden, wenn die Richtigkeit der Daten von großer Bedeutung ist. Sie ist besonders wichtig, weil bei direkter Datenerfassung meist auf eine zusätzliche schriftliche Aufzeichnung der Daten verzichtet wird und deshalb eine spätere Korrektur des Fehlers nicht mehr möglich ist.

5 Die Gestaltung des Erfassungssystems

Die Gestaltung des Erfassungssystems ist eine komplexe Aufgabe, die nur dann mit Erfolg gelöst werden kann, wenn sie ganzheitlich aufgefaßt und gelöst wird. Der Umfang dieser Gestaltungsaufgabe ergibt sich aus der Spannweite des Erfassungsvorganges, der den Ursprung der Daten mit dem Mittel der Datenverwertung zu verbinden hat. Ursprung der Daten ist stets der technische und/oder ökonomische Prozeß und der einzelwirtschaftliche und gesamtwirtschaftliche Hintergrund, vor dem er sich vollzieht. Mittel der Datenverwertung ist immer eine Datenverarbeitungsanlage, die in ihren technischen Größen den Anforderungen der Verarbeitungsaufgabe gerecht werden muß.

Die Mehrschichtigkeit der Gestaltungsaufgabe ergibt sich aus der Notwendigkeit, die Lösung der Aufgabe in zwei Ebenen zu suchen. Auf einer höheren Ebene liegt der Teil der organisatorisch-gestaltenden Aufgabe, der eine optimale Verbindung von Prozeß und Datenverwertung herstellt und dazu verhilft, die Wirksamkeit des Prozesse zu steigern. Akzeptiert man diese Auffassung von Art und Umfang der Gestaltungsaufgabe, dann muß daraus die Bereitschaft folgen, einerseits bei der Gestaltung des Prozesses und anderseits bei der Auswahl der Datenverarbeitungsanlage und insbesondere bei der ihrer Peripherie den Bedingungen einer reibungslosen Datenerfassung Rechnung zu tragen. Damit erhält das Problem Datenerfassung das gleiche Gewicht wie die allgemein als Systemanalyse bezeichnete Aufgabe, ein bestimmtes Verarbeitungsproblem computergerecht aufzubereiten, und es wird unmittelbar mit der Systemanalyse verbunden.

Auf einer anderen Ebene liegt dann die Frage, mit welchen Hilfsmitteln der geplante, optimal mit dem Prozeß verbundene Erfassungsvorgang materiell realisiert werden soll. Dazu bedarf es einer ebenso umfassenden wie intimen Kenntnis aller Methoden und Hilfsmittel zur Realisierung des Erfassungsvorganges. Auch eine sorgfältige Prüfung der Wirtschaftlichkeit der gewählten Vorgehensweise und der einzusetzenden Hilfsmittel gehört in diese Phase des Gestaltungsvorganges. Dieser Prüfung kommt deshalb besondere Bedeutung zu, weil die Wirtschaftlichkeit sehr stark von den Bedingungen des jeweiligen Anwendungsfalles beeinflußt wird und deshalb kaum allgemeingültige Kriterien für die Benutzung des einen oder anderen Verfahrens oder Hilfsmittels angegeben werden können.

5.1 Zur Wahl der Erfassungsmethode

Gerade Wirtschaftlichkeitsaspekte sind dafür maßgeblich, daß eine wesentliche Alternative bei der Gestaltung der Datenerfassung, nämlich die Wahl zwischen den Methoden direkte Datenerfassung und indirekte Datenerfassung, nur in seltenen Fällen eine echte Alternative ist. *Werner Schulze* führt verschiedene Umstände dafür an, daß in etwa 95% aller Einsatzfälle aus Wirtschaftlichkeitserwägungen nur die Methode der indirekten Erfassung gewählt wird [329]. Er bestätigt damit die Aussage einer Studie von *Field* und *Stilian*, die die Verarbeitungsprinzipien Stapel- und on-line-Verarbeitung vergleicht; deren Ergebnisse werden von *Villiger* folgendermaßen wiedergegeben:

„1. bei hohen Anforderungen an Kontrolle und Steuerung der Betriebsprozesse verwende man on-line-Verfahren.
2. bei hohen Anforderungen an die Wirtschaftlichkeit des Verarbeitungssystems suche man die beste Kombination von batch- und on-line-Verarbeitung" [158, S. 125].

Klammert man den Anwendungsfall der technischen Prozeßregelung aus, dann bleiben im Feld der kommerziellen Datenverarbeitung nicht mehr viele Anwendungen, in denen den Kosten der direkten Datenerfassung ein adäquater geldwerter Nutzen gegenübersteht. Nach dem augenblicklichen Stand der Informationsverarbeitung ist die Wirtschaftlichkeit der direkten Verarbeitung wohl nur dort rechenbar, wo das wirtschaftliche Ergebnis einer beschleunigten Disposition quantifizierbar ist. Diese Voraussetzung ist allgemein erfüllt, wenn es sich um die Disposition über unmittelbar verwertbare Bestände handelt; in dieser Betrachtung sind beispielsweise Bestände auf Geldkonten, Bestände an verkaufsfähigen Erzeugnissen oder noch frei verfügbare Sitzplätze in Flugzeugen durchaus gleichwertig. Betrachtet man dagegen die vergleichsweise träge Reaktion eines industriellen Produktionsprozesses, den stets eine mehr oder weniger beträchtliche Durchlaufzeit charakterisiert, dann ist der Aufwand für Dispositionen in Minuten- oder Stundenfrist wesentlich schwerer zu rechtfertigen.

Zur Gestaltung einer Verarbeitungsaufgabe gehört deshalb unbedingt die Prüfung des Informationsbedarfs und speziell die Prüfung der Dringlichkeit der Information. Dabei gilt es, nüchtern abzuwägen, ob die Schnelligkeit der Information tatsächlich den Vorteil bringt, der den unvermeidlichen Aufwand für die direkte Datenerfassung rechtfertigt. Es sei in diesem Zusammenhang wieder an die kritischen Überlegungen von *Wagner* erinnert, der beispielsweise die schnelle Orientierung eines Finanzleiters über die Liquidität für berechtigt hält, die tägliche Umsatzstatistik dagegen als liebgewordene Gewohnheit qualifiziert und ihr das Prädikat „entscheidungsvorbereitende" Information abspricht [300, S. 817].

5.2 Grundsätze für die Gestaltung des Erfassungsvorganges

Im folgenden werden nun einige allgemeingültige Grundsätze für die Gestaltung des Erfassungsvorganges formuliert. Ihre Beachtung – einzeln oder gemeinsam – wird zu einem rationellen Ablauf der Datenerfassung führen. Die Grundsätze gelten einerseits für die organisatorische Gestaltung des Ablaufes und determinieren anderseits die Auswahl der im Ablauf zu verwendenden Hilfsmittel.

5.2.1 Verzicht auf selbständigen Urbeleg

Für den herkömmlichen Ablauf des Erfassungsvorganges ist die Existenz eines selbständigen Urbeleges als Träger der Uraufschreibung typisch. Urbelege sind Belege, auf denen im Uraufschreibungsprozeß Daten erstmalig nach ihrem Entstehen aufgezeichnet werden. Sinngemäß sind aber auch die Belege, die von außen her in den Bereich des Unternehmens gelangen, als Urbelege zu betrachten. In einem selbständigen Arbeitsgang wird nach diesen Urbelegen ein maschinenlesbarer Datenträger hergestellt. Damit ist in der Regel eine spezielle organisatorische Einheit wie der Lochsaal beschäftigt.

Der mit diesem Ablauf eingeschlagene Weg der Aufzeichnung der Daten auf einem Urbeleg, dessen Daten-Inhalt in einem zweiten Arbeitsgang auf einen maschinengerechten Beleg übertragen wird, ist ein ebenso kostspieliger wie zeitraubender Umweg und zudem eine Quelle für Übertragungsfehler. Wie die ersten Ergebnisse einer AWF-Erhebung, von der auf dem Kongreß „Systems 71" in München berichtet wurde, zeigten, verwenden noch 89% der befragten Unternehmen zur Datenerfassung der Urbelege die Lochkarte; jedoch werden nur 42% des insgesamt zu verarbeitenden Datenvolumens auf diese Weise erfaßt. Weitere 18% des Datenvolumens wurden 1970 mit Lochstreifen und etwa 5% mit Magnetband erfaßt, so daß man zusammenfassend feststellen muß, daß rd. zwei Drittel des gesamten Datenvolumens auf dem Umweg Urbeleg – maschinenlesbarer Datenträger erfaßt wurde.

Im Interesse der Wirtschaftlichkeit des Datenerfassungsvorganges und seiner optimalen Gestaltung sollte deshalb der Grundsatz beachtet werden, Datenerfassung ohne einen selbständigen Urbeleg zu betreiben. Entsprechend der für das Verarbeitungsproblem einzuschlagenden Betriebsweise kann diesem Grundsatz auf verschiedenen Wegen Genüge getan werden. Bei schritthaltender Verarbeitung gehorcht die dieser Betriebsweise adäquate Form der Direkteingabe dem Grundsatz in konsequentester Art, weil hier auf die Fixierung der Daten auf Datenträgern völlig verzichtet werden kann. Für den Fall der schubweisen Verarbeitung ist der Verzicht auf den selbständigen Urbeleg in der Weise erreichbar, daß die

Fixierung der Daten in der Form vorgenommen wird, daß die fixierten Daten unmittelbar oder nach einem selbsttätig maschinell durchführbaren Umwandlungsvorgang von den Eingabegeräten der Datenverarbeitungsanlage gelesen werden können.

Gegen die nahezu ideale Form der beleglosen Datenerfassung durch Direkteingabe sprechen nicht nur Überlegungen hinsichtlich der Zweckmäßigkeit und der Kosten, sondern auch die Tatsache, daß sich manche Arbeitsabläufe nicht völlig ohne Beleg abwickeln lassen. Belege sind einerseits wegen handelsrechtlicher Bestimmungen erforderlich; andrerseits muß berücksichtigt werden, daß auf Belege auch dann nicht verzichtet werden kann, wenn die zu verarbeitenden Daten nicht den gesamten Arbeitsablauf in der Datenverarbeitungsanlage erfahren, sondern einzelne Arbeitsgänge noch von Menschen vorgenommen werden müssen.

Sind also aus solchen oder anderen Gründen – wie etwa aus Kontrollerfordernissen noch Belege erforderlich, wird der Grundsatz der Datenerfassung ohne selbständigen Urbeleg dahin modifiziert, daß die darauf fixierten Daten maschinengerecht zu sein haben. Das bedeutet, daß solche Abläufe nur maschinenlesbare Belege benutzen dürfen, und daß die Fixierung gleichfalls nur in maschinengerechter Form vorgenommen werden darf.

Dieser modifizierte Grundsatz ist ehestens durch Belegkreisläufe zu realisieren, die in verschiedenen Formen eingerichtet werden können. Die günstigste Form ist der geschlossene Belegkreislauf, der so gestaltet ist, daß die Belege von der Datenverarbeitung in maschinengerechter Form ausgehen, zu einer zweiten Stelle zur Bearbeitung gegeben werden, dort jedoch nur für die maschinelle Weiterverarbeitung belanglose Veränderungen oder Zusätze erfahren und wieder zur Datenverarbeitungsanlage zurückgegeben werden. Ein solcher geschlossener Belegkreislauf wird z. B. durch das von *de Beauclair* und *Gaede* beschriebene Klarschriftleseverfahren der Deutschen Bundespost ermöglicht und zum Einzug von Mitgliedsbeiträgen und Zeitschriften-Abonnements benutzt [175]. Die Wirtschaftlichkeit dieses Verfahrens wird durch die von der Post berechneten Bearbeitungskosten bestätigt: je Buchungssatz werden 2,5 Dpf. bei Magnetbandaufzeichnung und 4,5 Dpf. bei Ausgabe auf Lochkarte berechnet.

Ein geschlossener Belegkreislauf läßt sich aber auch in Anwendungsfällen herstellen, in denen der Beleg im Zuge des Kreislaufes Veränderungen oder Ergänzungen erfährt, die bei der abschließenden Bearbeitung berücksichtigt werden müssen. Ein solcher geschlossener Belegkreislauf mit nachträglicher Ergänzung des Beleges kann z. B. für die Arbeitspapiere in der Produktion eingerichtet werden. Diese Arbeitspapiere (Lohnschein, Materialschein u. a.) werden zur Steuerung des Fertigungsablaufes erstellt und enthalten Daten mit Anweisungs- und Steuerungsfunktion.

Diese Daten müssen für die die Arbeit ausführenden Arbeitskräfte lesbar sein und werden von ihnen ergänzt um Daten z. B. über verbrauchte Zeit- und Werkstoffmengen sowie um Daten, die in der betrieblichen Kosten- und Leistungsverrechnung benötigt werden (z. B. Angabe von Kostenarten und -träger). Unbedingt erstrebenswert wäre es, diese Aufzeichnungen von den Arbeitskräften in maschinengerechter Form vornehmen zu lassen. Dazu sind Hilfsmittel verschiedener Arten verfügbar; anknüpfend an das Beispiel der Arbeitspapiere seien hier nur der kartenlochende Zeitstempler und die druckende Waage genannt.

In allen Fällen, in denen ein geschlossener Kreislauf nicht möglich oder rationell ist, ist der Grundsatz der Erfassung ohne Urbeleg so zu verstehen, daß die Daten bei der Datenerfassung unmittelbar auf einem Datenträger aufzuzeichnen sind.

Solange Handschriften noch nicht ohne Einschränkung maschinell lesbar sind, kann diese Forderung auf zwei Wegen erfüllt werden. Der erste Weg zwingt zur Verwendung von Geräten, die Daten in maschinengerechter Form zu fixieren vermögen. Die Auswahl dieser Geräte wird naturgemäß entscheidend von den Umständen der Erfassungsaufgabe, also der Erfassungssituation bestimmt. Zu bevorzugen sind auf jeden Fall hier Lösungen, die einen maschinengerechten Datenträger synchron erzeugen. Der andere Weg führt zu Belegen, auf denen in einfacher Weise von Hand Daten fixiert werden können: Zeichenlochkarte und Markierungsbeleg. Die oft noch anzutreffenden Vorteile gegen die Zeichenlochkarte sollten im Lichte der heute verfügbaren Lesegeräte überprüft werden. Auch sind die Bedenken gegen den Markierungsbeleg sicherlich unberechtigt, denn das Ausfüllen eines Markierungsbeleges ist im Schwierigkeitsgrad dem Ausfüllen eines Lottoscheines durchaus vergleichbar.

5.2.2 Dezentralisierung der Datenträger-Gewinnung

Der zweite Grundsatz zur Gestaltung des Vorganges Datenerfassung ist mit der Forderung formuliert, die Datenerfassung zu dezentralisieren. Dieser Grundsatz berücksichtigt den Wunsch, möglichst eine vollständige Verflechtung des Datenverarbeitungsprozesses mit dem Betriebsprozeß als dem Ursprung der Daten zu erreichen.

Die Beachtung dieses Grundsatzes der dezentralen Datenträger-Gewinnung garantiert die Erfassung der Daten als korrektes Ergebnis des Datenerfassungsvorganges. Die Verlegung des Erfassungsortes an den Ursprung hat zur Folge, daß die Zahl der notwendigen Handhabungen an den Daten auf ein Mindestmaß reduziert wird. Zum anderen ergibt sich daraus auch die Konsequenz, daß nur ursprüngliche Daten erfaßt werden und nicht auch abgeleitete Daten, die viel schneller und mit größerer Sicherheit in der Datenverarbeitungsanlage selbst durch entsprechende Programmierung errechnet oder logisch abgeleitet werden können.

Die Forderung nach Dezentralisierung steht in offensichtlichem Widerspruch zu der Gepflogenheit, die Daten nach der auch als Primärdatenerfassung bezeichneten Uraufschreibung in einem zentralen Lochersaal auf maschinengerechte

Datenträger wie etwa Lochkarten zu übertragen. Über die Ursachen, die zu dieser Gepflogenheit geführt haben, können nur Vermutungen geäußert werden. Der entscheidende Grund mag in der Tatsache liegen, daß man sich bisher noch nicht zur Rechenschaft über die durch das Verfahren der zentralen Datenträgererstellung verursachten Kosten gezwungen hat.

Nach der früher vermittelten Vorstellung über das Ausmaß des Zeit- und Kostenaufwandes für das Verfahren der zentralen Datenträger-Erstellung ist hier sicher ein Umdenken angebracht. Das Ergebnis dieser Überprüfung kann nur zu der Erkenntnis führen, daß die Fixierung der Daten so nahe wie möglich an den Betriebsprozeß verlegt werden muß.

In einem Bericht von *Christodoulopoulos* findet sich ein Zeitvergleich für die Formen der zentralen und der dezentralen Erfassung [183]. Danach ergibt sich für die zentrale Erfassung ein Zeitbedarf von vier bis zwölf Tagen und für die dezentrale Erfassung ein Zeitbedarf von ein bis zweieinhalb Tagen. Für alle dispositiven Aufgaben dürfte ein Zeitgewinn in dieser Größenordnung von außerordentlicher Bedeutung sein.

Die konsequenteste Form der dezentralen Erfassung, die Direkteingabe, wird wegen des damit verbundenen Aufwandes den Anwendungsfällen vorbehalten bleiben, in denen die schritthaltende Verarbeitung von der Aufgabe her notwendig ist oder, wie bei Dispositionsaufgaben, entsprechenden Gewinn bringt.

5.2.3 Beschränkung des zu erfassenden Datenvolumens

Der Grundsatz, das zu erfassende Datenvolumen so klein wie möglich zu halten, mag im Sinne der Maxime von der Wirtschaftlichkeit allen Handelns als Formulierung einer Selbstverständlichkeit erscheinen. Deshalb soll zunächst die Bedeutung dieses Grundsatzes durch die Feststellung unterstrichen werden, daß die variablen Kosten der Datenerfassung linear mit dem zu erfassenden Datenvolumen, exakt mit der zu fixierenden Zahl von Stellen, anwachsen. Dennoch ist oft zu beobachten, daß Daten aufgezeichnet werden, deren Fixierung an sich nicht unbedingt erforderlich ist. So werden z. B. häufig Bestellungen abgelocht mit Angabe einer Artikel-Nummer, Artikelbezeichnung, Stückzahl, Preis, Kundenname und -anschrift und Rabattsatz, obwohl bei entsprechender Speichergröße der benutzten Datenverarbeitungsanlage allein anhand der Artikel-Nummer die Angaben von Bezeichnung, Preis usw. aus gespeicherten Listen entnommen werden könnten. Das aufwendige Vorgehen des Ablochens einer größeren Zahl ableitbarer Daten wird zwar oft als notwendige Kontrollmaßnahme erklärt, jedoch müßten zur Kontrolle allein bereits zwei korrespondierende Größen wie Artikel-Nummer und Preis genügen.

Eine wirksame Verringerung der zu erfassenden Stellenzahl wird auch durch eine überlegte Vorbereitung der für die Datenfixierung im Zuge eines Belegkreislaufes vorgesehenen Datenträger erreicht. Diese Vorbereitung ist so zu verstehen, daß möglichst viele der schon vorher bekannten Daten maschinell auf dem Datenträger fixiert werden, so daß die Datenerfassung auf eine Ergänzung der bereits fixierten Daten hinausläuft. Dieser Forderung entspricht z. B. das Vorlochen von Verbundlochkarten. *Stibic* gibt in seinem Beitrag eine Zeitersparnis von etwa 23% für das Vorlochen mit zusätzlicher Nachlochung gegenüber der vollständigen Nachlochung an [154, S. 92/93].

Dieses Verfahren der weitgehend vorbereiteten Uraufschreibungen hat sich in Fertigungsbetrieben, deren handwerkliche Arbeitskräfte für eine „schwere Hand" bekannt sind, seit langem durchgesetzt. Es ist auch bei der Datenerfassung geeignet, den Umfang des zu fixierenden Datenvolumens zu verringern, wobei man sich zur Erleichterung der Ausführung von Aufzeichnungen zusätzlich die besonderen Möglichkeiten der Vordruckgestaltung wie Schraffur, farbiges Anlegen oder besondere Umrandung der auszufüllenden Felder nutzbar machen kann.

Die fertigungsstufengerechte Erzeugnisgliederung mit entsprechender Numerierung, die in modernen Modellen der Fertigungssteuerung benutzt wird, trägt ebenfalls zur Verminderung der Zahl der zu erfassenden Stellen bei. Die Erfassung kann sich auf die Ist-Daten und eine einzige Ident-Nummer beschränken, durch die die Beziehung zu entsprechenden Dateien hergestellt und die mitlaufende Termin- und Kostenkontrolle ermöglicht wird.

5.2.4 Standardisierung bei der Datenerfassung

Die Standardisierung ist ein bewährtes Rationalisierungsmittel, das allgemein bei der Datenverarbeitung und hier besonders bei der Gestaltung der Datenerfassung in vielerlei Hinsicht benutzt werden sollte.

Unter dem Zwang, Anlagenteile und Speicherraum so ökonomisch wie möglich zu nutzen, ergibt sich speziell bei Wortmaschinen der Wunsch, die Datenformate zu standardisieren und das Format auf die Wortlänge der Maschine abzustimmen. Wortmaschinen, also Datenverarbeitungsanlagen, deren kleinste adressierbare Einheit ein Wort als Folge einer bestimmten Zahl von Bit oder Zeichen ist, haben wegen der besseren Speichernutzung, der einfacheren Programmierung und der Schnelligkeit auch in der kommerziellen Datenverarbeitung ihren Platz.

Spezieller gegen die Datenerfassung richtet sich die Forderung nach Standardisierung der zur Erfassung benutzten Datenträgerarten. Die Vielfalt der verfügbaren Datenträgerformen und Erfassungsgeräte bringt Anwender mit einer großen Skala unterschiedlicher Erfassungsfälle leicht in die Situation, im Rechenzentrum einige verschiedene Datenträger verarbeiten zu müssen. Das führt zwangsläufig dazu, daß entweder entsprechende Eingabegeräte installiert werden müssen, die dann zeitlich nicht voll genutzt werden können, oder zur Anschaffung oder Miete aufwendiger Konvertierungseinrichtungen.

Zweifellos wird kaum ein Unternehmen in der Lage sein, seine Datenerfassung mit einer einzigen Datenträgerart zu bewerkstelligen. Die Forderung nach Standardisierung ist deshalb als Aufforderung zu verstehen, den gesunden Kompromiß zwischen den Determinanten des Erfassungsvorganges und den Bedingungen der eigentlichen Verarbeitung zu suchen mit dem Ziel, beiden durch eine geringe Zahl verschiedener Datenträger gerecht zu werden.

Auf anderer Ebene haben sich Standardisierungserfolge bei der Erfassung auf Magnetband gezeigt. Bei allen grundsätzlichen Vorbehalten gegen diese Form der Erfassung soll hier kurz von den Erfahrungen berichtet werden, die nach den Berichten von *Schramm* [338] und *Mensfelder* [246] hinsichtlich der Standardisierung der Eingabesätze gemacht werden konnten. *Mensfelder* entwickelte für einen Versicherungsbetrieb zwei Standardsätze – je einen für alphanumerische und für rein numerische Daten –, auf die die Erfassungsbelege, Erfassungsprogramme und Bearbeitungsanweisungen abgestellt sind und erreichte so erhebliche Vereinfachungen im Belegsystem und in der Erfassungstätigkeit. Auch *Schramm* arbeitet mit einem einheitlichen Datenblock-Format, das einheitlich aufgeteilt ist zur Aufnahme bestimmter Informationen von teils konstanter, teils variabler Länge. Als Vorzüge dieses Verfahrens gibt *Schramm* die gesteigerte Erfassungsleistung und das vereinfachte Belegwesen an.

Nicht ohne Grund stammten die bisher angeführten Beispiele für Standardisierungsbemühungen und -erfolge aus der Innensphäre von Unternehmen, in der diese autonom tätig sein können. Erhebliche Rationalisierungsreserven stecken aber sicherlich noch im Bereich zwischenbetrieblicher Beziehungen. Um diese zu erschließen, bedarf es viel gegenseitigen Verständnisses und sicherlich auch gelegentlich des Verzichtes auf individuellen Vorteil.

Formen zwischenbetrieblicher Standardisierung sind bereits im Bankbereich bekanntgeworden; das breite Publikum kommt durch das Klarschriftleseverfahren der Post beim Einzug von Gebühren u. ä. damit in Berührung. Nur in zentral verwalteten Wirtschaftssystemen wie dem der DDR kann von staatlicher Seite die Entwicklung datenverarbeitungsgerechter Primärdokumente wie Lieferverträge und Rechnungssätze forciert werden. In freien Wirtschaftssystemen ist es der Initiative des Einzelnen vorbehalten, die Vorteile der Standardisierung in zwischenbetrieblichem Informationsaustausch nutzbar zu machen.

5.2.5 Technisierung des Datenerfassungsvorganges

Der letzte Grundsatz, den Datenerfassungsvorgang durch Einsatz technischer Hilfsmittel weitgehend von menschlichen Eingriffen freizuhalten, wird unter Kostengesichtspunkten auf den ersten Blick auf Widerspruch stoßen. Gewiß dürften sich oft die Kosten durch Verwendung von Apparaturen u. ä. vergleichsweise erhöhen. Für die endgültige Beurteilung muß aber eine Betrachtung der Gesamtkosten maßgeblich sein, die außer den offensichtlich erkennbaren Kosten auch versteckte Kosten berücksichtigt.

Diese versteckten Kosten werden durch die Fehler verursacht, die sich durch menschliche Unzulänglichkeit oder Unaufmerksamkeit einschleichen und zu fehlerhaften Daten und/oder zu Fehlern bei der Fixierung von Daten führen. Die Beträge, die für die Ermittlung dieser Fehler und zu ihrer Eliminierung aufgewendet werden müssen, sind meist nicht getrennt ausgewiesen und gehen deshalb an anderer Stelle in die Kosten ein. Angaben über die Höhe der durch Erfassungsfehler verursachten Kosten sind nicht bekannt; es konnte aber bereits gezeigt werden, daß ihr Einfluß auf die Höhe der Gesamtkosten nicht gering zu veranschlagen ist.

Allgemein ist der weitgehende Einsatz technischer Hilfsmittel besonders geeignet, den Menschen als Fehlerquelle aus dem Datenerfassungsvorgang auszuschalten. Höhere Kosten – etwa in der Stufe der Datenfixierung – dürften vielfach bereits durch die Verringerung der Fehlerquote gerechtfertigt sein, ohne daß ein zusätzliches Argument, wie z. B. die mögliche Einsparung einer menschlichen Arbeitskraft, herangezogen werden muß. Beispiele für diese Entwicklungslinie sind die in letzter Zeit vorgestellten Kassenterminals mit einfach zu bedienennenden Leseeinrichtungen für Etiketten, die sog. point-of-sale Erfassungssysteme von z. B. Olivetti, NCR u. anderen.

Die Technisierung des Datenerfassungsvorganges kann aber noch mit einem weiteren Argument befürwortet werden. Bei der Arbeit mit Datenverarbeitungsanlagen ergeben sich erfahrungsgemäß gewisse Schwierigkeiten und deshalb Mehrkosten dadurch, daß die Eingabegeräte bestimmte und hohe Ansprüche an die äußere Qualität der Datenträger wie Format, Papier- und Druckqualität, Formateinteilung und nicht zuletzt an den Erhaltungszustand der Datenträger und der darauf befindlichen Aufzeichnungen stellen. So müssen vielfach Lochkarten, die aus einem betrieblichen Kreislauf zur Auswertung gelangen, zunächst gedoppelt werden, weil der Einzugsmechanismus der Kartenleser mit geknickten und beschädigten Lochkarten nicht fertig wird. Belegleser verlangen bestimmte Schriftarten in definierter Qualität; die Beschriftung muß außerdem in ganz bestimmter Lage auf dem Beleg angebracht werden. Eine Schriftart wie die Magnetschrift kann überhaupt nur maschinell auf den Belegen angebracht werden.

Die hohen Qualitätsanforderungen, die teilweise ziemlich eng toleriert sind, können vielfach nur durch den Einsatz technischer Hilfsmittel erfüllt werden. Ist aber deren Verwendung aus den geschilderten Gründen unumgänglich, dann sollte daraus die Konsequenz gezogen werden, die Geräte soweit auszubauen, daß sie möglichst den Datenerfassungsvorgang insgesamt übernehmen.

5.3 Die Erhebung des Datenanfalles

Zur Gestaltung eines Erfassungssystems ist schließlich auch die Kenntnis der quantitativen Merkmale des Datenanfalles für die Dimensionierung des Erfassungssystems erforderlich. Primär wird der Datenanfall durch die *örtliche* und die *zeitliche* Verteilung der zu erfassenden Datenmenge beschrieben.

Für manche der mittlerweile klassischen Verarbeitungsaufgaben wie die Finanzbuchhaltung ist die Erhebung der örtlichen Verteilung des Datenanfalls ziemlich unproblematisch. In allen Anwendungsfällen, in denen an einer großen Zahl von Plätzen kleine oder große Datenmengen zu erfassen sind, erhält die Untersuchung der örtlichen Verteilung größeres Gewicht. Die allgemeine Kostenerfassung oder die Ist-Daten-Erfassung in der Fertigung für Steuerungs- und Abrechnungszwecke können als Beispiele für solche Fälle genannt werden. Bestimmend ist die örtliche Verteilung des Datenanfalles für das Übermittlungsverfahren ebenso wie u. U. für die Wahl der Erfassungsgeräte und -systeme. Hier sind besonders die technischen Spezifikationen der früher besprochenen Erfassungsanlagen zu beachten, bei denen bestimmte Entfernungen zwischen dezentraler Eingabestation und zentralem Aufzeichnungsgerät nicht überschritten werden dürfen. Werden Erfassungsgeräte nicht nur von einer einzigen Person benützt, sonden jeweils von einer Gruppe, dann ist für die Aufstellung außerdem ein tragbarer Kompromiß zwischen der Zahl der aufzustellenden Stationen und den Wegezeiten aller Gruppenmitglieder zu finden.

Die Kenntnis der zeitlichen Verteilung des Datenanfalles ist besonders deshalb wichtig, weil die Kapazität des Erfassungssystems auf die Spitzenbelastung und nicht auf die mittleren Belastungen abgestellt werden muß. Deshalb muß die zeitliche Verteilung der Erfassungsvorgänge über die tägliche Arbeitszeit, über die Woche und den Monat beobachtet werden.

Ebenso wichtig wie die quantitativen Aussagen über den Datenanfall ist die Kenntnis von Format und Struktur der zu erfassenden Informationen. Hier hat schon die Frage, ob die Erfassungsaufgabe auf numerische Daten beschränkt werden kann, großes Gewicht, weil Erfassungsgeräte für alphanumerische Daten wesentlich kostspieliger als solche für rein numerische Daten sind. Aus der Länge der zu erfassenden Information ergibt sich u. U. eine eingeschränkte Wahlfreiheit hinsichtlich der zu verwendenden Datenträger. Sie beeinflußt unmittelbar die Zeitdauer des Eingabevorganges und ebenso die Dauer von Datenübertragungsvorgängen. Wegen der kaum vermeidbaren Übertragungsfehler muß die Wiederholungs- und Korrekturzeit der eigentlichen Übertragungszeit hinzugerechnet werden.

Der Aufbau der zu erfassenden Information aus Stamm- und Bewegungsdaten bzw. konstanten und variablen Daten, so weit sie eine logische Einheit bilden, ist unter zwei Aspekten wichtig. Besitzen z. B. die Stammdaten oder die konstanten Daten einen größeren Anteil, dann kann u. U. die Belegvorbereitung durch Vorlochen als Vereinfachungsmöglichkeit für den Erfassungsvorgang erwogen werden. Ebenso wäre etwa die Verwendung selbständiger Konstant-Datenträger zu prüfen; allerdings muß dann das Erfassungsgerät mit einer entsprechenden Leseeinheit ausgestattet werden.

In erster Linie richteten sich diese beispielhaften Überlegungen auf die Beschleunigung und Vereinfachung des Eingabevorganges. Sie tragen aber auch unmittelbar zur Verringerung der Fehlerrate bei der Erfassung bei. Die Stamm- bzw. Konstant-Daten sind gleichzeitig ein wichtiger Ansatzpunkt für die in den Erfassungsvorgang eingebauten Prüfungen. Nach sorgfältiger Klärung von Prüfnotwendigkeit und Prüfwürdigkeit trägt die geschickte Auswahl aus den bekannten Prüftechniken wesentlich zur Senkung der Fehlerquote bei.

Literaturverzeichnis

Bücher und Beiträge in Sammelwerken

[1] *Ahner, K.* und *B. Bode:* Elektronische Datenverarbeitung in der Ökonomie. Berlin 1964

[2] *Awad, E. M.:* Datenverarbeitung im Unternehmen. München 1967.

[3] *Baucke, L.* und *H. Nestle:* Die Einsatzmöglichkeiten selbsttätig registrierender Meßgeräte zur Erfassung von Betriebsmitteldaten. Berlin/Köln/Frankfurt 1968.

[4] *v. Belkum, J. W.* und *A. J. van't Klooster:* Kontrolle und Revision bei automatischer Datenverarbeitung. Wiesbaden 1967.

[5] *Bennett, W. R.* and *J. R. Davey:* Data Transmission. New York 1965.

[6] *Bereska, D.:* Die Organisation der betrieblichen Datenverarbeitung. München 1967.

[7] *Bernd, Q.:* Die Steuerungszentrale als modernes Rationalisierungsmittel der Arbeitsorganisation. Berlin/Köln 1968.

[8] *Berthel, J.:* Informationen und Vorgänge ihrer Bearbeitung in der Unternehmung. Berlin 1967.

[9] Bibliographie zur Datenverarbeitung. Hrsg. vom Institut für Datenverarbeitung. Dresden ab 1964.

[10] *Billeter, E. P.:* Der praktische Einsatz elektronischer Rechenautomaten. Wien 1964.

[11] *Billing, H. u. a.:* Speicher. Übersicht und Begriffe. In: Taschenbuch der Nachrichtenverarbeitung [153], S. 475–476.

[12] *Bode, B.:* Lochkartentechnik. Bd. 51 der Reihe Automatisierungstechnik. Braunschweig 1969.

[13] *Boje, A.:* Mittlere Datentechnik. In: Handbuch der maschinellen Datenverarbeitung [88], Abschnitt 6/1/0.

[14] *Brusberg, H.:* Der Entwicklungsstand der Unternehmensforschung. Wiesbaden 1965.

[15] *Bürger, E.* und *W. Leonhardt:* Lochbandtechnik. Mittel zur Datenerfassung und -verarbeitung. Bd. 86 der Reihe Automatisierungstechnik. Braunschweig 1969.

[16] Büromaschinenlexikon. 11. Auflage 1967/1968. Baden-Baden 1967.

[17] *Chapin, N.:* Einführung in die elektronische Datenverarbeitung. Wien und München 1963

[18] *Claussen, U.:* Konstruieren mit Rechnern. Berlin/Heidelberg/New York 1971.

[19] *Coons, St. A.:* Anwendungen elektronischer Rechenanlagen in der Technik. In: Information, Computer und künstliche Intelligenz (Scientific American Book). Frankfurt am Main 1967, S. 133–144.

[20] *Czemper, K.-A.* und *H. Boswau:* Unterricht und Computer. München 1965.

[21] *Davis, M. R.* and *T. O. Ellis:* The Rand Tablet. A Man-Machine Graphical Communication Device. In: AFIPS Conference Proceedings, Volume 26, 1964 Fall Joint Computer Conference. San Francisco 1964, S. 325–331.

[22] *Dawidczak, S.:* Meßwertverarbeitung und Prozeßsteuerung mit Digitalrechnern. Schriftenreihe Datenverarbeitung des Institutes für Datenverarbeitung Dresden. Köln/Opladen 1966.

[23] *Desmonde, W. H.:* Real-Time Data Processing Systems. Englewood Cliffs 1965.

[24] *Diemer, A.:* Das Wesen der automatisierten elektronischen Datenverarbeitung und ihre Bedeutung für die Unternehmensleitung. Berlin 1962.

[25] *Dolezalek, C. M.:* Automatisierung in der industriellen Fertigung. In: Hütte-Taschenbuch für Betriebsingenieure (Betriebshütte). Bd. III: Fertigungsbetrieb. Berlin/München 1965. S. 1066–1106.

[26] *Drinkhut, H.:* Optischer Belegleser der ICT. In: Handbuch der maschinellen Datenverarbeitung [88], Abschnitt 10/1 Blatt 1–5.

[27] *Dworatschek, S.:* Einführung in die Datenverarbeitung. Berlin 1970.

[28] *Eberlein, G.:* Die automatische Nummernprüfung. In: Handbuch der maschinellen Datenverarbeitung [88], Abschnitt 1/4/3.

[29] *Eicken, W.:* Der Lochstreifen als Datenträger. In: Handbuch der maschinellen Datenverarbeitung [88], Abschnitt 8/2/1.

[30] *Endres, W.:* Automatische Spracherkennung. In: Kybernetik – Brücke zwischen den Wissenschaften [32], S. 175–186.

[31] *Everling, W.:* Rechnerunterstütztes Konstruieren. In: *Opitz, H., W. Everling, E. C. Stotko* und *J. Groebler:* Rationalisierung der Entwurfs- und Konstruktionsarbeiten in der Maschinenindustrie. Nr. 87 der Reihe: Arbeitsgemeinschaft für Rationalisierung des Landes Nordrhein-Westfalen. Dortmund 1966, S. 7–14.

[32] *Frank, H.* (Hrsg.): Kybernetik – Brücke zwischen den Wissenschaften. Frankfurt 1966.

[33] *Frank, H.:* Lehrautomaten und Lehralgorithmen. In: Kybernetik – Brücke zwischen den Wissenschaften [32], S. 273–284.

[34] *Frielink, A. B.:* Buch- und Wirtschaftsprüfung bei elektronischer Datenverarbeitung. München/Wien 1963.

[35] *Futh, H.:* Elektronische Datenverarbeitungsanlagen. Bd. I: Einführung in Aufbau und Arbeitsweise. Bd. II: Organisation der Datenverarbeitung. München/Wien 1966.

[36] *Ganzhorn, K.* und *W. Walter:* Die geschichtliche Entwicklung der Datenverarbeitung. In: Jahrbuch des elektrischen Fernmeldewesens 1966. Hrsg. von *H. Bornemann.* Bad Windsheim 1966, S. 9–68.

[37] *Ganzhorn, K.* und *W. Walter:* Peripherer Datenverkehr in modernen Datenverarbeitungsanlagen. In: Jahrbuch des elektrischen Fernmeldewesens 1967. Hrsg. von *H. Bornemann.* Bad Windsheim 1967, S. 9–86.

[38] *Gebhardt-Seele, P.:* Rechenmodelle für wirtschaftliches Lagern und Einkaufen. München/Wien 1962.

[39] *Gerstmann, H., H.-J. Hoffmann, H. Remus* und *W. Thiele:* Programmierung. In: Taschenbuch der Nachrichtenverarbeitung [153], S. 1293–1359.

[40] *Götz, E.* und *G. Horn:* Geometrische Datenverarbeitung im Schiffbau. In: Jahrbuch der Schiffbautechnischen Gesellschaft. Berlin/Heidelberg/New York 1966, S. 262–276.

[41] *Gordon, Th.* and *O. Helmer:* Report on a Long-Range Forecasting Study. In: *Gordon, Th.:* Social Technology. New York/London 1966, S. 44–96.

[42] *Graef, M., R. Greiller* und *G. Hecht:* Datenverarbeitung im Realzeitbetrieb. München/Wien 1970.

[43] *Grieger, W.:* Allgemeine Förderanlagen. In: Taschenbuch der Nachrichtenverarbeitung [153], S. 929–953.

[44] *Grochla, E.:* Automation und Organisation. Wiesbaden 1966.

[45] *Gunzenhäuser, R.* (Hrsg.): Nicht-numerische Informationsverarbeitung. Wien/New York 1968.

[46] *Gutenmacher, J. J.:* Informations-logische Automaten. München/Wien 1966.

[47] *Hahn, R., W. Kuhnert* und *K. Roschmann:* Fertigungssteuerung mit Datenverarbeitungsanlagen. Betriebstechnische Fachberichte des RKW-RW 2. Berlin/Köln/Frankfurt 1969.

[48] Handbook of Automation, Computation and Control. Ed. by *E. M. Grabbe, S. Ramo* and *D. E. Wooldridge.* New York 1959.

[49] Handbuch der Lochkarten-Organisation. Hrsg. vom Ausschuß für wirtschaftliche Verwaltung (AWV). 2 Teile. Frankfurt/M. 1962 und 1963.

[50] *Hartmann, B.:* Betriebswirtschaftliche Grundlagen der automatisierten Datenverarbeitung. Freiburg 1961.

[51] *Hartmann, B.:* Elektronische Datenverarbeitung für Klein- und Mittelbetriebe. Freiburg 1966.

[52] *Haupt, H.:* Moderne Nachrichtenmittel in Büro und Betrieb. München 1961.

[53] *Heilmann, H., W. Heilmann* und *E. Reblin:* Einsatzplanung für eine Datenverarbeitungsanlage. Stuttgart 1968.

[54] *Heinze, S.:* Rohrpostanlagen. Ihre Technik, Anwendung und Wartung. Goslar 1956.

[55] *Hellfors, S.:* Management – Datenverarbeitung – Operations Research. München/Wien 1967.

[56] *Henkel, H.:* Sprachliche Probleme der automatischen Übersetzung. In: Kybernetik – Brücke zwischen den Wissenschaften [32], S. 247–250.

[57] *Henning, W.:* Arbeitsweise und Eigenschaften von lochstreifenverarbeitenden Ein- und Ausgabegeräten digitaler Rechenanlagen. In: Der Lochstreifen in informationsverarbeitenden Systemen [90], S. 13–17.

[58] *Herold, H., G. Stute* und *W. Maßberg:* Die numerische Steuerung in der Fertigungstechnik. Düsseldorf 1970.

[59] *Hölzler, E.* und *D. Thierbach:* Nachrichtenübertragung. Grundlagen und Technik. Berlin/Göttingen/New York 1966.

[60] *Hoffmann, Friedrich:* Die Einsatzplanung elektronischer Rechenanlagen in der Industrie. München 1961.

[61] *Holtgrewe, K. G.:* Automation und Entscheidung. Wiesbaden 1967.

[62] *Hoppe, A.:* Der sprachliche Formulierungsprozeß als Grundlage eines neuen Übersetzungsverfahrens. In: Kybernetik – Brücke zwischen den Wissenschaften [32], S. 251–254.

[63] *Hotes, H.:* Digitalrechner in technischen Prozessen. Berlin 1967.

[64] *Jansen, G.:* Einwirkungen des Lärms auf den Menschen. In: Handbuch der gesamten Arbeitsmedizin. Hrsg. von *E. W. Baader.* Bd. I: Arbeitsphysiologie. Berlin/München/Wien 1961, S. 680–701.

[65] *Kaden, H.:* Theoretische Grundlagen der Datenübertragung. München/Wien 1968.

[66] *Kalbermatten, M.:* Der Personaleinsatz in der elektronischen Datenverarbeitung. Hamburg/Berlin 1963.

[67] *Kalscheuer, H. D.:* Integrierte Datenverarbeitungssysteme für die Unternehmung. Berlin 1967.

[68] *Kaufmann, H.:* Informationsverarbeitung und Automatisierung. München/Wien 1966.

[69] *Kazmierczak, H.:* Automatische Zeichenerkennung. In: Kybernetik – Brücke zwischen den Wissenschaften [32], S. 163–174.

[70] *Kazmierczak, H.:* Automatische Zeichenerkennung. In: Taschenbuch der Nachrichtenverarbeitung [153], S. 754–787.

[71] *Kent, A.:* Einführung in die Informationswiedergewinnung. München/Wien 1966.

[72] *Klingler, H.:* Programmierte Kontrolle bei elektronischer Datenverarbeitung. In: Handbuch der maschinellen Datenverarbeitung [88], Abschnitt 1/4/4.

[73] *Klingmann, H. F.:* Electronics in Business. Hrsg. im Auftrag der Controllership Foundation. New York 1955.

[74] *Kloidt, H.:* Grundsätzliches zum Messen und Regeln in der Betriebswirtschaft. In: Organisation und Rechnungswesen. Festschrift für E. Kosiol. Hrsg. von *E. Grochla.* Berlin 1964, S. 287–303.

[75] *König, R.:* Die Beobachtung. In: Handbuch der empirischen Sozialforschung. Hrsg. von *R. König.* 1. Band. Stuttgart 1962, S. 107–135.

[76] *Körner, H. G.:* Maschinelle Dokumentation. In: Taschenbuch der Nachrichtenverarbeitung [153], S. 1229–1268.

[77] *Korte, G.:* Fertigungszentralen. Hamburg 1965.

[78] *Kosiol, E.:* Die Unternehmung als wirtschaftliches Aktionszentrum. Reinbek b. Hamburg 1966.

[79] *Krauch, H.:* Strukturwandel der Forschung. In: Strukturwandel der Wirtschaft im Gefolge der Computer. Hrsg. von *Fr. Scharpenack.* Basel/Tübingen 1966. S. 361–378.

[80] *Krochmann, Ed.:* Der Einsatz von Prozeßrechnern in der Industrie. In: Kybernetik – Brücke zwischen den Wissenschaften [32], S. 199–213.

[81] *Kühlewind, S.* und *K. Schwedler:* Datenträger. Berlin 1966.

[82] *Kuhrt, P. F., R. Giesecke* und *V. Maurer:* Datenfernübertragung. Schriftenreihe Datenverarbeitung des Instituts für Datenverarbeitung, Dresden. Köln/Opladen 1966.

[83] *Kulhavy, E.:* Operations Research. Wiesbaden 1963.

[84] *Lehnert, U.* (Hrsg.): Elektronische Datenverarbeitung in Schule und Ausbildung. München 1970.

[85] *Lindemann, P.:* Elektronische Datenverarbeitung und interne Revision. In: Interne Revision in der Wirtschaft und im Unternehmen. Bd. I der Schriftenreihe des Instituts für interne Revision. München 1961.

[86] *Lindemann, P.:* Aufbau und Arbeitsweise elektronischer Rechenanlagen. AWV-Schriftenreihe Nr. 243. Oberursel 1967.

[87] *Lindemann, P.:* Betriebswirtschaftliche Funktionsmodelle. In: Fortschritte der Kybernetik. Bericht über die Tagung in Kiel 1965 der Deutschen Arbeitsgemeinschaft Kybernetik. München/Wien 1967, S. 431–444.

[88] *Littmann, H. E.* (Hrsg.): Handbuch der maschinellen Datenverarbeitung. Stuttgart ab 1964.

[89] *Littmann, H. E.:* Zusatzeinrichtungen für elektronische Datenverarbeitungsanlagen. In: Handbuch der maschinellen Datenverarbeitung [88], Abschnitt 13/3.

[90] Der Lochstreifen in informationsverarbeitenden Systemen. Hrsg. vom Mathematischen Beratungs- und Programmierungsdienst (MBP), Dortmund. Braunschweig 1964.

[91] *Lohse, P.:* Glossary der Datenverarbeitung. Lintorf 1967.

[92] *Lotz, E. G.:* Elektronische Kosten- und Leistungsrechnung für Industriebetriebe. Berlin 1968.

[93] *Lutz, Th.:* Der Rechner-Katalog. Stuttgart 1966.

[94] *Lysaught, J. P.* und *C. M. Williams:* Einführung in die Unterrichtsprogrammierung. München/Wien 1967.

[95] *Marko, H.* und *H. Lange:* Datenübertragung und automatische Fehlerkorrektur. In: Jahrbuch des elektrischen Fernmeldewesens. Hrsg. von *K. Hertz.* Bad Windsheim 1963, S. 122–162.

[96] *Martin, F.:* Was bedeutet Automation im Büro? In: Rechnungswesen – Revision – Automation. Hrsg. vom Hessischen Institut für Betriebswirtschaft. Köln o. J. (1958), S. 34–39.

[97] *Martin, J. F.:* Design of Real-Time Computer Systems. Englewood Cliffs 1967.

[98] *Maßberg, W.:* Programmiersprachen in der Fertigungstechnik. Fortschritt-Berichte der VDI-Zeitschrift, Reihe 2, Nr. 5. Düsseldorf 1966.

[99] *Mehlhose, G.:* Lochkartenmaschinen. In: Taschenbuch der Nachrichtenverarbeitung [153], S. 664–683.

[100] *Mertens, P.:* Betriebliche Dokumentation und Information. Meisenheim/Glan 1965.

[101] *Mertens, P.:* Die zwischenbetriebliche Kooperation und Integration bei der automatisierten Datenverarbeitung. Meisenheim/Glan 1966.

[102] *Meyer-Eppler, W.:* Automatische Spracherkennung. In: Taschenbuch der Nachrichtenverarbeitung [153], S. 787–799.

[103] *Morgenstern, O.:* Über die Genauigkeit wirtschaftlicher Beobachtungen. Wien/Würzburg 1965.

[104] *Morris, Ch. W.:* Foundations of the Theory of Signs. In: International Encyclopedia of Unified Science. Vol. I, No. 2, 10th impr. Chicago/London/Toronto 1960.

[105] *Mrachacz, H.-P.* und *R. Bauer:* Daten optimal erfassen. München 1970.

[106] *Mross, M.:* Automation der Büro- und Verwaltungsarbeit. Hamburg 1956.

[107] *Müller, E. A.:* „Arbeitsphysiologie". In: Hütte-Taschenbuch für Betriebsingenieure (Betriebshütte), Bd. III: Fertigungsbetrieb. Berlin/München 1965, S. 1107–1120.

[108] *Müller, H.:* Die elektronische digitale Rechenmaschine und Grundlagen ihrer Anwendbarkeit (unter besonderer Berücksichtigung betriebswirtschaftlicher Aufgabenstellungen). Berlin 1959.

[109] *Müller, Peter* (Hrsg.): Lexikon der Datenverarbeitung. München 1969.

[110] *Neubert, H.:* Internal Control. Düsseldorf 1959.

[111] *Neubert, H.:* Der Einfluß der elektronischen Datenverarbeitung auf Aufgabenstellung und Organisation des Rechnungswesens. In: Organisation und Rechnungswesen. Festschrift für E. Kosiol. Hrsg. von *E. Grochla.* Berlin 1964, S. 251–280.

[112] *Niederberger, A. R. V.:* Das betriebliche Informationssystem. Wiesbaden 1967.

[113] *Nolle, Fr.:* Datenfernverarbeitung. Köln-Braunsfeld 1970.

[114] *Oettinger, A. G.:* Elektronische Rechenanlagen helfen der Wissenschaft. In: Information, Computer und menschliche Intelligenz (Scientific American Book). Frankfurt/M. 1967, S. 115–132.

[115] *Opitz, H.:* Moderne Produktionstechnik. Stand und Tendenzen. Essen 1970. (2. Auflage).

[116] *Pärli, H.:* Die Lochkarte als Datenträger und Steuerelement. In: Handbuch der maschinellen Datenverarbeitung [88], Abschnitt 8/1/1.

[117] *Pärli, H.:* Die Anwendung des Lochstreifens im Bereich der kaufmännischen Datenverarbeitung. In: Der Lochstreifen in informationsverarbeitenden Systemen [90], S. 18–36.

[118] *Peterson, W. W.:* Prüfbare und korrigierbare Codes. München/Wien 1967.

[119] *Philipp, K.:* Tastenfelder. In: Taschenbuch der Nachrichtenverarbeitung [153], S. 604–614.

[120] *Pietzsch, J.:* Die Information in der industriellen Unternehmung. Köln/Opladen 1964.

[121] *Piloty, R.:* Datenverarbeitung. In: Taschenbuch der Nachrichtenverarbeitung [153], S. 1090–1114.

[122] *Pippart, W.* (Hrsg.): Datenübertragung – Datenfernverarbeitung. 1. Teilband (Bearb. *W. Tietz*): Dateldienste. Hamburg 1971.

[123] *Pirker, Th.:* Büro und Maschine. Tübingen 1962.

[124] *Poklekowski, W.:* Methoden der elektronischen Datenverarbeitung. In: Grundlagen der elektronischen Datenverarbeitung. Hrsg. vom Ausschuß für wirtschaftliche Verwaltung (AWV). Frankfurt/M. 1964, S. 143–232.

[125] *Rechenberg, P.:* Grundzüge digitaler Rechenautomaten. München/Wien 1964.

[126] *Reger, W., H. J. P. Rudolph* und *W. Vollmeyer:* Übertragungstechnik. In: Taschenbuch der Nachrichtenverarbeitung [153], S. 826–857.

[127] *van Rennings, B.:* Magnetband-Sicherungssysteme. In: Handbuch der maschinellen Datenverarbeitung [88], Abschnitt 9/4/3.

[128] *Reuss, G. H.:* Der Computer als Werkzeug und Bestandteil der Unternehmensführung. In: Strukturwandel der Wirtschaft im Gefolge der Computer. Hrsg. von *Fr. Scharpenack.* Basel/Tübingen 1966, S. 67–81.

[129] *Roschmann, K.:* Dezentrale Datenerfassung im Fertigungsbetrieb. In: Handbuch der maschinellen Datenverarbeitung [88], Abschnitt 2/5/8.

[130] *Roschmann, K.:* Kosten der Datenerfassung bei unterschiedlichen Systemkonzeptionen. In: *E. Grochla* (Hrsg.): Die Wirtschaftlichkeit automatisierter Datenverarbeitungssysteme. Bd. 8 der Schriftenreihe „Betriebswirtschaftliche Beiträge zur Organisation und Automation“. Wiesbaden 1970, S. 233–240.

[131] *Seifert, J.:* Automatische Schriftzeichenerkennung. Dresden 1968.

[132] *Senftleben, W.:* Die Magnetschrift CMC 7. In: Handbuch der maschinellen Datenverarbeitung [88], Abschnitt 8/3/1.

[133] *Shannon, Cl. E.* and *W. Weaver:* The Mathematical Theory of Communication. Urbana 1949.

[134] *Sieper H. P.* und *O. H. Jacobs:* Wirtschaftlichkeit technischer Systeme für die Betriebsmittelauslastung. Berlin/Köln/Frankfurt 1967.

[135] *Simon, Herb. A.:* Perspektiven der Automation für Entscheider. Quickborn 1966.

[136] *Simon, Herb. A.:* Diskussionsbeitrag in: *Schultz, G. T.* and *T. L. Whistler* (Hrsg.): Management Organization and the Computer. Chicago 1959.

[137] *Simon, Wilhelm:* Die numerische Steuerung von Werkzeugmaschinen. München 1970. (2. Aufl.).

[138] *Simon, Wilhelm:* Maschinensteuerungen. In: Taschenbuch der Nachrichtenverarbeitung [153], S. 1207–1229.

[139] *Speiser, A. P.:* Digitale Rechenanlagen. Berlin/Heidelberg/New York 1967.

[140] *Sutherland, J. E.:* Ein- und Ausgabe bei elektronischen Rechenmaschinen. In: Information, Computer und künstliche Intelligenz (Scientific American Book). Frankfurt/M. 1967, S. 51–67.

[141] *Syrbe, M.* und *W. Latzel:* Automatische Prozeßsteuerung. In: Taschenbuch der Nachrichtenverarbeitung [153], S. 1192–1207.

[142] *Scheele, M.:* Literatur über Lochkartenverfahren. Schlitz/Hessen 1959.

[143] *Schestakow* (Hrsg.): Programmiertes Lernen und Lehrmaschinen. Berlin 1965.

[144] *Schiefele, H.:* Programmierte Unterweisung. München 1964.

[145] *Schneider, C.:* Taschenlexikon der Datenverarbeitung. Stuttgart 1967.

[146] *Schnelle, H.* und *G. Engelien:* Maschinelle Sprachübersetzung. In: *R. Gunzenhäuser* (Hrsg.): Nicht-numerische Informationsverarbeitung. Wien/New York 1968.

[147] *Schnelle, H.:* Stand und Tendenzen der gegenwärtigen Forschung. In: Kybernetik – Brücke zwischen den Wissenschaften [32], S. 254–257.

[148] *Schöne, A.:* Prozeßrechensysteme der Verfahrensindustrie. München 1969.

[149] *Schönhammer, K.* und *H. H. Voss:* Fernschreib-Übertragungstechnik. München/Wien 1966.

[150] *Schramm, W.:* Programmierter Unterricht heute und morgen. Berlin/Bielefeld 1963.

[151] *Schweiker, K. F.:* Grundlagen einer Theorie betrieblicher Datenverarbeitung. Wiesbaden 1966.

[152] *Steinbuch, K.:* Automat und Mensch. Berlin/Heidelberg/New York 1965.

[153] *Steinbuch, K.* (Hrsg.): Taschenbuch der Nachrichtenverarbeitung. Berlin/Heidelberg/New York 1967.

[154] *Stibic, V.:* Wege von der Mechanisierung zur Automatisierung der Verwaltungsarbeit. Berlin 1962.

[155] *Studienkreis Dr. Meller:* Die Gliederung der Datenverarbeitungsstelle und ihre Einordnung in die Organisation der Unternehmung. Wiesbaden 1967.

[156] *Thüring, B.:* Programmierung von Datenverarbeitungsmaschinen, In: Grundlagen der elektronischen Datenverarbeitung. Hrsg. vom Ausschuß für wirtschaftliche Verwaltung (AWV), Frankfurt/M. 1964, S. 233–300, AWV-Schriftenreihe Nr. 242.

[157] Titel von Veröffentlichungen über Analog- und Ziffernrechner und ihre Anwendungen. Hrsg. von der Deutschen Forschungs-Gemeinschaft, Bad Godesberg, und dem Internationalen Rechenzentrum, Rom. Wiesbaden ab 1954, eingestellt mit Liste 73, 13. Jg. 1966.

[158] *Villiger, M.:* Möglichkeiten, Probleme und Auswirkungen der Datenfernverarbeitung. Hamburg/Berlin 1969.

[159] *Voelcker, S.* und *S. Kohler:* Fernschreibgeräte, Lochstreifengeräte, In: Taschenbuch der Nachrichtenverarbeitung [153], S. 619–651.

[160] *Wahl, M. P.:* Grundlagen eines Management-Informationssystems. Bd. 2 der Reihe: Wirtschaftsführung – Kybernetik – Datenverarbeitung. Neuwied/Berlin 1969.

[161] *Weide, E.:* Organisation der automatischen Datenverarbeitung. Baden-Baden/Bad Homburg v. d. H. 1965.

[162] *Weide, E.:* Automatische Datenverarbeitung im Betrieb. Baden-Baden/Bad Homburg v. d. H. 1966.

[163] *Wiener, N.:* Mensch und Menschmaschine. Frankfurt/M./Berlin 1958.

[164] *Wilkes, M. V.:* Time-Sharing-Betrieb bei digitalen Rechenanlagen. Computer-Monographien, Bd. 1. München 1970.

[165] *Winkler, U.:* Aufbau und Anwendungsmöglichkeiten elektronischer Wörterbücher. In: *R. Gunzenhäuser* (Hrsg.): Nicht-numerische Informationsverarbeitung. Wien/New York 1968.

[166] *Wittmann, W.:* Unternehmung und unvollkommene Information. Köln/Opladen 1959.

[167] *Zwicker, E.:* Personelle Organisation in der elektronischen Datenverarbeitung. Berlin 1967.

Zeitschriftenaufsätze

[168] *Arbeitskreis Pietzsch* der Schmalenbach-Gesellschaft: Zur Handhabung quantitativer betrieblicher Informationen. In: ZfbF 18 (1966) 10/11, S. 721–742.

[169] *Aulhorn, H., H. Lange* und *H. Marko:* Probleme und Anwendungen der Datenübertragung. In: Elektronische Rechenanlagen 3 (1961) 4, S. 148–159.

[170] *Bauldreay, J.:* Mark Reading. Datamation 16 (1970) 12, S. 34–38.

[171] *Bayer, Sigurd:* Konzept der Eingabe/Ausgabe und der Vorrangverarbeitung beim System/360. In: IBM-Nachrichten 16 (1966) 178, S. 214–218.

[172] *de Beauclair, W.:* Aus der Praxis der Datenverarbeitung. Teil I: Automatisierungsgerechte Belege. In: automatik 8 (1963) 2, S. 65–71.

[173] *de Beauclair, W.:* Zur Fälschungssicherheit maschinenlesbarer Schriften. In: automatik 8 (1963) 5, S. 193–196.

[174] *de Beauclair, W.:* Zahlenprüfgeräte zur Sicherung des richtigen Bedruckens von Belegen bei der direkten Belegverarbeitung. In: Zeitschrift für Datenverarbeitung 4 (1966) 5, S. 270–280.

[175] *de Beauclair, W.* und *G. Gaede:* Das Klarschriftleseverfahren der Deutschen Bundespost. In: Zeitschrift für Datenverarbeitung 6 (1968) 2, S. 95–115.

[176] *Beck, R.:* Der programmgesteuerte Digitalrechner Z 32 und seine Anwendungen. In: BBC-Nachrichten 47 (1965) 10/11, S. 541–564.

[177] *Becker, K. A.:* Das Aufbereiten der Urbelege in automatischen Datenverarbeitungssystemen. In: ADL-Nachrichten 9 (1964) 33, S. 238–249.

[178] *Böhm, Friedr.:* Zur Kostenanalyse der Datenerfassung. In: Organisation und Betrieb 22 (1968) 1, S. 7. Erwiderung auf *Kliehm* [226].

[179] *Böhme, H.* und *H.-J. Langner:* Geräte und Systeme für die Datenübertragung. In: SEL-Nachrichten 14 (1966) 1, S. 26–31.

[180] *Broido:* Automatisierung der Datenaufbereitung. Vortrag am 14. 12. 1966 in Berlin. Zitiert bei *Schulze* [288].

[181] *Bürkler, P.:* Arbeitsanalyse in elektronischen Datenverarbeitungsanlagen mit Multimomentaufnahmen. In: Industrielle Organisation 35 (1966) 6, S. 288–294.

[182] *Carleton, R. G., O. W. Hill* und *P. V. Webb:* Applying a Data Acquisition-Computing System. In: ISA-Journal, Vol. 10, No. 7, July 1963.

[183] *Christodoulopoulos, A. F.:* Zentrale oder dezentrale Datenerfassung im Großhandel. In: Bürotechnik + Automation 10 (1969) 3, S. 112–115.

[184] *Claus, K.:* Der bargeldlose Zahlungsverkehr auf dem Wege zur Automation. In: Zeitschrift für das gesamte Kreditwesen 19 (1966) 19, S. 956–958.

[185] *Dean, N. J.:* The Computer comes of age. In: Havard Business Review 46 (1968) 1, S. 83–91.

[186] *Dearden, J.:* Kann die Informierung der Unternehmensleitung automatisiert werden? In: Fortschrittliche Betriebsführung 15 (1966) 4, S. 109–113.

[187] Development in Kimball Tag Equipment. In: Data Processing 5 (1963) 4, S. 208–217.

[188] *Dieball, H.:* Möglichkeiten und Bedeutung der Datenerfassung. In: Bürotechnik + Organisation 14 (1966) 2, S. 104–114.

[189] *Dietrich, W.:* Zeichenleser für die automatische Belegverarbeitung im Zahlungsverkehr. In: Elektrisches Nachrichtenwesen 40 (1965) 3, S. 315–331.

[190] *Dolezalek, C. M.:* Zur Automatisierung der industriellen Produktionstechnik. In: Werkstattstechnik 53 (1963) 3, S. 101–103.

[191] *Dolezalek, C. M.* und *G. Ropohl:* Flexible Fertigungssysteme – die Zukunft der Fertigungstechnik. In: wt-Z. ind. Fertigung 60 (1970) 8, S. 446–451.

[192] *Edvardson, K.:* Modems zur Datenübertragung, die internationalen Normen genügen. In: Elektrisches Nachrichtenwesen 41 (1966) 2, S. 154–161.

[193] *Evers, H.* und *K. Leipold:* Simultanarbeit und ihre Programmierung in einer Datenverarbeitungsanlage. In: Elektronische Rechenanlagen 6 (1964) 5, S. 221–228.

[194] *Fahrlander, H.* und *Br. Bell:* Optical character recognition cuts data collection errors. In: Industrial Engineering, Vol. 3 (1971) No. 2 (Febr.), S. 26–29.

[195] Die Fehlerkontrolle im Daten-Eingabe-System. In: Bürotechnik + Automation 1 (1960) 8, S. 236.

[196] *Feuerbaum, E., S. Stemper* und *W. Hinner:* Programmierte Textverarbeitung mit Markierungsleser. In: IBM-Nachrichten 17 (1967) 181, S. 373–389.

[197] Förderanlagen für Verwaltung und Dienstleistungsbetriebe. „fördern und heben“ – Fachberichte, Bd. 12, Mainz 1967.

[198] *Franz, D.:* Konzentratoren – wirtschaftliche Vermittlungen für Datensondernetze. In: Siemens-Zeitschrift 43 (1969), Beiheft Datenfernverarbeitung, S. 51–57.

[199] Das Friden Collectadata-System. In: Bürotechnik + Automation 1 (1960) 1, S. 14–15.

[200] *Fuhrmann, H.* und *R. Willems:* TENOGRAPH P – ein System für die zentrale Erfassung von dezentral anfallenden Daten. In: TN-Nachrichten 1967, Heft 67, S. 35–39.

[201] *Ganzhorn, K.* und *W. Walter:* Optische Kopplung Mensch – Datenverarbeitungsanlage. In: Umschau 67 (1967) 2, S. 42–46.

[202] *Gattnar, K.-D.:* Rationalisierung der technologischen Produktionsvorbereitung durch den Einsatz von elektronischen Datenverarbeitungsanlagen. In: Rechentechnik/Datenverarbeitung 4 (1967) 9, S. 2–8 und 10–11.

[203] *Geiger, Hans:* Zur Wirtschaftlichkeit der Informationsverarbeitung. In: Industrielle Organisation 39 (1970) 10, S. 433–437.

[204] *Geikowski, U.* und *W. Schmidt:* Siemens-Datenverarbeitungssystem 4004, Teil II: Anschluß peripherer Geräte. In: Elektronische Rechenanlagen 8 (1966) 3, S. 141–145.

[205] *Gilgen, W.:* Datenerfassung im Großbetrieb. Betriebsvergleich und Erfahrungszahlen bei den SBB. In: Technische Rundschau 60 (1968) 23, S. 5/7 (Ausgabe vom 24. 5. 1968).

[206] *Göbel, H.:* Information und Datenverarbeitung, Versuch einer begrifflichen Klärung. In: ZfbF 18 (1966) 7, S. 487–490.

[207] *Götz, E.:* Numerische Steuerung – heute. In: wt-Z. ind. Fertigung 60 (1970) 8, S. 439–445.

[208] *Graf, K. D.:* Die Erzeugung von Lehrprogrammen mit Hilfe einer DVA. In: Zeitschrift für Datenverarbeitung 5 (1967) 5, S. 353–361.

[209] *Gsell, P.:* Sind die Möglichkeiten der konventionellen Datenerfassung immer voll ausgeschöpft? In: Bürotechnik + Automation 8 (1967) 1, S. 18–20.

[210] *Günther, K.:* Rationalisierung der Datenerfassung. In: Z. Olympia-Rundschau (Firmenschrift der Olympia-Werke Wilhelmshaven) Nr. 1/2 und 3/4, 1966, Sonderdrucke.

[211] *Halina, W. J.:* Datenübertragung – Entwicklungstendenzen und Zukunftsaussichten. In: Z. Elektrisches Nachrichtenwesen 44 (1966) 2, S. 190–209.

[212] *Heilmann, H.:* Maschinelle Dokumentation mit Lochkarten und elektronischen Datenverarbeitungsanlagen. In: ADL-Nachrichten 9 (1964) 34, S. 298–310.

[213] *Heinrich, L. J.:* Die Datenerfassung – ein ungelöstes Problem der Datenverarbeitung. In: Der Betrieb 18 (1965) 38, S. 1369–1371.

[214] *Heinrich, L. J.:* Mittlere Datentechnik. Köln 1970.

[215] *Heinrich, L. J.:* Mittlere Datentechnik. Teil 2: Datenverarbeitung zwischen Büromaschine und Computer. In: Zeitschrift für Datenverarbeitung 6 (1968) 2, S. 116–128.

[216] *Hoffmann, Rochus:* Einsatz eines Markierungsbeleglesers zur schnelleren Aufbereitung statistischer Daten, insbesondere der Postverkehrsstatistik (neu). In: Zeitschrift für das Post- und Fernmeldewesen 18 (1966) 16, S. 583–587.

[217] *Hofmann, Paul:* Der Wert eines Datenverarbeitungssystems. In: Neue Betriebswirtschaft 19 (1966) 4, S. 103–109.

[218] *Hofman, Rolf:* Wie beeinflußt die Automatisierung die Verwaltungsarbeit? In: automatik 2 (1957) 6, S. 124–129 und 7, S. 148–152.

[219] *Hübner, K.:* Rohrpostsysteme. In: SEL-Nachrichten 12 (1964) 3, S. 144–150.

[220] *Jakob, L.:* Planung eines betriebsinternen Datennetzes. In: Siemens-Zeitschrift 43 (1969), Beiheft Datenfernverarbeitung, S. 32–37.

[221] *Kapfberger, K., W. Dimmler, W. Osburg* und *B. Kretschmer:* Die elektronische Rechenanlage bei der Herstellung von Werkstattzeichnungen. In: Konstruktion 19 (1967) 1, S. 1–7.

[222] *Kempf, H. G.:* Die Technik der Datenfernübertragung. In: Zeitschrift für Datenverarbeitung 5 (1967) 5, S. 341–345.

[223] *Kensy, C.-D.* und *W. Mohr:* Datenstationen für Buchungssysteme. In: Siemens-Zeitschrift 43 (1969), Beiheft Datenfernverarbeitung, S. 101–108.

[224] *Kern, N.:* Programme für die Netzberechnung auf Rechenautomaten. In: Ablauf- und Planungsforschung 5/6 (1964/65), S. 250–264.

[225] *Kettel, E., A. Kley u. a.:* Der Einsatz elektronischer Rechner für Aufgaben der nachrichtentechnischen Systemforschung. In: Telefunken-Zeitung 40 (1967) 1/2, S. 3–9.

[226] *Kliehm, H.:* Kostenanalyse der Datenerfassung. In: Organisation und Betrieb 21 (1967) 11, S. 9–13.

[227] *Klimesch, H.:* Information Management System. In: IBM-Nachrichten 19 (1969) 195, S. 720–728.

[228] *Köhler, M.* und *P. Seifert:* Nebenbeiaufbereitung von Informationsträgern für EDV-Systeme – ein aktuelles Datenerfassungsproblem. In: Rechentechnik/Datenverarbeitung 4 (1967) 5, S. 36–41.

[229] *Kohl, L., H. Zinke* und *W. Zoller:* Einsatz von Prozeßrechnern in Dampfkraftwerken. In: BBC-Nachrichten 50 (1968) 10, S. 598–603.

[230] *Krevet, B.:* Programmierter Unterricht und Computer Assisted Instruction beim Technischen Außendienst der IBM Deutschland. In: IBM-Nachrichten 16 (1966) 179, S. 246–254.

[231] *Krotendorf, K.:* TELECOLLECTA, ein System zum Erfassen und Speichern von Daten. In: Siemens-Zeitschrift 34 (1960) 4, S. 245–246.

[232] *Kuhnert, W.* und *A. Sanne:* Datenverarbeitung, -übertragung und -erfassung im Fertigungsbetrieb. In: wt-Z. ind. Fertigung 60 (1970) 7, S. 376–382.

[233] *Lambeck, A.:* Informationssystem auf der Luftwerft. Sonderdruck aus Zeitschrift für Datenverarbeitung Nr. 5/1969.

[234] *Lehmann, K.:* Elektronische Datenerfassung und -verarbeitung in einem gemischten Hüttenwerk. In: Stahl und Eisen 84 (1964) 8, S. 453-460.

[235] *Lenners, D.:* Möglichkeiten der Kurvenabtastung – ein Beitrag zur vollständigen Datenerfassung. In: Rechentechnik/Datenverarbeitung 6 (1969) 4, S. 23–30, 40.

[236] *Leue, G..* Wohin geht die technische Entwicklung? In: Zeitschrift für Datenverarbeitung 8 (1970) 1, S. 14–18.

[237] *Lindstroem, B.:* Ein Modem zur Übertragung von Daten in Parallelform. In: Elektrisches Nachrichtenwesen 41 (1966) 2, S. 143–153.

[238] *Lonzer, A.:* Weshalb Daten „schlecht" sein können. In: Zeitschrift für das gesamte Rechnungswesen 12 (1966) 11, S. 284–286.

[239] *Lutz, Th.:* Generalized Information System (GJS). In: IBM-Nachrichten 19 (1969) 195, S. 714–719 und 196, S. 786–792.

[240] *Maier, Herbert:* Automatisierter Entwurf von Datenverarbeitungsanlagen. In: IBM-Nachrichten 15 (1965) 173, S. 2698–2709.

[241] *Marko, H..* Systemtechnik der Datenübertragung auf Fernsprechleitungen. In: Nachrichtentechnische Fachberichte 19 (1960), S. 63–69.

[242] *Marko, H.:* Die Fehlerkorrekturverfahren für die Datenübertragung auf stark gestörten Verbindungen. In: Nachrichtentechnische Fachberichte 25 (1962), S. 101–108.

[243] *Martin, H. G.:* Denkt an Datenerfassung und Kompatibilität! In: Bürotechnik + Automation 7 (1966) 12, S. 546–547.

[244] *Matt, G.:* Datenverarbeitungsanlagen für die Ausbildung. In: IBM-Nachrichten 16 (1966) 177, S. 96–107.

[245] *McKinsey & Co:* Der optimale Einsatz elektronischer Datenverarbeitungsanlagen. In: ZfB 34 (1964) 1, S. 37-50.

[246] *Mensfelder, H..* Standardisierung der Datenerfassung. In: Bürotechnik + Automation 11 (1970) 12, S. 812–814.

[247] *Mertens, P.:* Zur Wirtschaftlichkeit und Wirtschaftlichkeitsschwelle der elektronischen Datenverarbeitung. In: Neue Betriebswirtschaft (NBW) 20 (1967) 1, S. 42–46.

[248] *Mettler, J.:* Profile: Computer Personell Characteristics – 1964. In: Business Automation. March 1964, S. 30–36 und April 1964, S. 26–33.

[249] *Metzger, H.* und *Fr. Obermeier:* Datenstationen für Stapelübertragung. Siemens-Zeitschrift 43 (1969). Beiheft Datenfernverarbeitung, S. 97–101.

[250] *Mierzowski, K.:* Lesemaschinen für die optische Normschrift A. In: Elektronische Rechenanlagen 9 (1967) 2. S. 93–99.

[251] *Milde, J.:* Ist die Datenerfassung und Datenverarbeitung ohne Lochkarten und Lochstreifen möglich? In: Bürotechnik + Automation 10 (1969) 2, S. 56–58.

[252] *Minor, F. J.* and *St. A. Revesmann:* Evaluation of Devices for a Data Setting Task. In: Journal of Applied Psychology 46 (1962) 5, S. 332–336.

[253] *Müller, H.:* Anforderungen an die Magnetbandorganisation. In: Rechentechnik/Datenverarbeitung 5 (1968) 5, S. 9–15.

[254] *Nolle, F.:* Systemanalyse – Auslegung von Datenverarbeitungssystemen für komplexe Anwendungen. In: IBM-Nachrichten 17 (1967) 183, S. 523–532.

[256] *Norz, A.:* Fehlermöglichkeiten und Fehlerschutz bei der Datenübertragung. In: ETZ-A 84 (1960), S. 533-539.

[257] *Ohnesorge, H.:* Grundlagen für den Entwurf gesicherter Datenübertragungssysteme. In: Telefunken-Zeitung 40 (1967) 1/2, S. 69–76.

[258] *Pabst, W.:* Die graphische Dateneingabe RPE, ein neuartiges Programmierungsgerät zum Auswerten von Entwurfsskizzen. In: Technische Mitteilungen AEG-Telefunken. 1969. 5. Beiheft Datenverarbeitung, S. 22–27.

[259] *Padegs, A.:* Aufbau des Systems/360. Teil IV: Betrachtungen über den Aufbau der Kanäle. In: IBM-Systems Journal. Deutsche Ausgabe April 1965, S. 59–78.

[260] *Pesch, H.:* Programmierte Magazine als Erweiterung von Ein – Ausgabepuffern. In: Elektronische Datenverarbeitung, Folge 5 (März 1960), S. 14–21.

[261] *Poppe, K. E.:* Datenerfassung und -verarbeitung – zwischen gestern und morgen. In: Stahl und Eisen 82 (1962) 16, S. 1093–1099.

[262] *Priemer, E.:* Datensammelsystem rationalisiert Bestellverkehr. In: data-report 5 (1970) 3, S. 63–67.

[263] *Queisser, W.* und *G. Rumohr:* Halbautomatische Belegerstellung mit automatischer Datenerfassung und Datenfernübertragung. In: ADL-Nachrichten 12 (1967) 47, S. 624–637.

[264] *Rajkovic, M. V.:* Die Haltbarkeit von Magnetbandaufzeichnungen. In: Rechentechnik/Datenverarbeitung 5 (1968) 1, S. 27–31.

[265] *v. Randow, Th.:* Sind wir der Informationsflut noch gewachsen? In: BP-Kurier 20 (1968) 1, S. 4–8.

[266] *Rauch, W.* und *G. Thiele:* Datenstationen für Auskunftssysteme. In: Siemens-Zeitschrift 43 (1969). Beiheft Datenfernverarbeitung, S. 108–112.

[267] *Reche, K.:* Planung und Einsatz elektronischer Datenverarbeitungsanlagen in einem elektrotechnischen Großunternehmen. In: ZhwF 13 (1961) 7, S. 367–385.

[268] *Renelt, G.* und *J. Schröder:* Datenabsicherung bei Eingabe und Übertragung mit einem oder zwei Prüfzeichen. In: Philips' Technische Rundschau 25 (1963/64) 10/11, S. 407–415.

[269] *Roschmann, K.:* Automatisierte Überwachungs- und Rückmeldeverfahren in der Fertigungsindustrie. In: VDI-Zeitschrift 106 (1964) 26, S. 1295–1303.

[270] *Roschmann, K.:* Datentechnik für den Fertigungsbetrieb. In: Werkstattstechnik 58 (1968) 8, S. 387–394.

[271] *Rosenkranz, R.:* Der arbeitsorganisatorische Unsinn der Zentralisierung der Ein- und Ausgabeeinheiten bei automatischen Anlagen. In: Das rationelle Büro 6 (1958) 11, S. 630–632, S. 634.

[272] *Rothenbücher, O.:* Die Erfassung und Wertung der Eingangsdaten. In: Bürotechnik + Automation 1 (1960) 11, S. 310–312.

[273] *Rudolf, R.:* Rationalisierung der Datenerfassung durch Einsatz moderner maschineller Hilfsmittel. In: Zeitschrift für das gesamte Rechnungswesen 11 (1965) 9, S. 213–215 und 10, S. 233–237.

[274] *Sabaß, U.* und *H. Müller:* Die Bedeutung technologischer Einflüsse für die Datenerfassung und Datenverarbeitung in Stahl- und Walzwerken. In: Stahl und Eisen 83 (1963) 3, S. 139–144.

[275] *Sherwood, H. F.:* Entwicklungen der Informationstechnik. In: ADL-Nachrichten 10 (1965) 37, S. 538–542.

[276] *Simonson, E.* und *J. Brozek:* Beleuchtung und Ermüdung des Sehens. In: Zentralblatt für Arbeitswissenschaft und soziale Betriebspraxis 6 (1952) 4, S. 49–64 und 6 (1952) 6, S. 70–73.

[277] *Smith, William A. jr.:* Data Collection Systems. In: Journal of Industrial Engineering. Part I: 18 (1967) 12, S. 703–707, Part II: 19 (1968) 1, S. 24–31.

[278] *Spruth, W. G.:* IBM 7770 und 7772, eine neue Möglichkeit für die Ausgabe von Daten. In: Elektronische Rechenanlagen 7 (1965), S. 268–271.

[279] *Schirm, R. W.:* Programmierte Unterweisung in der industriellen Ausbildung. In: Fortschrittliche Betriebsführung 13 (1964) 3, S. 85–91.

[280] *Schmidt, W.* und *P. Schellmoser:* Die Organisation der Belegkontrolle im Prozeß der elektronischen Datenverarbeitung. In: Rechentechnik/Datenverarbeitung 5 (1968) 5, S. 24–30.

[281] *Schmidt, Walter K.:* Verbesserung des Wirkungsgrades in der Ein-/Ausgabe von Datenverarbeitungsanlagen durch Zeitmultiplexbetrieb. In: IBM-Nachrichten 16 (1966) 177, S. 142–145.

[282] *Schneider, Günter:* Stand und Entwicklung der Datenerfassung. In: Zeitschrift für das gesamte Rechnungswesen 13 (1967) 5, S. 105–110.

[283] *Schneider, G.:* Wirtschaftliche Datenerfassung – eine Organisationsstudie aus der Fertigungsindustrie. In: Zeitschrift für das gesamte Rechnungswesen 12 (1966) 11, S. 281–284.

[284] *Schreiber, F.:* Außenstationen und Unterzentralen in Teilnehmer-Rechensystemen. In: Elektronische Rechenanlagen 10 (1968) 1, S. 18–26.

[285] *Schreiber, F.:* Klassifizierung von Außenstationen und Übermittlungsnetzen für Datenfernverarbeitung. In: Elektronische Rechenanlagen 12 (1970) 1, S. 20–25.

[286] *Schüngel, G.* und *H. W. Weitzel:* Aufbau einer Datenverarbeitungsanlage für meßtechnische Aufgaben. In: ETZ-A 83 (1962) 21/22, S. 740–745.

[287] *Schuff, H. K.:* Paging 1967. In: Elektronische Datenverarbeitung 9 (1967) 6, S. 237–239.

[288] *Schulze, Werner:* Datenerfassung und Datenbereitstellung für die elektronische Datenverarbeitung. In: Rechentechnik/Datenverarbeitung 4 (1967) 7, S. 4–11.

[289] *Steinhaus, H.:* Elektronenrechner in deutscher und amerikanischer Sicht. In: Der Betrieb 12 (1959) 5, S. 117–119 und 6, S. 149–152.

[290] *Steinmetz, K.:* Fertigungssteuerung mit dem Datenerfassungssystem IBM 357. In: IBM-Nachrichten 13 (1963) 162, S. 2056–2067.

[291] *Stotko, E. C.* und *V. Igney:* ADE – Ein weiterer Baustein der integrierten Datenverarbeitung. In: IBM-Nachrichten 15 (1965) 171, S. 2585–2589.

[292] *Streller, G.* und *R. Georgi:* Vergleich von Datenerfassungsvarianten beim Einsatz der Elektronischen Datenverarbeitung. In: Rechentechnik/Datenverarbeitung 4 (1967) 7, S. 31–36.

[293] *Stubenrecht, A.:* Datenerfassung – Wünsche an die Hersteller aus der Sicht der Organisationspraxis. In: Der Arbeitgeber 19 (1967) 11/12, S. 300–304.

[294] *Tietz, W.:* Plastik-Karten in der Praxis. In: bit, Nr. 4 – April 1971, S. 299–330.

[295] *Tietz, W.:* Untersuchung der Bedürfnisse nach Datenübertragungen. In: Zeitschrift für das Post- und Fernmeldewesen 2/1966, S. 45–56.

[296] *Tillmann, D.* und *D. Mann:* Klarschriftbelege im Waschmittel-Streckengeschäft der Henkel & Cie GmbH. In: IBM-Nachrichten 21 (1971) 205, S. 627–630.

[297] *Todt, H.:* Optimale Auslegung von Großprojekten mit Hilfe der Monte-Carlo-Methode. In: Ablauf- und Planungsforschung 7 (1966) 4, S. 169–174.

[298] *Tönshoff, K. H.:* Entwicklungsphasen der Automatisierung bis zur digitalen Prozeßsteuerung. In: Automatisierung 9 (1964) 4, S. 13–22.

[299] *Tully, H.:* Anpassung der Werkzeugmaschine an die Aufgaben der automatisierten Fertigung. In: wt-Z. ind. Fertigung 60 (1970) 8, S. 415–422.

[300] *Wagner:* Die Tempostruktur der Datenverarbeitung. In: Der Betrieb 17 (1964) 24, S. 816–818.

[301] *Wahl, M. P.:* Grundlagen eines Management-Informationssystems. In: IBM-Nachrichten 19 (1969) 194, S. 582–585.

[302] *Walcher, H.* und *K.-J. Süß:* Digitalisierung von grafischen Vorlagen durch automatische Kurvenabtastung. In: Steuerungstechnik 3 (1970) 4, S. 114–119.

[303] *Walther, W.* und *H. Stüdemann:* Moderne Arbeitsvorbereitung mit ORMIG-System 56/20 und EDV. In: bit, Heft 4, April 1969.

[304] Was kostet die elektronische Datenverarbeitung? In: Bürotechnik + Organisation 12 (1964) 8, S. 685.

[305] *Wild, J.:* Input-, Output- und Prozeßanalyse von Informationssystemen. In: ZfbF 22 (1970) 1, S. 50–72.

[306] *Wismath, H.:* Zeitnahe Produktionsüberwachung mit konventioneller Lochkartenanlage durch maschinelle Datenerfassung. In: automatik 12 (1967) 5, S. 165–171.

[307] *Woitschach, M.:* Fehlerverhütung in der Lochkartenorganisation. In: IBM-Nachrichten 3 (1953) 113, S. 18–25.

[308] *Wurster, D.:* Anwendung und Technik der Simulation. In: SEL-Nachrichten 15 (1967) 1, S. 12–19.

[309] *Zeilinger, J.:* Heutiger Stand der Datenfernübertragung. In: Zeitschrift für Organisation 33 (1964) 6, S. 217.

[310] *Zwicker, E., W. Hess* und *E. Terhardt:* Erkennung gesprochener Zahlworte mit Funktionsmodell und elektronische Rechenanlage. In: Kybernetik 3 (1967) 6, S. 267–272.

Firmenbroschüren und Sonstiges:

[311] *d'Atri, G.:* Datenerfassung am Arbeitsplatz. Sonderdruck der Deutschen Olivetti GmbH, Frankfurt o.J.

[312] Auftragsabwicklung mit RP 60. Firmendruckschrift der Deutschen Olivetti GmbH, Frankfurt o.J. (1968).

[313] *Bersin, W.:* Informationsgewinn durch Veränderung der Datenein- und -ausgabe. In: MDS-RECORDER Nr. 2/1970, S. 14/15.

[314] *Borghauve, Fr.-J.:* Datenerfassung in der Zentralen Giroabteilung eines Stadtsparkasse. IBM-Form Nr. 81508 (1966).

[315] Einführung in die elektronische Datenverarbeitung. Hrsg. von der Remington-Rand GmbH, Geschäftsbereich UNIVAC. Teil I: Datenerfassung. Frankfurt/M. 1965.

[316] Fernmeldetechnisches Zentralamt (Hrsg.): Allgemeine Vorschriften über Zulassung von Dateneinrichtungen zum Anschluß an Fernmeldewege. Ausgabe März 1970.

[317] Fernmeldetechnisches Zentralamt (Hrsg.): Dateldienste, Merkblatt A: Datenübertragung zwischen Telex-Anschlüssen. Darmstadt 1969.

[318] Fernmeldetechnisches Zentralamt (Hrsg.): Dateldienste, Merkblatt B: Datenübertragung auf überlassenen Telegraphenleitungen. Darmstadt 1970.

[319] Fernmeldetechnisches Zentralamt (Hrsg.): Dateldienste, Merkblatt C: Datenübertragung auf überlassenen Stromwegen. Darmstadt 1966.

[320] Fernmeldetechnisches Zentralamt (Hrsg): Dateldienste, Merkblatt D: Datenübertragung zwischen Anschlüssen des öffentlichen Fernsprechnetzes. Darmstadt 1969.

[321] Fernmeldetechnisches Zentralamt (Hrsg.): Dateldienste, Merkblatt E: Datenübertragung zwischen Datex-Anschlüssen. Darmstadt 1970.

[322] Fernmeldetechnisches Zentralamt (Hrsg.): Dateldienste, Merkblatt Z: Datenübertragung über Fernmeldewege der Deutschen Bundespost – Probleme und Möglichkeiten. Darmstadt 1969.

[323] *Haas, G.:* Probleme und Entwicklungstendenzen der peripheren Geräte in der Datenverarbeitung. In: Unsere Forschung in Deutschland. Hrsg. vom Philips-Zentrallaboratorium GmbH, Hamburg/Aachen 1964, S. 140–148.

[324] Handbuch Prüf- und Kontrollmöglichkeiten im Abrechnungswesen. IBM-Form Nr. 7 4862.

[325] *Lindemann, P.* und *K. Nagel:* Maschineninterne und programmierte Kontrollen bei automatisierter Datenverarbeitung. IBM-Form Nr. 81575 (1969).

[326] *Lutz, Th., H. Beutler, H. Klimesch* und *P. Miottke:* Management Information Systems (MJS). IBM-Form 78262 (Jan. 1970).

[327] Maschinelle Arbeitsplanerstellung mit IBM-Arbeitssystem AMP, IBM-Form Nr. 7 1503-0.

[328] Normblatt DIN 44300: Informationsverarbeitung – Begriffe. (Entwurf Februar 1971). Berlin/Köln 1971.

[329] Normblatt DIN 44301: Informationstheorie – Begriffe. Berlin/Köln 1967.

[330] Normblatt DIN 44302: Datenübertragung – Begriffe. Oktober 1968 und Blatt 11 Entwurf Februar 1970. Berlin/Köln 1968 und 1970.

[331] Normblatt DIN 66007: Schrift CMC 7 für die maschinelle magnetische Zeichererkennung. Berlin/Köln 1967.

[332] Normblatt DIN 66008: Schrift A für die maschinelle optische Zeichenerkennung. Berlin/Köln 1966 und 1967.

[333] Normblatt DIN 66020: Anforderungen an die Schnittstelle bei Serienübertragung digitaler Daten. Berlin/Köln 1966.

[334] *Ohmann, F.:* Geräte zur Erfassung und Verteilung von Daten. Vortrag auf der Fachtagung „Elektronik" auf der Hannover-Messe 1967. Tagungsbroschüre, S. 178–191.

[335] *Peters, H., L. Bievert* und *W. Paschetag:* Datenfernübertragung. Heft 15 der Schriftenreihe „Datenverarbeitung in Wirtschaft und Verwaltung". Hrsg. von der Anker-Werke AG, Bielefeld 1967.

[336] Prüfungen und Kontrollen. IBM-Form 81 815.

[337] *Roschmann, K.:* Elektronische Fertigungsüberwachung, Dezentrale Datenerfassung im Fertigungsbetrieb. Lehrgang des deutschen Instituts für Betriebswirtschaft (DIB), Frankfurt/M. 20./21. 6. 1968 in Nagold.

[338] *Schramm, H. F. W.:* Durch standadisierte Datensätze wurden aus 50 Programmen 2. In: MDS-RECORDER Nr. 1/1971, S. 11–13.

[339] *Schröder, J.:* Probleme der gesicherten Datenübertragung. Vortrag auf der Fachtagung „Elektronik". Hannover-Messe 1967. Tagungsbroschüre, S. 167–176.

[340] *Schwank, B.* und *P. Heizinger:* Real-time-Datenerfassung und -Berichtswesen im Fertigungsbetrieb. IBM-Form 81 555 (1968).

Dissertationen:

4. Dissertationen:

[341] *Dürr, H.:* Datenerfassung in industriellen Unternehmen. Dissertation Universität Mannheim (WH) 1969.

[342] *Feldhege, B.:* Rationalisierungsmaßnahmen in der Fertigungsplanung bei Kleinserien- und Einzelfertigung. Dissertation Technische Hochschule Aachen 1967.

[343] *Fidrich, P.:* Die Fertigungsreglung in der metallverarbeitenden Industrie mit Hilfe von Datenerfassungsanlagen als spezieller Fall allgemeiner Prozeßregelung. Dissertation Technische Universität Berlin 1968.

[344] *Geiger, Hans:* Die Wirtschaftlichkeit des Computereinsatzes. Wirtschaftswissenschaftliche Dissertation Universität Zürich 1969.

[345] *Ketterer, B.:* Die manuelle Uraufschreibung in Industrieunternehmen. Dissertation Wirtschaftshochschule Mannheim 1967.

[346] *Kramer, R.:* Die betriebswirtschaftliche Bedeutung von Information und Kommunikation, insbesondere für die Struktur des Betriebs. Dissertation Wirtschaftshochschule Mannheim 1962.

[347] *Lipka, A.:* Systematik der elektronischen Datenverarbeitung im fertigungtechnischen Verwaltungsbereich. Dissertation Technische Universität Berlin 1966.

[348] *Olbrich, Wilfried:* Arbeitsplanerstellung mit Einsatz Elektronischer Datenverarbeitungsanlagen. Dissertation Technische Hochschule Aachen 1970.

[349] *Schulze, Werner:* Ökonomische Probleme der Datenbereitstellung für die elektronische Datenverarbeitung. Dissertation Hochschule für Ökonomie, Berlin 1969.

[350] *Simon, R.:* Rechnerunterstütztes Konstruieren – Eine Möglichkeit zur Rationalisierung im Konstruktionsbereich. Dissertation Technische Hochschule Aachen 1968.

[351] *Springholz, R.:* Die Substituierbarkeit geistiger Arbeit in der Verwaltung von Industriebetrieben durch elektronische Rechenanlagen. Dissertation Universität Graz 1959.

[352] *Stahl, H.:* Die Uraufschreibungen in einem Werk der Eisenhüttenindustrie. Diplomarbeit am Industrieseminar der Universität Köln, WS 1950/51.

[353] *Urban, E.:* Die elektronische Datenverarbeitung im Spiegel der wirtschaftswissenschaftlichen und wirtschaftspraktischen Zeitschriftenliteratur. Unveröffentlichte Diplomarbeit an der Wirtschaftshochschule Mannheim. Vorgelegt bei Prof. Dr. *E. Witte,* WS 1966/67.

[354] *Vollberg, J.:* Wirtschaftlicher Einsatz elektronischer Digital-Rechenanlagen im kaufmännischen und fertigungstechnischen Verwaltungsbereich der Elektroindustrie. Dissertation Technische Universität Berlin 1960.

[355] *Weber, J. R.:* Formelle Prüfung bei elektronischer Datenverarbeitung. Dissertation Universität Frankfurt 1963.

[356] *Wurster, G.:* Die organisatorische Eingliederung der Abteilung „Elektronische Datenverarbeitung" in die Unternehmung. Dissertation Wirtschaftshochschule Mannheim 1967.

Stichwortverzeichnis

FSC
www.fsc.org
MIX
Papier | Fördert
gute Waldnutzung
FSC® C083411

Kolibri 360 GmbH
Ferdinand-Jühlke-Straße 7
99095 Erfurt, Deutschland
produktsicherheit@kolibri360.de